이 책에는 생명과 창조의 에너지, 근원의 빛[viii]이 봉입되어 있으며,
이 책을 옆에 두는 것만으로도 특별한 행운이 당신과 함께 합니다.

단, 위 삼각형 씰 모양을 따로 발췌하거나 오려갈 경우
그 효과가 사라지니 주의하기 바랍니다.

1996년 7월 9일 해가 진 저녁 9시경, 대구 칠곡 성당 공개강연회에서
일어난 세 줄기 빛현상. 생명 원천의 빛[viii]은 착시나 관념이 아니라
누구나 확인할 수 있는 현존으로 보여주신다.

소중한 당신의 삶에

행복한 빛향기가 가득하기를 바라며

이 행운의 책을 선물합니다.

_____ 님께

_____ 드림

행복순환의 법칙 40쇄 기념판 추가 사항

빛 명상

눈덩이처럼 불어나는
행복순환의 법칙

빛명상 눈덩이처럼 불어나는
행복 순환의 법칙

초판 1쇄 발행 2009년 9월 14일
초판 40쇄 기념판 발행 2017년 12월 15일
초판 49쇄 발행 2024년 10월 15일

지은이 정광호
펴낸이 정혜주
펴낸곳 로대
출판등록 제2009-000204호
주소 서울시 용산구 한남대로 20길 21-14 B
전화 02-523-3183 **팩스** 02-2179-8228
이메일 lodaebook@naver.com

ⓒ 정광호, 2009
ISBN 978-89-962982-0-5

빛명상

눈덩이처럼 불어나는
행복순환의 법칙

행복을 나눠주는 남자 정광호가 전하는 빛[viit] 이야기

정광호 지음

비과학, 반과학, 탈과학도 아닌
초과학적 세계로서의 빛viit

이어령
초대 문화부 장관, 문학박사

누구도 근대 과학의 가장 큰 별로 뉴턴을 내세우는 데 주저할 사람은 없을 것이다. 그런데도 뉴턴은 흔히 우리가 신비주의라고 웃어넘기는 비과학적 세계에 대해 누구보다도 많은 관심과 심혈을 기울여 연구를 했다. 연금술을 비롯하여 성서의 창조론이나 묵시록의 종말론 풀이에 많은 시간과 공을 들였다. 그래서 말년의 뉴턴은 거의 과학과는 거리가 먼 비과학적 주제에 대해 100만 단어가 넘는 방대한 연구기록을 남기고 있다. 스스로가 자신을 지구사의 초기 때부터 시작된 '지(知)의 신비주의적인 전통'을 잇는 계승자로 생각했다.

뿐만 아니다. 뉴턴은 자신의 만유인력설을 비롯 그 놀라운 물리학적 발견에 대해서는 그저 젊은 시절의 도락 정도로 여기고 별 가치를 두려고 하지 않았다.

　이러한 뉴턴에 대해서 많은 과학사가들은 당혹하고 있지만 다른 시각에서 보면 별로 이상할 것이 없는 일이다. 이 세상에는 과학으로 설명할 수 없는 신비한 현상들이 매우 많기 때문이다. 그리고 그런 것일수록 인간의 호기심을 자극한다. 사실 풀 수 있는 것, 설명할 수 있는 것은 아무리 복잡하고 난해한 것이라고 해도 속이 빤한 것으로 별로 대수로운 것이 못된다. 그보다는 과학으로는 도저히 풀리지 않은 신비한 우주 현상 등 왜 인간은 벌이나 나비도 아닌데 꽃을 보면 아름다움을 느끼는지, 밥 먹여주는 일과는 동떨어진 무지개를 보면 왜 마음이 설레는지, 따지고 보면 정말 만유인력에 대한 설명보다 충격적인 것이다. 실제로 미적의 수리문제를 단숨에 푼 뉴턴과 같은 천재도 좌우 대칭으로 된 풀잎 하나의 신비에 대해서는 그저 마음을 두근댈 뿐이었다.

　서정주 시인 이 '꽃피는 것 기특해' 라고 한 것처럼 식물학이 아니라 꽃을 우주의 시각, 생명의 현상으로 바라볼 때 우리는 설명할 수 없는 깊은 신비감에 빠져든다. 신비란 비과학이 아니라 과학으로 아직 설명되지 않았거나 과학으로는 풀 수 없는 어떤 초자연적인 힘이라고 한다면 세상에는 뉴턴이 물리학을 팽개치고 몰두한 우주의 수많은 수수께끼들이(과학만으로는 풀 수 없는) 존재한다는 사실을 알게 될 것이다.

우연한 기회에 빛[viii]에 관한 이론을 읽으면서 처음에는 그 흔한 신비철학 정도로 생각해버렸다. 그러나 실제로 정광호 빛선생님을 대하고 그동안 쌓아온 진지한 연구와 실천에 대해 알고부터는 뉴턴이 왜 물리학보다 연금술이나 성서의 예언 해독에 도전했는지를 알 것 같은 생각이 들었다. 보통 과학으로는 도달하지 못하는 초과학의 세계 – **비과학이 아니라 반과학이 아니라 그리고 탈과학이 아니라 분명 초과학적인 이 차원의 세계** – 우리가 보통 우주라고 간단히 말해버리는 그 세계에는 무엇인가 인간의 혜지를 넘어선 어떤 거대한 힘이 존재하고 있다는 것을 부정할 수가 없다.

아직은 그것이 무엇인지 잘 모르지만 분명 신의 영역처럼 인간의 지적 한계를 넘어선 과학적 지성으로는 풀 수 없는 신묘한 힘이 나의 작은 육체에서 광대한 전 우주의 영역에 이르기까지 하나로 작용하는 빛현상을 어렴풋이 느낄 수 있었다. 그것은 결코 종교나 과학에 위반되는 것이 아니라 오히려 그것들을 더 풍성하게 하고 그 연구를 촉진해 주는 힘이라고

생각되었다. 언젠가는 과학의 힘이나 신학의 힘으로 빛[viii]의 실체가 밝혀
지고 인간의 지적 능력으로 누구나가 다 이해할 수 있는 날이 온다면 이
책은 그날을 준비하는 징검다리의 하나로 남게 될 것이다.

이어령

빛^{viit}은 순수한 현실변화의 힘

김영환 몬시뇰
전 가톨릭대 총장

정광호 학회장이 아주 어렸을 때부터 그와의 인연을 이어 오고 있다. 늘 성실하고 진중하게 자신의 삶을 꾸려가던 그가 어느 날 '빛^{viit}'이라는 낯선 주제를 들고 찾아왔을 때에는 솔직히 의아한 생각이 들 수밖에 없었다. 특히 성직자로서 이 문제에 대해 가벼이 생각하고 결정할 수 있는 일이 아니기도 하였다.

그러던 중 1994년 정광호 회장이 김대중 전 대통령(당시 아태재단 이사장)이 지팡이 놓는 것을 보게 될 것이니 자신이 이사로 재직하고 있던 곳인 금호 호텔로 오라고 하였다. 반신반의하는 마음이 드는 한편 김대중 씨와 같은 정치인이 이곳 대구까지 내려와 빛^{viit}을 받는 데에는 분명 그럴만한 이유가 있지 않겠는가 하는 생각도 들었다.

약속된 시각에 맞춰 도착했을 때 이미 그 곳에는 김대중 전 대통령 내외분은 물론 각계각층의 면식이 있는 분들도 함께하고 있었다. 모든 사람들의 궁금증이 더해져가는 가운데 정 회장은 그 어떤 절차도 생략하고 – 아니 원래 없었다고 해야 맞을 것이다. – 잠시 고요히 눈을 감고 빛명상을 하라고 하더니 몇 분이 지난 후 김 전 대통령을 향해 '지팡이를 놓고 걸어보세요.'라고 말했다. 이에 그 곳에 모인 모든 사람들이 의아한 표정으로 상황을 예의주시한 것은 물론이고, 평소 정 회장을 아끼던 나로서는 '만약 정 회장의 말과는 달리 아무런 변화가 나타나지 않으면 어떡하나?'하는 불안한 마음이 생기지 않을 수 없었다. 하지만 정 회장의 얼굴을 보니 너무나도 당연하고 편안한 표정이었고, 그런 그의 모습에 김대중 전 대통령도 결심한 듯 지팡이를 놓고 일어서더니 이내 한 걸음, 두 걸음, 조심스럽게 발을 떼고 걷기 시작하는 것이었다! 김 전 대통령은 거기서 그치지 않고 방안을 한 바퀴, 두 바퀴 돌더니 다시 긴 복도로 나가 걸어보고 있었다. 물론 지팡이를 놓은 채 말이다.

그 일을 계기로 분명히 이 빛[viii]이라는 힘이 실존하는 것은 물론이요, 결과로 명백하게 나타나는 힘임을 확신하게 되었다. 그 이후에도 참으로 많은 사람들이 빛^{viii}을 통해 여러 가지 변화를 경험하는 것을 지켜보면서 이 힘이 참 놀라운 위력을 가지고 있음을 수차례 확인할 수 있었다.

일례로 오랜 지인이기도 한 일본의 국회의원 이찌가와 선생이 척추 디스크로 몹시 고생을 하고 있다기에 정광호 학회장을 만나게 해 준적이 있다. 이찌가와 의원은 디스크를 치료하기 위해 여러 좋다는 요법도 다 받아보고 특히 1년에 2번씩 제주도를 들러 전통 한식 토굴방에서 지내며 나름대로 디스크를 다스리고 있었으나 여전히 그 병의 뿌리를 뽑지 못해 고생하고 있었다. 그런 그가 빛^{viii}을 몇 차례 받은 후 디스크에서 완전히 벗어나게 되었고, 그 사실에 너무도 감사하며 깊이 고개를 숙여 정광호 학회장에게 감사의 마음을 표시하는 것을 보면서 이 힘이야 말로 많은 사람들을 복되게 하는 진정한 에너지임을 알 수 있었다.

이 후 나는 한 대학의 총장직을 무사히 마친 후 중국 해북진 땅에서 힘겹게 살아가는 형제, 자매들 그리고 노숙자들을 위한 '사랑의 집'을 건립하게 되었다. 천 명 가량을 수용할 수 있는 큰 규모였기에 많은 자금이 필요하였는데 그 과정에서 여러 가지 문제로 스트레스를 받다보니 목도 뻣뻣하고 두통도 있어 빛^{viii}과 정광호 학회장을 생각하며 묵상에 잠겼다.

몇 분이 흐른 후 한결 가벼워진 마음으로 눈을 떴는데 문득 손바닥을 바라보니 빛[viii]을 받을 때 나타난다는 '빛[viii]분'이 가득하게 나와 있는 것이 아닌가? 내가 따로 정광호 학회장에게 연락을 한 것도 아니고, 바로 옆에서 빛[viii]을 받은 것도 아닌데 이렇게 먼 중국 땅에서까지 시공간을 초월하여 '빛[viii]분'이 나타나다니 정말 놀라지 않을 수 없었다.

이러한 일련의 일들을 겪으면서 나는 종교인이기에 앞서 하나의 진실한 마음으로서 빛[viii]은 창조주가 정광호 학회장에게 내려주신 능력임을 확신할 수 있었다. 내 나름대로의 오랜 연구 끝에 기[氣]의 최종 정착지는 영[靈]과의 관계라면 종교는 신앙 즉 믿음이라는 결론을 내린 바 있으나 빛[viii]은 기도 종교도 아닌 있는 그대로의 순수한 현실 변화와 결과의 힘인 것 같다.

이처럼 인류 전체를 복되게 하는 소중한 힘, 빛[viii]을 어느 특수 계층이 아닌 세상 모두와 나누고자 희생과 노고를 마다하지 않으면서 늘 남몰래 소리 소문 없이 선행하는 정광호 학회장에게 다시 한 번 진심의 감사를 드린다.

책을 내며

큰 빛[viii]과의 만남 이후 어언 23년, 본회를 설립한 지 15주년을 맞습니다. 우연이라고 지나친 세월까지 합하면 이 일을 직간접으로 함께 해온 지도 어언 40년의 세월이 흘렀습니다. 길다면 긴 지난 세월을 총망라해, 그리고 앞서 발간된 6권의 빛[viii]의 책에 미처 싣지 못한 새로운 이야기들을 정리하여 먼저 새로운 한 권의 책으로 내어놓습니다.

가물가물한 기억에서부터 근간에 일어난 생생한 일들까지 여기저기 남겨놓은 흔적들을 다시금 훑어보고 있자니 창밖에 직박구리 새 한 쌍이 와 반갑게 지저귑니다. 지난해 이맘때쯤이었을까요, 농약이 묻은 열매를 잘못 따먹고 살려달라며 짹짹거리기에 빛[viii]을 듬뿍 담아 살려주었던 바로 그 녀석들입니다.

지난 세월 각자 나름대로의 사연을 안고 빛[viii]을 찾아왔던 수많은 인연들…. 그 귀한 인연들 틈에는 이 직박구리 부부처럼 벼랑 끝에 내몰린 마지막 순간에 기적처럼 새로운 희망을 되찾은 분이 있는가 하면 소원이 이루어지기까지의 과정을 견디지 못해 떠나간 분, 때로는 막연히 도깨비 방망이처럼 무엇이든 이루어질 줄 알고 찾아왔다가 실망을 안고 애잔히 되돌아간 분들도 있었습니다.

　방 하나를 가득 메운 수만 통의 편지들, 그 안에 적힌 깨알 같은 소원들과 별의별 이야기들. 그중에는 허겁지겁 앞만 보고 살다 죽음의 문턱에 서게 된 기막힌 사연도 있고, 멀리서 몇 차례 교통수단을 갈아타고 찾아와 마지막 희망이라며 로또 복권 20-30장 정도를 내놓고 당첨되게 해달라던 부도 직전의 한 부부 이야기도 있습니다. 하지만 무엇보다도 그러한 어려움에서 벗어나 간절히 원하던 소원을 이루고 새로운 희망을 되찾았다는 반가운 소식들, 또한 꿈이 현실로 이루어진 데 대한 감격의 눈물 자국으로 얼룩진 편지들이 제 마음을 꽉 메웁니다. 그리고 어느새 저의 눈시울까지 젖어들게 합니다.

저 자신도 모르는 사이에 찾아든 알 수 없는 이 빛viii의 힘.

이 힘과 함께하다보면 선의에 어긋나지 않는 범위 내에서 부, 명예와 성공, 인간관계, 안전과 예방, 불임, 총명, 건강, 유해파 차단, 웰다잉, 가정화합에 이르기까지 우리가 한평생 살면서 반드시 마주치게 되는 다양한 바람과 소원들이 현실의 결과로 나타나는 경험을 하게 됩니다.

하지만 우주근원의 빛[viii]이 우리와 함께하고 있는 더 큰 목적은 단순히 소원을 이루기 위함이 아닙니다. 그 과정을 통해 우리의 몸과 마음이 밝게 정화되고 나아가 내 안의 진정한 나를 알아 하나뿐인 지구에서 단 한 번 주어진 소중한 삶의 기회를 행복하고 건강하게 즐겁게 사는 것입니다. 그리하여 육체의 삶을 마감한 후 육체를 벗어난 내(마음, 영혼)가 근원의 빛[viii]으로 잘 되돌아갈 수 있게끔 하고자 하는 것이 그분이신 우주마음의 뜻임을 오랜 세월이 지나면서 어렴풋이나마 이해하게 되었습니다.

지난날 오직 소원 몇 가지 푸는 것을 이 힘의 전부로 알고 가신 분들과 자신이 원하는 바를 이루지 못하고 가신 분들, 그리고 앞으로 이 책과 함께하게 되실 온 세상 분들에게, 이제 우리들 마음의 고향이자 근원인 우주의 마음이 보여주는 현존의 힘, 우주에너지 빛[viii]을 누구나가 쉽고 편하게 받아들여 풍요롭고 멋진 삶을 살아갈 수 있는 해법을 이 책에 담았습니다.

지면 관계상 미처 이 책에 담지 못한 빛[viii]이야기들, 어느 특별한 사람들의 전유물이나 오래된 역사 속의 박제가 아닌 지금 이 순간에도 인간은 물론 태양과 달과 별과 바람 그리고 지구는 물론 온 우주가 함께 경험하고 있는 놀라운 빛[viii]의 이야기는 다음 권을 기약하고자 합니다. 나날이 병들어가는 지구, 그 위기를 박차고 나아가 밝은 세상을 열어갈 소중한 또 다른 빛[viii]의 책을 기약하는 제 마음이 새로운 설렘으로 가득 찹니다.

아울러 서투른 저의 글솜씨를 보완해 주시고자 소중한 시간을 틈내시어 옥고를 써주신 이어령 초대 문화부장관님, 이기수 고려대학 총장님, 전재희 보건복지부 장관님, 배재욱 변호사님, 김영환 몬시뇰님, 강석진 한국전문경영인학회 이사장님께 감사드립니다. 최종 원고 마감을 앞두고 빛[viii]에 대한 원적외선 실험결과서 한 보따리를 들고 찾아오신 정정근 박사님, 그리고 '빛[viii]선생님은 그 능력보다도 인격이 소박하고 깨끗해서 제가 항상 존경한다' 며 보이지 않는 곳에서 묵묵히 도움을 주시는 '그분'께도 감사의 말씀을 전합니다. 끝으로 진솔한 빛[viii]의 체험을 있는 그대로 기재하시어 본 책을 더욱 풍성하게 만들어주신 백여 명의 님들 그리고 국내외 여러 회원님들께도 '참으로 고맙습니다' 하고 고개 숙여봅니다.

팔공산 빛터에서
정광호

빛viit과 함께 행복으로

2009년 9월 3일 오후 6시 45분, 13명의 회원과 함께 인천공항을 출발해 말레이시아 코타키나발루로 향했다. 『빛명상, 눈덩이처럼 불어나는 행복 순환의 법칙』의 출간을 우주마음에 감사드리기 위해 출발할 때부터 최종 원고본을 손에 들고 비행기에 탑승했다.

비행기 좌석에 앉아, 최종 원고를 가장 먼저 우주마음에 보여드려야겠다고 생각했고, 창밖으로 보이는 달을 통해 우주마음에 원고가 전달되도록 각 장을 펼쳐 보았다. 책을 읽는 것이 아니라 창밖에 있는 달에게 보여주는 이 행동을 승무원들이 이상한 듯 바라보았다.

시간이 흘러 비행기의 모든 조명이 수면 모드로 바뀌어 기내는 어두컴컴해졌고 승객 대부분이 잠이 들었다. 나 또한 잠이 들었는데, 이 때 갑자기 독서등을 눈에 비추기라도 한 듯 환한 빛이 느껴져 절로 눈을 뜨게 되었다. 그런데 눈을 떠 보니 비행기 창 밖에서 환한 빛줄기가 들어와 제목 부분을 선명하게 비추고 있는 것이었다. 독서등은 물론 기내의 조명이 어두운 상태에서 어디서 그렇게 밝고 선명한 빛이 들어올 수 있는지, 상식으로는 설명할 수 없는 빛현상이었다.

창밖을 바라보니 비행기 아래로는 육지와 바다가 전혀 보이지 않을 만큼 빽빽하고 두터운 구름층이 잔잔히 깔려있었고, 그 위로 유난히 밝은 달과 별 하나가 떠 있었다. 달 주위에는 선명한 원형 테두리가 나타나 있었다. 일반적으로 볼 수 있는 달무리와는 다른, 선명한 원형 테두리였으며 그 색은 연한 무지개빛을 띠었다.

이 광경을 당시 아시아나 항공기 OZ757 승무원이었던 48기 사무장 박정근 매니저와 94기 승무원 서민희 씨, 98기 승무원 서유정 씨가 보고 놀라워하였다. 특히 박정근 매니저는 '오랜 탑승 경험에 비추어 간혹 무지개를 보기는 하였지만 8,000미터 상공에서 구름 층 위로 이렇게 큰 원형 테두리가 나타나는 것은 처음 보는 일'이라고 말하였다.

여 승무원 중 한 명이 너무도 경이로운 빛현상에 놀라 내게 묻기를 '이럴 때는 어떻게 해요?'라고 하였다. 그러자 '감사 마음 담아 소원을 청하세요'라고 답해주었고, 그녀는 한참을 자리에 앉아 무언가 자신의 소원을 생각하며 눈을 감고 있었다. 1995년 천지가 세 번 열리는 빛현상 앞에 자신도 모르게 무릎을 꿇고 빛viii을 청했던 중국 경비병처럼, 비록 그녀 역시 빛viii을 처음 접하였지만 본능처럼 고개를 숙였던 것이다.

이후 달은 점점 환한 빛을 내며 주위에 삼각형 모양의 테두리가 생기며

2006년 12월 31일 정동진에서 나타났던 빛현상과 유사한 모습으로 바뀌었으며 이후 이 사실을 알게 된 회원들과 기내 일부 탑승객 또한 비행기 창문을 통해 빛현상을 확인하였다.

　'행복순환의 법칙 40쇄' 발간 기념판을 세상에 내놓는다. 코타키나발루 빛여행 중 기내에서 일어난 빛현상처럼 어떤 허상이나 이론, 관념이 아니라 모두가 목격한 현존의 빛[viii]이 함께 하는 책이다. 이 책에는 『빛[viii]의 원천 에너지』가 교류하며 하나뿐인 지구와 인류의 앞날을 걱정하는 우주마음의 배려가 담겨 있다.

　원인을 알 수 없는 질병과 괴질, 변종 진드기, 초미세먼지 등 다가오는 오염파(五染波), 인성이 무너진 각종 사건들, 지진과 허리케인 등 인력으로 어쩔 수 없는 천재지변, 하늘과 땅, 바다의 오염 등 전 인류와 지구의 피폐함이 극도로 심각해져가는 이 때, 예고되어 있는 모든 병폐를 이겨내고 건강과 행복으로 가는 길은 우리 안에 살아 숨 쉬는 빛[viii]뿐이다. 단, 각자의 어린 시절 속 소년과 소녀의 마음으로 돌아가 그때의 순수(긍정)를 조금이나마 기억한다면 빛[viii]을 만날 준비가 되어있는 것이다. 순수를 되찾기는 어렵지만 빛명상으로 그 순수를 향해 나아갈 수 있다.

아픈 자식을 쓰다듬는 어머니의 손길처럼 빛[viii]은 우리가 잃어버린 본래의 마음, 그 마음의 고향을 되찾게 하여 위기에서 기회로, 불행에서 행복으로, 죽음의 문턱에서 빛[viii]으로 이끌어 줄 것이다.

어린 시절부터 배워왔던 믿음과 교리문답이 지금 빛[viii]과 함께 현실 변화로 나타나고 있으며, 빛[viii]이 이 땅에 온 또 다른 목적이 담긴 『사후의 빛 세상』에 관한 이야기는 '그분'의 명(命)에 따라 다음 책에서 마무리할 예정이다.

전 인류가 빛[viii]과 함께 더불어 행복하고 조화로운 삶을 누리는 세상을 꿈꾸며 빛향기를 곳곳에 띄워 보낸다.

2017년 12월 15일

팔공산 빛터에서

정광호

CONTENTS

빛명상은 빛[빛]과 교류하는 명상으로서 심신의 균형을 유지하여 보다 활기차고 건강한 삶을 살아가도록 도와준다. 누구든지 하루에 약 5분 정도의 시간을 통해 그 효과를 경험할 수 있으며, 지면관계상 대표적인 효과 44가지를 엄선해 수록하였다.

www.viitcafe.com을 통해 제공되는 인터넷 빛명상 프로그램을 통해 직접 그 효과를 체험해보자.

*
빛명상의
대표적인
효과 44가지

마음의 균형 유지 측면

1 불안함이 사라진다.
2 외부 자극에 민감하게 반응하지 않고 마음의 평온을 유지한다.
3 스트레스를 해소시킨다.
4 내 모습을 스스로 돌아볼 수 있는 여유가 생긴다.
5 과도한 욕심이 사라진다.
6 긍정적인 사고방식을 지니게 된다.
7 우울증이 없어진다.
8 불평불만이나 짜증, 화내는 횟수가 줄어든다.
9 웃음이 많아진다.
10 '할 수 있다'는 자신감이 생기며 의욕적, 적극적인 태도를 보인다.

신체의 균형 유지 측면

1 눈의 피로가 사라지며 시원해진다.
2 두통이 사라진다.
3 숙면을 취하고 잠을 적게 자도 피곤하지 않다.
4 소화가 잘된다.
5 변비가 없어진다.
6 생리통이 사라지고 주기가 정상적으로 돌아온다.
7 혈액순환이 원활해지고 혈색이 좋아진다.
8 감기 등 잔병치레가 없는 건강한 체질이 된다.
9 병에 걸려도 회복 시간이 짧다.
10 아토피를 예방하고 치유한다.

11 생활하는데 있어 활력이 늘어난다.

12 주위에서 예전보다 얼굴이 좋아졌다는 이야기를 듣게 된다.

13 노화가 지연되고 실제 연령에 비해 신체 나이가 젊어진다.

원하는 바를 이루는 현실 변화 측면

1 인간관계가 원만해진다.

2 집중력이 좋아진다.

3 학습 능력, 업무 처리능력이 향상된다.

4 상황 판단력이 좋아진다.

5 금주, 금연에 성공하고 통제력이 생긴다.

6 인터넷, 컴퓨터게임, 도박 등 중독에서 벗어난다.

7 시험 볼 때 혹은 문제 상황에서 문제 풀이 및 해결 방법이 직관적으로
  떠오른다.

8 골프 퍼팅 능력, 양궁 슈팅 능력, 달리기 능력 등의 운동능력이
  향상된다.

9 중요한 계약, 매매가 성사된다.

10 바라던 회사, 직장에 취직이 된다.

11 기타 간절하게 바라던 일이 이루어진다.

의식의 성장, 풍요로운 삶의 질 측면

1 자연과 부모님, 우주 근원에 진심으로 감사를 느끼게 된다.

2 이기심이 줄어들고 상대방에 대한 배려심이 생긴다.

3 나 자신이 소중하고 행복한 사람이라고 느낀다.

4 가족관계가 돈독해지고 화목해진다.

5 세상을 밝고 긍정적으로 보게 된다.

6 삶의 목표와 꿈을 갖게 된다.

7 혼자만이 아니라 타인과 함께 행복해지고 싶다는 생각을 한다.

8 특별한 일이 없어도 평상시 기분이 유쾌하다고 느껴진다.

9 독창성, 창의력이 증대된다.

10 예술적 감각과 표현력, 감수성이 살아난다.

빛명상과
일반 명상의
차이점

명상에 대해 주목하고 있는 다양한 언론보도

명상의 효능이 과학적으로 입증됨에 따라 이에 대해 다양한 언론보도도 이루어지고 있다. 2003년 8월 미국 시사주간지 〈타임〉은 '명상 과학(The Science Of Meditation)'이란 특집기사를 통해 미국 내에 불고 있는 명상 열풍과 명상의 효능을 뒷받침하는 의학적 근거를 소개하고 있다.

명상은 뇌파를 변화시키는데, 깊은 명상에 빠지면 초능력 뇌파로 알려진 세타파가 두뇌를 지배하게 되며 기억력과 집중력에 방해가 되는 베타파는 줄어들게 된다. 또한 명상은 면역체계를 강화하고 두뇌 상태를 개선하는 효과가 있다.

명상의 다양한 효과로 말미암아 미국에서는 명상 인구가 이미 2,000만 명을 넘어섰으며 스트레스가 심한 상류지향 전문가 계층일수록 명상을 즐기고 있다. 많은 학교에서 명상은 수업과목이며 병원, 정부기관, 기업, 공항 심지어 교도소에서도 명상을 쉽게 발견할 수 있다. 이로 인해 엘 고어 전 미국 부통령, 리처드 기어, 데미 무어, 해리슨 포드 등 유명 인사들도 명상에 빠져 있다.

〈타임〉은 명상의 효과를 다음과 같이 정리하고 있다.

- **정신** 마음이 맑고 편안해지며 세상이 밝게 보인다.
- **육체** 몸의 피로와 스트레스가 사라지며 병을 낫게 한다.
- **인격** 원만하고 긍정적이며 적극적인 성격이 길러진다.
- **환경** 가족과 주변이 아름답게 보이며 스스로 밝고 조화로운 분위기를 만든다.

빛명상은 앞서 설명한 일반 명상의 효과를 모두 포함하되 다음의 차이점을 나타낸다.

1 빛명상은 근원의 순수 에너지 빛[viii]이 함께하기 때문에 일반 명상에서 나타나는 효과가 극대화된다.

2 빛명상은 인체에 유해한 파장을 차단, 정화해준다. 일반 명상 수련법은 유익한 기운과 해로운 기운을 선별해 받아들일 수 없기 때문에 해로운 기운이 들어오게 되면 부작용으로 큰 해를 입기도

한다. 하지만 빛명상은 이러한 명상에서 나타나는 모든 부작용에서 안심할 수 있다.

3 일반 명상은 탁한 기운을 몸 밖으로 빠져나가게 할 뿐 근본적으로 탁기 자체는 정화하지 못한다. 따라서 몸 밖으로 빠져나간 부정적인 에너지가 더욱 증폭되어 다시 자신에게 되돌아오거나 타인에게 악영향을 주는 경우가 잦다. 하지만 빛명상은 빛[viii]을 통해 탁기 자체를 근본적으로 정화하기 때문에 그러한 우려가 전혀 없다.

4 빛명상은 정해진 옷차림이나 행위, 특별한 동작을 요구하지 않는다. 또한 장기간의 수련과정이 필요없으며, 5-10분 정도의 짧은 시간으로 혜택을 누릴 수 있다.

5 빛명상은 특정 장소에 구애받지 않는다. 본인이 원하는 장소 혹은 인터넷 빛명상 페이지를 열어둔 컴퓨터 앞이라면 어디에서든 할 수 있다.

6 빛명상은 종교에서 행하는 기도(묵상), 참선과는 달리 믿음과는 무관하며 긍정적인 마음이 열려 있으면 더 좋은 효과를 나타낸다.

7 빛[viii]은 우주 근원의 순수 그 자체이므로 어린이가 빛명상을 더 잘하고 받아들이는 경우가 많다.

효과	일반명상	빛명상
피로와 스트레스 해소	○	◎
기억력과 집중력 향상	○	◎
면역체계 강화	○	◎
심혈관질환 개선	○	◎
수련과정, 특별한 동작, 시공간적 제약	○	×
5분 정도의 짧은 명상으로 나타나는 효과	△	◎
근원의 순수 에너지 빛[viii]교류	×	◎
유해한 파장 차단, 정화	×	◎
몸 밖으로 빠져나간 부정적 에너지 정화	×	◎
무의식 상태에서의 명상 가능성 및 효과	×	◎
타고난 사주나 운명 초월	×	◎

빛명상과 일반 명상 비교표 / ×없음 △보통 ○많음 ◎아주 많음

누구나 쉽게 따라할 수 있는
소원을 이루는 생활 빛명상(Viit Meditation)

1 빛명상 준비하기

① 컴퓨터를 켜고 다음 인터넷 빛명상 카페(www.viitcafe.com)를 방문, 인터넷 빛명상 페이지를 엽니다.

② 지금 가장 불편하고 힘든 부분 혹은 가장 이루고 싶은 것을 깨끗한 종이나 노트 위에 적습니다. 단, 자연의 질서나 선의(善意)에 위배되는 일은 피하세요.

　　예문) 머리가 맑아졌으면 좋겠습니다.

　　　　　영업실적이 올랐으면 좋겠습니다.

　　　　　시험에서 좋은 결과가 있기를 바랍니다.

③ 바라는 바를 적은 종이를 손에 올려놓습니다.

④ 만약 인터넷 빛명상을 이용할 수 없다면 본 책자를 무릎이나 다리 위에 올려 놓습니다.(본 책자 안에 봉입되어 있는 빛viit이 유해한 파장으로부터 심신을 보호해줍니다.)

2 빛명상 자세

특별히 정해진 자세는 없습니다. 스스로 느끼기에 편안하고 내면에 집중할 수 있는 자세가 좋으며, 다음의 자세를 추천합니다.

　　의자나 바닥에 허리를 곧게 펴고 앉습니다.

　　가슴을 쫙 펴고 고개를 약간 목 안으로 끌어당깁니다.

　　두 눈은 코끝을 바라보는 듯 천천히 감습니다.

　　두 손은 손바닥이 하늘을 향하도록 하여 펴고

　　양 무릎 위로 살짝 들어 올립니다.

만약 이 자세가 힘든 경우라면 본인이 취할 수 있는 가장 편안한 자세,
혹은 자리에 누운 자세도 무관합니다.

3 근원에 대한 감사의 마음
근원에 대한 감사는 생명 근원에 대한 순수의 감사입니다.
즉, 무엇이 이루어지거나 해결되어서가 아니라
지금 내 생명이 살아 숨 쉬고 있는 그 자체에 대해 감사드립니다.
다음의 글을 읽은 후 조용히 눈을 감고 감사의 마음을 되새깁니다.

　　감사합니다.
　　내 마음을 존재하게 하는 근원의 힘,
　　우주마음에 감사합니다.

　　감사합니다.
　　생명을 유지하는 기본이 되는 지구의 자연
　　특히 빛, 공기, 물에 감사합니다.

　　감사합니다.
　　내 육체를 낳고 길러주신 부모님과 선조님께 감사합니다.

감사의 마음을 되새기며 고요히 빛명상에 듭니다.
빛명상 중에 자신이 종이에 적은 사항이 이루어지기를 청합니다.

4 빛호흡

코로 숨을 깊숙이 들이마십니다.
들이쉴 때에는 우주 근원의 빛^{viit}이
온몸 구석구석 스며든다고 생각합니다.

숨을 천천히 내쉽니다.
내 안에 가득 찬 분노와 스트레스, 각종 탁한 기운이
빛^{viit}을 통해 정화되어 밝게 바뀝니다.
이와 같은 빛호흡을 10-15회 정도 반복합니다.
빛^{viit}과 함께 호흡을 반복하는 가운데
몸속 깊이 끓어오르던 화, 탁한 기운이 정화됩니다.
흥분, 불안, 스트레스가 가라앉고
한결 편안하고 밝은 상태가 됩니다.

5 주의사항

① 빛명상 시간은 5-10분 정도가 적절합니다.
② 빛명상을 지속적으로 생활화하면 더욱 큰 효과가 나타납니다.
③인터넷 빛명상(www.viitcafe.com) 사이트를 이용하시면 더욱 쉽고 편리하게
   빛명상 체험이 가능합니다.
④ '빛명상'과 '빛호흡'은 고유상표로 등록되어 있으므로 무단 사용과 복제를 금합니다.
   '빛^{viit} 명상 체조' 서비스표 등록 NO.0111879 / '빛^{viit} 호흡' 서비스표 등록 NO.0109140

PART 01
우연 같은
필연

우연 같은 필연*

7년 만의 재회 2004년 봄, 고속철도가 개통되면서 지금은 사라져
버린, 대구와 서울을 오가는 항공 노선을 마지막으로
이용했을 때의 일이다. 그날따라 거의 텅 비다시피
한 비행기 객석 한 자리에 앉아 이륙을 기다리고 있자니 앞쪽에 앉은 한 사
람의 얼굴이 눈에 들어왔다.

'어디서 많이 본 분인데….'

가벼운 점퍼 차림에 머리가 허연 노신사였다. 왠지 낯익은 얼굴이 알 듯
말 듯 기억을 맴도는 통에 자꾸만 얼굴을 흘끔거리게 되었다. 이윽고 내 무
례한 시선을 눈치챈 노신사가 고개를 돌렸다. 순간 몹시 겸연쩍어진 나는
엉겁결에 이렇게 외치고 말았다.

"추수환 추기경님과 많이 닮으셨네요!"

이 말을 들은 노신사는 너털웃음을 터트리더니,

"추수환이가 아니고 김수환 추기경과 닮았다는 얘기는 자주 들어요."

하고 대답했다. 그제야 내 실수를 깨닫고는 머쓱한 웃음을 지어보였을
때, 문득 검은 뿔테 안경 너머 노신사의 눈동자가 반짝였다.

"어허! '빛' 선생 아니시오?"

내가 어리둥절한 표정으로 고개를 끄덕이자 노신사는

"이게 얼마 만이오? 어서 이리 오시오."

하며 자신의 옆자리를 톡톡, 손으로 가리켰다.

수행원도 없이 소박하신 모습에 잠시 내 기억이 혼란해진 틈을 타 추기경님이 먼저 내 얼굴을 짚어내신 것이다.

"어, 진짜 김수환 추기경님 맞네요?"

"허허, 김수환이 아니라 '빛' 수환이오."

변함없는 위트와 여유가 다시금 그분임을 확인시켜주는 듯했다.

우연치고는 아주 반가운 만남이었다. 지난 세월 나누지 못한 수많은 이야기가 오가는 가운데 스튜어디스가 가져다 준 주스 한 잔 마실 틈 없이 50여 분의 비행시간이 눈 깜짝할 새에 지나갔다.

"그 일이 세상에 알려지고 난 후 참 많은 사람들이 나를 찾아왔습디다."

기억 저편 7년 전 그분과의 첫 만남이 떠올랐다.

도대체 이 힘은 무엇일까?

1997년 어느 날. 어린 시절부터 가까이 뵈어 온 정달용 가톨릭대 학장님으로부터 전갈이 왔다.

"김수환 추기경님께서 자네를 초청하셨네."

'어째서 나를…?'

일면식도 없는 나를 굳이 만나자고 하시는 걸 보면 분명 그분도 '빛'에 대한 소문을 들으신 것이 틀림없었다.

이 '빛'이 언제부터 나와 함께했는지, 또 왜 나에게 이런 힘이 찾아들었는지 그 이유는 알 수 없다. 다만 평범한 삶을 살아오던 가운데 신비로운 일들이 우연처럼 하나, 둘씩 생겨나기 시작했고 그것이 어느 순간에 이르자 단순히 우연이 아닌 필연으로밖에는 설명할 수 없는 정도가 되었다.

어린 시절 같은 반 친구가 다리를 심하게 다쳐 울고 있는 것을 보고 마음이 아파 다리를 쓰다듬어준 적이 있다. 다음 날이 되자 그 아이는 언제 그랬냐는 듯 운동장을 뛰어다녔다. 다리를 다쳐 절뚝이는 강아지, 모이를 많이 먹어 배가 터진 병아리, 난산으로 위험에 처한 어미 소의 경우도 비슷했다. '빨리 나았으면 좋겠다' 하고 쳐다보거나 잠깐 어루만져주었을 뿐인데 이내 건강한 모습으로 되돌아온 것이다. 하지만 당시에는 그러한 일들을 단지 우연으로 여겼을 뿐 나와 맞닿아 있는 이 '힘'의 존재에 대해 인식하지는 못했다.

어른이 되어 사회생활을 할 때에도 상황은 크게 바뀌지 않았다. 당시 최연소 총매니저로 시작한 호텔 생활은 이상하리만큼 행운과 호재의 연속이었다. 매출이 바닥을 치던 호텔도 내가 부임하기만 하면 이내 흑자로 돌아서고 손님이 넘쳐났던 것이다. 뿐만 아니라 어떤 특별한 힘이 나와 함께하고 있는 것은 아닐까, 하고 생각하게 하는 신비로운 일들도 반복해서 일어났다.

하루는 한 직원이 집 나간 아이 때문에 마음을 졸이고 있다는 말을 들었다. 얼마나 걱정이 될까 안쓰러운 마음에 '아이가 곧 돌아올 것'이라며 도닥여주었다. 그런데 바로 그다음 날 거짓말처럼 아이가 아무 탈 없이 집으로 돌아왔다. 또 한 번은 애인과 헤어져 상심해 있는 여직원의 사정을 우연히 알게 되어 위로해준 적이 있다. 그런데 얼마 되지 않아 그 떠나간 애인이 다시 돌아왔다며 기뻐하는 것이다.

어느 날엔가는 목욕탕에 갔다가 온몸에 칭칭 붕대를 동여감고 있는 직원 한 명을 만났다. 호텔이란 단정한 용모가 무엇보다 중요한 곳이기에 온몸에 붕대를 감고서라도 자신의 병을 숨기려 했던 것이다. 그는 몹시 당황한 표정이었지만 사실 나는 그가 병을 숨겼다는 것보다 그의 딱한 사정에 더 마음이 쓰였다. 나도 모르게 '하루빨리 그 직원이 고통에서 벗어나면 좋겠다' 하고 생각하였다. 며칠 후 그 직원이 찾아와 고개를 숙였다. 무슨 약을 써도 듣지 않던 피부병이 목욕탕에서 나와 마주친 다음부터 좋아지기 시작하더니 이제는 거의 완치 단계에 이르렀다는 것이다. 감사하다며 눈물까지 흘리는 직원을 앞에 두고 나는 그저 고개만 갸웃거릴 뿐이었다.

이처럼 단순히 우연이라고 하기에는 너무도 기이한 일들이 반복해서 나타나는 가운데 내 마음은 끝없는 질문으로 가득 찼다.

'도대체 이 힘은 무엇일까?'

'이 힘은 어디서, 왜 오는 것일까?'

그 해답을 얻기 위해 많은 사람을 만나보고 또 책을 들여다보기도 하였지만 결국 그 무엇도 내 오랜 의문을 속 시원히 해결해주지 못하였다.

큰 '빛'과 만 나다

그러던 어느 날, 1986년 초겨울, 경남의 한 산에서 큰 '빛'을 만났다. 그리고 그 '빛'을 통해 오랜 내 의문의 명확한 답도 찾게 되었다. 무언가를 찾기 위해 고행이나 구도(求道)를 한 것도 아니었다. 그저 아주 우연히, 마치 원래 그렇게 되기로 정해져 있다는 듯 큰 '빛' 을 만나고 또한 알게 된 것이다.

처음에 그 '빛' 은 꼭 대단한 산불이 난 것처럼 보였다. 저러다가 온 산이 타버리겠다는 걱정에 사람들의 만류를 뒤로하고 불길이 보이는 쪽으로 서둘러 올라갔다. 그런데 가까이에서 본 그것은 불이 아니었다. 거대한 '빛' 이었다. 한 나무를 중심으로 너무도 크고 강렬한 '빛' 이 마치 불타듯 이글거리고 있었다. 나는 마치 무엇에 이끌리기라도 하듯 그 '빛' 속으로 걸어 들어갔고, 이후 채 몇 분 되지 않는 시간 동안 원래 그 답을 알고 있었던 것처럼 모든 것이 분명해짐을 알 수 있었다. 지나간 일들, 앞으로 다가올 일들이 필름처럼 순식간에 스쳐지나갔다. 이 힘이 왜 왔는지, 그리고 어디서 왔는지, 오랫동안 마음속에 갇혀 있던 질문의 해답들도 저절로 알게 되었다. 무어라 말로 다 표현할 수 없는 황홀하고도 경이로운 경험이었다.

그런데 그 경험이 비단 나만의 것은 아니었다. 큰 '빛' 이 휘감고 있던 나무와 그 일대 그리고 뒤따라온 동행자들의 얼굴과 옷자락에도 온통 반짝거리는 가루와 같은 '빛'의 흔적, 즉 '빛분' 이 나타난 것이다. 혼자만의 착각이나 환시가 아닌, 실체가 있는 힘으로서의 '빛' 의 존재를 분명하게 인식하게 된 첫 경험이었다.

호텔이라는 곳은 사회 여러 계층의 사람들이 모여드는 곳이기에 자연스럽게 다양한 부류의 사람들을 만날 수 있었다. 그런데 성별이나 나이, 직업, 지위를 막론하고 그 모든 사람들에게 적용되는 한 가지 공통점이 있다. 그것은 바로 누구든 살아가면서 부족하거나 어려운 점, 남에게 쉬이 털어놓기 힘든 속사정 하나씩은 갖고 있다는 점이었다.

많은 인생의 선배들이 조언하듯 그러한 인생의 역경을 잘 극복하여 새로운 꿈과 희망을 향해 나아가는 계기로 삼는다면 그만큼 이상적인 일은 없을 것이다. 하지만 세상에는, 비록 인정하고 싶지 않다 할지라도, 아무리 노력해도 거스를 수 없는 거센 파도가 다가오기도 하는 법이다. 그리고 삶의 파도가 높으면 높을수록 내면에는 어두운 그늘과 상처가 남게 마련이다.

사람들에게 '빛'을 전해주면서 느낀 보람 중의 하나는 바로 그 보이지 않는 내면의 그늘을 밝게 정화할 수 있다는 것이었다. 아무리 노력하고 애를 써도, 때로는 온갖 유용하다는 자기 훈련방법과 지혜로운 현자들의 비법을 동원하여도 도통 지워지지 않는 마음의 상처를 우주 근원의 힘, '빛'으로 정화하는 것이다.

하지만 더 큰 보람은 그러한 마음의 변화가 현실의 변화로 직결된다는 점이었다. 부, 명예, 성공, 건강, 인간관계 등 살아가면서 마주치게 되는 인생의 수많은 고갯마루에서 '빛'은 곧 풍요로운 현실의 결과물로 이어졌다.

예기치 못한 불행과 절망 속에서 희망과 행복을 되찾은 사람들, 간절하던 꿈이 현실로 이루어지고 이제는 눈앞의 소원보다 인생의 참 행복이 무엇인지 알게 된 사람들, 잃어버렸던 건강을 되찾아 다시금 하루하루 활기찬 삶을 누리게 된 사람들···. 그 수많은 사람들의 행복한 웃음에서 눈에 보이지 않는 '빛'의 모습을 볼 수 있었다. 그리고 이 힘을 보다 많은 사람들과 나누고 싶다는 바람도 차츰 커져갔다.

당시 '빛'은 그 다양한 결과에 따라 '소원이 이루어지는 힘', '부자가 되는 힘', '건강의 에너지' 등 다양한 별명으로 사람들의 입과 입을 통해 퍼져 나갔다. 소문을 들은 사람들은 '빛'을 받기 위해 내가 근무하고 있던 호텔로 찾아오기 시작했고, 언제부터인가는 호텔 손님보다 '빛'을 받으러 온 사람들이 더 많아져 도저히 업무를 볼 수 없을 지경이 되었다.

1994년, 큰 '빛'을 만난 지 8년이 지나, 세상 사람들에게 '빛'을 전해주는 일에만 전념하기 위해 과감히 호텔을 떠나기로 했다. 특별한 명칭도 없이 그저 '빛' 혹은 '우주의 에너지' 정도로 부르던 이 힘에 고유한 이름이 필요하겠다는 생각이 든 것도 바로 그즈음이다. 사실 명칭은 아무래도 좋다. 이 힘은 인간이 붙인 이름에 관계없이 존재해왔고 또한 앞으로도 존재할 테니 말이다. 하지만 보통 우리가 알고 있는 빛(태양빛이나 인공조명) 혹은 기(氣)나 마인드컨트롤, 초능력 등 다른 정신세계의 힘과도 구분되는 명칭이 필요했다. 그리하여 빛과 같은 형태로 오되 초월적인 우주의 힘이라는 의미로 '초광력(超光力, Ultra Cosmic Spirit)'이라 이름 붙였고 이를 보다 쉽게 표현하기 위해 '빛[viit]', 영문으로는 한글 발음 그대로 'Viit'이라 표기하기로 했다*.

| 추기경님의
로사리오 | 김수환 추기경님을 처음으로 뵙던 날, 나도 모르게
가슴이 두근거렸다. 나 역시 어린 시절 어머니 손에
이끌려 20년이 넘도록 복사를 서며 종교생활을 해 |

왔기에 과연 그분은 빛[viit]에 대해 어떤 말씀을 하실까 참 궁금했다.

---

* 본 책에서는 우리가 일반적으로 알고 있는 빛(태양, 달빛, 별빛, 인공조명에서 오는 빛 등)과는 차별되는 우주 근원의 힘이라는 의미에서 한글과 영문을 병기한 "빛[viit]"으로 표기하고자 한다.

그런데 정작 추기경님은 이렇다 할 특별한 말씀이 없으셨다. 그러곤 매우 당연하다는 듯 당신과 무척 가까운 두 분의 건강을 위해 빛[viii]을 달라고 부탁하셨다. 당시 극심한 근무력증으로 일상생활이 여의치 않고 생명마저 위태로운 상황이셨던 김자문 성소국장님, 그리고 위암 말기로 위독한 상태에 계신 모 대학 총장 수녀님의 건강이 빛[viii]으로 정화되기를 청하신 것이다. 가톨릭의 최고 지위에 계신 분임에도 불구하고 종교 밖의 힘이라고도 볼 수 있는 빛[viii]을 이처럼 스스럼없이 구하시는 추기경님의 모습이 남다르게 다가왔다.

"추기경님께서는 빛[viii]이 무엇이라 생각하십니까?"

그러자 그분이 잔잔한 미소와 함께 답하셨다.

"'그분으로부터 오는 특별한 성총'이겠지요. 저는 이미 빛선생께서 그 힘을 우리 형제자매들과 세상의 아름다움을 위해 쓰고 계신다고 들었습니다."

이윽고 추기경님은 잔잔한 미소와 함께 작은 로사리오(묵주) 하나를 내미셨다. 그분이 늘 손에 쥐고 기도하시던 것이라는 작은 크기의 로사리오에는 추기경님의 고유 문장이 새겨진 십자가와 마더 테레사에게 받으셨다는 타원형의 푸른 성모패가 달려 있었다. 분명 보통의 로사리오와는 달리 당신에게 큰 의미가 있는 성물임에 분명했다.

"앞으로도 저희들이 하지 못하는 좋

인간 본연의 순수한 빛마음으로 만났던 김수환 추기경님의 로사리오. 내 안의 진정한 나, '빛마음'은 시대와 국경, 종교를 초월해 존재한다.

은 일을 대신해서 많이 해주세요."

추기경님은 내게 최고 지위의 종교지도자 이전에 하나의 빛마음, 즉 우
주마음의 빛[viii]과 이어지는 인간 본연의 순수한 마음으로 남아 있다.

*미시시피 강 발원지의 북소리

낯선 초대　　　내 안의 진정한 나, 빛마음은 국경과 시대를 초월한
다. 인종과 문화, 가치관의 차이는 눈으로 드러나는
외형적인 부분일 뿐 우리 모두의 내면에는 우주의
마음에서 떨어져나온 작은 보석, 빛마음이 담겨있다. 먼 타국으로의 여정,
낯설기만 한 어느 길 위에서 또 하나의 빛마음과 우연히 마주한 적이 있다.

　2000년 미국 아칸소(Arkansas) 주정부의 초청으로 리틀록(Little Rock)
시를 방문했을 때였다. 일정 말미에 그곳에서 멀지 않은 그레이스랜드
(Graceland)를 관광할 기회가 있었다. 그 지역 명물이라는 엘비스 프레슬
리(Elvis Presley) 생가를 둘러보고 나오는데 어디선가 체구가 건장하고 구
릿빛 피부가 돋보이는 한 남자가 나에게 다가왔다.

　"안녕하십니까, 그랜드 마스터 정!"

　이미 나를 알고 있는 듯 매우 공손하고 친근한 표정이었다. 그는 자신의
이름이 스튜어트 하워드(W. Stuart Howard)이며, 그곳에서 멀지 않은 곳에
살고 있는 네이티브 아메리칸(Native American)*의 마지막 추장이라고 자
신을 소개했다.

　"아칸소 주 ATA 미국 태권도협회(American Taekwondo Association) 이

행웅 회장을 위해 당신이 오셨다는 이야기를 전해 듣고 여러 날을 기다렸습니다. 괜찮으시다면 오늘 밤은 저희 집에서 묵으시는 것이 어떻겠습니까? 꼭 만나뵙고 할 이야기가 있습니다."

알 수 없는 이끌림으로 그의 초대를 받아들였다.

최후의 네이티브 아메리칸 추장 차로 한 시간 남짓 달려 도착한 곳은 집이라기보다는 큰 공원에 가까웠다. 네이티브 아메리칸들을 보호하기 위해 주정부에서 지정한 보호구역인데 추장인 자신이 그곳을 대표로 맡고 있다고 했다. 차로 한 바퀴 둘러보는 데만해도 수십 분이 걸렸다.

문득 추장의 걸음걸이가 약간 이상해 보였다. 이유를 물어보니 퇴행성 관절염으로 발바닥에 심한 고통이 있고 뼈마디가 시려서 한여름에도 두꺼운 이불이 없으면 잠을 잘 수 없다고 했다. 거기에 원인을 알 수 없는 편두통과 불면증에 시달린다고 하였다.

저녁 식사를 마친 후 그의 환대에 대한 보답으로 추장과 그의 식구들 모두에게 빛[viii]을 전해주었다. 특히 추장의 몸이 원래의 상태로 맑게 되돌아가기를 바라며 빛[viii]을 펼쳤다. 그는 매우 진지한 태도로 이 힘에 깊이 젖어들고 있었다. 잠시 후 그가 큰 숨을 들이쉬며 눈을 떴다. 나는 그에게 다리와 발을 움직여보게 했다. 특히 통증이 심하다는 부위였다. 발을 놀려보던 그가 놀란 표정으로 나를 바라보았다.

---

* 우리가 흔히 '인디언'으로 부르고 있는 미국 원주민에 대한 명칭은 네이티브 아메리칸(Native American)이 보다 정확한 표현이며, 내가 만난 스튜어트 하워드 추장 역시 자신을 그렇게 불러달라고 요청한 바 있다.

"따뜻한 바람이 제 몸을 부드럽게 감싸 안는 것을 느꼈습니다. 그리고 아름다운 꽃들의 향기가 콧속을 메웠습니다. 정말 놀랍습니다. 이렇게 걸어도 발바닥에 통증이 느껴지지 않아요. 그리고 두통도 사라졌습니다!"

"당신의 몸과 마음이 조금 전 빛viii을 받으면서 정화되었기 때문입니다. 이 에너지는 우주 에너지 흐름의 중심에서 옵니다. 자연을 창조하고 움직이게 하는 근원의 힘이지요."

그러자 추장이 고개를 끄덕이며 대답했다.

"당신의 말을 이해할 수 있습니다. 우리들의 선조는 위대한 정령(Great Spirit)과 자연 속 형제들과 어울려 살아왔습니다. 저는 방금 전 그 자연의 위대한 정령이 보내주시는 강력한 에너지를 느꼈습니다. 그랜드 마스터 정, 정말 감사합니다. 당신에게 꼭 보여주고 싶은 것이 있습니다."

추장은 집 안 곳곳의 여러 가지를 보여주었다. 농기구라든지 여러 유물, 생활 소품들을 보며 과거 그들의 삶이 우리네 선조들의 생활 풍습과 많이 닮아 있다는 생각을 하게 되었다. 끝으로 그는 별관 건물의 위층으로 나를 안내했다.

"이곳은 가족들에게도, 저와 절친한 친구인 고어(Al Gore) 부통령에게도 보여주지 않았습니다. 그만큼 신성하고 조심스러운 곳입니다. 이곳을 당신께는 꼭 보여주고 싶습니다."

문이 열리자 널찍한 방 안에는 삼단(三段)으로 된 제단이 보이고 그 위에 촛불들이 고요한 빛을 내며 타고 있었다. 그 촛불들 뒤로 방석이 하나씩 놓여 있고, 각기 다른 모양과 색깔의 깃털, 깃발, 혹은 머리장식 같은 것들이 차례로 놓여있었다.

"이것들은 모두 선조 추장님들의 유품입니다. 나의 아버지들의 영혼이 숨 쉬고 있는 곳입니다."

조상과 정신적 뿌리를 소중하게 여기는 그의 마음에 공감이 가는 한편 왜 이런 소중한 곳을 하필이면 이 낯선 이방인에게 보여주려 하는지 의아했다.

"몇 주 전 매우 신비로운 꿈을 꾸었습니다. 그 꿈에서 저는 이 방에 홀로 앉아 깊은 명상에 잠겨 있었습니다. 그런데 갑자기 선조 추장 한 분이 제 앞으로 다가왔습니다. 저는 머리를 숙여 그분을 맞이하였지요. 그런데 그분의 옆에 반짝이는 눈을 가진 동양인이 서 있었습니다. 선조 추장은 그 동양인의 손을 제 손에 쥐여준 후 멀리 사라졌습니다."

순간 그는 언젠가 자신이 그 동양인을 만나게 되리라는 것을 직감했다고 한다. 이후 우연히 리틀락에 머물고 있는 한 한국인에 대한 소문을 접한 그는 이른 새벽부터 엘비스 생가의 매표소 입구에서 기다린 것이다.

"당신의 얼굴을 보는 순간 깜짝 놀라고 말았습니다. 꿈속에서 선조 추장님이 제게 인도하신 그분의 얼굴과 너무도 똑같았기 때문입니다."

그 이야기를 들으면서 비로소 그가 왜 처음 보는 나를 자신의 집으로 초대하고 이처럼 자신의 뿌리를 모셔놓은 소중한 방을 보여주는지 이해할 수 있었다.

"대체 왜 선조 추장님이 나를 당신과 만나게 했을까 내내 고민했습니다. 단지 내 병을 고쳐주기 위해 당신을 이곳까지 모셔오게 하지는 않았을 것이기 때문입니다. 그런데 조금 전 당신이 두 손을 높이 들고 뭔가를 행하는 뒷모습에서 큰 힘이 함께하고 있음을 느꼈습니다. 그 모습을 보며 비로소 오랜 세월 대물림해온 우리 부족의 염원을 당신에게 말해야겠다고 생각했습니다. 그리고 그 순간 제 깊은 명상 속에 찾아오셨던 선조 추장님의 모습이 다시 떠올랐습니다. 그리고 지금 이 기회를 놓치면 영원히 다시 오지 않으리라는 생각이 들었습니다."

그렇게 그는 조심스레 그들 부족에게 내려오는 꿈이랄까, 오랜 바람을 이야기하기 시작했다. 그것은 바로 인종 차별이 없는 진정 평화로운 세상을 갈망하는 그들의 염원이었다. 그러기 위해서는 선조 추장들의 선택을 받은 훌륭한 지도자가 나와야 하는데 아직은 때가 아니었다. 무척 힘든 시기가 지나갈 것이며, 오랜 꿈을 이루어줄 '한 사람'이 선조 추장들의 방을 다녀간 후 비로소 그 준비가 시작되리라고 이야기했다.

"조금 전 저에게 보여준 그 엄청난 힘을 저의 친구, 이웃, 이 땅의 사람들을 위해서도 나누어주기를 희망합니다. 만약 그러한 때가 오거든 그랜드 마스터께서 원하는 대로 이 땅을 마음껏 사용하십시오."

그의 제안은 분명 감사했지만 아직은 현실과 거리가 멀게 느껴졌다. 나는 한국 사람이기에 내가 나고 자란 한국 땅에서 가장 먼저 이 힘을 나누어야 한다는 생각이 마음 깊이 자리하고 있었던 까닭이다.

다음 날 아침, 길을 나서는 내게 추장이 말했다.

"미시시피 강 발원지를 꼭 한번 찾아보십시오. 그곳은 대대로 네이티브 아메리칸들의 영혼이 깊이 살아 숨 쉬고 있는 곳입니다. 당신이라면 무언가 좋은 일이 생길 것입니다."

미시시피 강 발원지의 북소리

이후 미시시피(Mississippi) 강의 발원지인 이타스카(Itasca) 호수에 도착했다. 얕고 잔잔한 물이 넓게 퍼져 있었고 군데군데 연둣빛 습지식물들이 자라고 있었다. 몇몇 관광객들이 바지를 걷어 올리고 물로 걸어 들어가고 있었다. 나도 곧 신발을 벗고 물속으로 들어갔다. 정강이 정도에도 미치지 않는 얕은 물이었지만 매우 차고 시원했다.

그렇게 조금 걸어 들어가다가 물이 조금 깊어진 곳에서 아주 마음에 드는 장소를 발견했다. 나도 모르게 호흡을 크게 들이쉬며 고요함에 잠겼다. 상쾌한 바람이 불어오고 눈을 감은 내 얼굴에 햇살이 따사롭게 내려앉았다.

그렇게 잠시 시간이 지났을 무렵이었다.

"둥둥둥둥….."

순간 내 귀를 의심했다. 어디선가 바람결에 실려오는 듯 아련한 북소리가 들렸다. 살며시 눈을 떠 주위를 둘러보았다. 그러자 북소리도 함께 멈추었다. 뒤를 돌아다보니 멀리 사람들이 보였지만 아무도 북을 들고 있지는 않았다. 조용히 눈을 감았다.

"둥둥둥둥, 둥둥둥둥….."

다시금 북소리가 들려오기 시작했다. 처음에는 아주 작고 희미하던 소리가 시간이 지날수록 차츰차츰 커져갔다. 만약 이 북소리가 환청이 아니라면 눈을 뜬 후에도 소리가 났으면 좋겠다고 생각했다. 그리고 다시 눈을 떠보았다. 선명한 북소리임에 틀림없었다. 참 신기한 일이라고 생각하며 북소리가 나는 쪽으로 조금씩 발걸음을 옮겼다. 몇 발짝 움직이니 소리가 더욱 크게 들렸다. 소리가 아래쪽에서 들리는 것 같아 허리를 숙였는데 순간 어디선가 내려온 강렬한 빛줄기 하나가 돌무더기 틈새를 선명하게 비추고 있었다.

'아, 이게 뭘까?'

빛이 내리비추고 있는 돌무더기를 조심스레 들추어내었다. 그러자 빛줄기가 어느 돌멩이 하나를 따라서 움직이는 것이었다. 곧 그 돌을 건져내어 손으로 감싸 안았다. 그리고 눈을 감았다. 둥둥둥, 하는 북소리가 더욱 커지면서 많은 원주민들이 모여 정성스레 마음을 모아 어떤 제식을 지내는 영상이 떠올랐다.

그 돌은 주먹만 한 크기의 둥근 모양이었는데 한쪽 면에 열십자로 된 문양이 새겨져 있었다. 단순히 물속에서 구르며 생긴 모양이라기보다는 분명 누군가가 인위적으로 새겨 넣은 것이었다. 반대쪽에도 여러 가지 알 수 없는 무늬들이 있었는데 해, 달, 별과 같은 천체를 상징하는 듯했다.

그 옛날 이 땅을 살아가던 원주민들이 위대한 정령, 즉 우주의 근원을 향해 제사를 올릴 때 그 제단의 가장 상층부에 상징적으로 올라가 있었던 돌임을 알 수 있었다. 수천 년 동안 자연과 더불어 살아온 순수한 빛마음이 담겨 있는 돌이었다. 그 돌을 손에 꼭 쥐고 눈을 감았다. 그리고 그 오랜 마음들을 느껴보았다. 고도로 순수한 수많은 사람들의 영혼 그리고 그들의 기쁨과 슬픔이 함께 느껴졌다.

해원상생(解冤相生)이라 했던가? 인종과 국적, 종교, 성별에 관계없이 모두가 하나 된 풍요로운 마음이어야 한다는 것이 우주마음의 뜻이었다. 인간의 머리로 만들어놓은 벽을 모두 허물어버리고 각자 소중한 생명임을 알고 어우러질 때, 한 번뿐인 이 지구에서의 삶이 보다 의미 있고 아름다워지리라는 뜻이 선명해졌다.

그리고 어젯밤 추장이 내게 했던 말이 떠올랐다. 지금 느껴지는 화합과 상생의 우주 메시지가 지난밤 추장이 이야기했던 오랜 염원과 일치함을 알 수 있었다. 그것은 추장의 소원인 동시에 이 땅을 살다간 무수히 많은 사람들의 염원이기도 했다. 그 바람이 이루어질 수 있도록 우주마음에 청했다.

그때 놀라운 빛viii의 현상이 일어나기 시작했다. 사방에 빛viii이 가득하고 불그레한 빛무리 같은 것들이 주위를 떠다니고 있었다. 멀리 호숫가에 서 있던 사람들이 웅성거리는 소리가 들렸다. 뒤를 돌아다보니 몇몇 사람은 눈을 감고 명상에 잠겨 있었고, 공중을 떠다니는 빛무리를 보고 탄성을 지르는 사람, 얼굴과 옷깃에 빛분이 생겼다며 신기해하는 사람들도 있었다.

발길을 돌려 일행이 기다리고 있는 쪽으로 향했다. 물가로 나와 사람들에게 그 돌을 보여주었다. 사람들이 우르르 몰려와 내 주위를 에워싸더니 차례로 그 돌을 구경하였다. 기도를 하는 사람, 입을 맞추는 사람도 있었다.

그 돌은 빛viii을 받은 으뜸의 돌이라는 뜻으로 '원광석(元光石)'이라 이름을 붙였다. 그리고 그 돌을 함부로 그곳에 내버려둘 수 없어 양해를 구한 후 한국으로 가져왔다. 수천 년간 이어져온 네이티브 아메리칸들을 지탱하게 한 정신이 담겨 있기에 분명 후손들을 위해 긴히 쓰일 용도가 있으리라는 느낌이 들었다. 후에 이 원광석에는 빛분이 한가득 내려앉아 그 신비로움을 한층 더해주었다.

이후 십 년 가까운 세월이 흘러 화합과 상생의 기치를 든 미국 최초의 흑인 대통령이 탄생하는 것을 지켜볼 수 있었다. 기억 속에 묻혀 있던 원광석과 그날 미시시피 강 발원지에서 일어난 찬란한 우주마음의 축복을 떠올렸다. 버락 오바마(Barack Obama) 미 대통령이 네이티브 아메리칸들은 물론 억압과 차별을 견디며 살다 간 수많은 소수인종들 그리고 온 세계인들이 바라는 대로 진정 우주마음의 뜻에 맞는 밝은 세상을 이끌어줄 지도자가 되기 바라며, 나아가 남북관계는 물론 한동안 서운해진 한미 양국이 신뢰와 우정의 관계로 거듭나기를 바라는 바람을 담아 빛[viii]을 보내드렸다.

빛[viii]과 함께해 온 지난 이십여 년의 세월. 마치 거대한 퍼즐판의 조각들처럼 수많은 우연들이 모여 거대한 필연으로 드러나는 것을 통해 보이지 않는 우주마음의 존재를 선명하게 느낄 수 있었다. 그리고 그와 동시에 나는 깊은 고민에 빠지게 되었다. 과연 어떻게 하면 이 힘을 세상 구석구석에 알려 보다 많은 사람들의 행복과 지구의 안녕 그리고 후손의 풍요를 위해 쓸 수 있을까. 그것은 아마도 비록 어떤 이유에서인지는 알 수 없지만 이 힘이 나와 함께하고 있는 한 거둘 수 없는 고민일 것이다.

풀리지 않는 수수께끼와[*]
초과학의 세계

"빛선생과 만난 일이 알려지고 난 후 참 많은 사람들이 나를 찾아옵디다. 한번은 젊은 사제들이 항의를 하는 게 아니겠소. 그래서 '그분의 힘이 어떤 방식으로 찾아올지는 아무도 알 수 없네! 그저 성경 좀 읽고 사제가 되었다고 하느님의 섭리에 대해 다 안다고 생각한다면 그것이야말로 큰 교만이 아니겠는가!' 하고 크게 꾸짖어 돌려보냈지요. 추기경인 나도 이런 일을 겪었는데 그동안 얼마나 어려움이 많으셨겠소."

김수환 추기경님의 말씀처럼 사람들에게 빛[viii]을 전해주며 지나온 지난 세월은 무한한 우주의 축복이 함께한 동시에 세상의 편견과 고정관념에 맞서 걸어온 시간이기도 했다.

**편견과
고정관념의
벽**

1997년 어느 날, 당시 회원으로 활동하고 있던 한 검사가 걱정스런 표정으로 찾아왔다. 당시 김대중 새 정부가 들어서고 1999년 세기의 종말론 등으로 민심이 흉흉했던지라 사회에 물의를 일으키는 단체들에 대한 단속이 강화되었는데 초광력이 그 검열의 대상에 올랐다는 것이다. 그 이야기를 듣고 이 힘이 사회에 물의를 일으킨다고 판단한 근거가 무엇인지 의아했다. 아마도 상식의 수준을 넘어서는 어떤 초월적인 힘 자체에 대한 낯섦 혹은 고정관념에 바탕한 단정이라는 생각이 들었다.

"없는 힘을 있다고 하는 것도 아니고 더욱이 빛[viii]은 종말론과 거리가 멉니다. 이 힘을 있는 그대로 보여주는 수밖에요."

이런 내 반응을 걱정스럽게 바라보던 그는 고개를 가로저으며 말했다.

"상대는 검사들입니다. 방책을 세워야 합니다."

그는 자칫 잘못하다간 세상에 빛[viii]을 나누는 활동 자체가 불가능해질 수도 있다고 말하며 여러 가지 방법을 제안하였다. 하지만 그중 어느 것도 마음에 썩 내키지 않았다. 오랜 고심 끝에 결국 정면 돌파를 택했다. 상대가 누구든 있는 그대로의 진실을 보여주는 것이 가장 정확한 방법이라고 생각했기 때문이다.

"이 힘에 대해 의혹을 품고 있다는 검사들과 직접 만날 수 있게 자리를 마련해주십시오. 만나서 있는 그대로 보여주겠습니다."

얼마 후, 준비된 자리에 모인 20여 명의 부장검사들을 마주했다. 내 일거수일투족을 관찰하는 그들의 시선에 냉랭함이 느껴졌다. 나도 모르게 조금 긴장이 되는 한편 무엇보다도 검사들이 지금 이 자리에서 눈에 보이는 어떤 변화를 인정할 수 있어야 한다는 생각이 들었다.

"이 자리에서 빛[viii]이 사기나 허상이 아닌 실제로 존재하는 힘이라는 사실을 입증하겠습니다. 만약 그것이 입증되지 못하면 바로 수갑을 채우셔도 좋습니다. 하지만 빛[viii]이 현존하는 힘이라는 것을 인정할 수 있을 때에는 더 이상 문제 삼지 말아주십시오."

검사들이 모두 이에 동의를 표했다.

빛[viii]을 보내는 도중 문득 한 부장검사의 허리에 문제가 있는 것이 눈에 들어왔다. 척추 몇 번, 몇 번에 문제가 있다고 이야기하자 그 말을 들은 부장검사가 깜짝 놀라며 물었다.

"그런 것이 다 보입니까?"

"빛[viii]은 인간의 생각이나 계산을 뛰어넘는 힘입니다. 순수한 마음으로 의심 없이 이 힘을 받으시면 불편한 허리가 원래의 건강한 상태로 되돌아 갈 겁니다."

그 검사는 빛[viii]을 받은 직후 허리 통증이 확연히 줄어들었다며 이리저리 허리를 움직여보며 신기해했다. 이 모습을 본 주위 검사들의 매서운 눈빛이 조금씩 누그러지는 것을 느낄 수 있었다. 이후 각 검사들의 크고 작은 문제들, 신체의 이상들을 집어내 주고 그 자리에서 변화를 바로 느끼게 해 주었다.

그러던 중 빛분에 의혹을 갖고 처음부터 팔짱을 낀 채 상황을 지켜보던 제1 형사부장 검사의 손바닥에서 빛분이 나왔다. 남들이 눈을 감고 빛[viii]을 받고 있을 때에도 혼자 눈을 동그랗게 뜨고 내 행동 하나하나를 주시하고 있던 사람이었다. 하지만 주먹을 꼭 쥔 채 팔짱까지 끼고 있었던 자신의 손 바닥에서 빛분이 나오자 지금껏 굳어 있던 검사의 표정은 놀라움으로 바뀌었다. 이렇게 해서 빛분을 인위적으로 조작한 것이 아니냐는 의문이 해소됨과 동시에 그 자리에 있던 어느 누구도 빛[viii]의 존재에 대해 이의를 제기할 수 없게 되었다.

결국 처음의 우려와는 달리 위기에서 무사히 벗어날 수 있었다. 하지만 빛[viii]이 눈에 보이지 않고 생소하다는 이유만으로 부정적인 시선부터 던지는 세상의 편견에 안타까운 마음이 드는 것은 어쩔 수 없었다.

이후에도 간간이 이와 유사한 일들이 일어나곤 했다. 일 년 동안이나 나를 미행했다는 한 방송사 프로듀서는 내게 이렇게 말했다.

"참 대단하십니다. 대부분 이러한 경우 여자 문제 아니면 돈 문제로 걸려들게 마련인데 그런 점을 발견하지 못했거든요."

칭찬인지 비아냥거림인지 알 수는 없었지만 그 역시 편견에 가로막혀 그대로의 빛[viii]을 보지 못한 사람 중의 하나임은 분명했다.

또 한 번은 빛[viii]과는 전혀 무관한 한 정신세계 단체에 대한 고발 프로그램에 빛[viii]에 대한 이야기가 실린 적이 있다. 그런데 그 내용이 사실과 너무도 차이가 큰 오류투성이 짜깁기 식 방송이었다. 이번에는 나보다도 빛[viii]을 알고 있는 수많은 사람들이 나섰다. 무엇보다도 공정하고 객관적이어야 할 방송 프로그램이 어떻게 사실과 차이가 있는 내용을 내보낼 수 있느냐는 항의가 방송국에 빗발친 것이다.

이외에도 내게 백지수표 다발을 내밀며 아무도 모르게 자신의 뒤에서 힘만 불어넣어준다면 자식 대까지 먹고살 돈을 마련해주겠다는 사람, 아예 이 힘을 종교화해서 떼돈을 벌게 해주겠다는 사람도 있었다. 심지어 어떤 성직자들은 왜 그러한 힘이 평생 선을 베풀고 교리에 따라 살아온 자신들에게 오지 않고 당신에게 왔느냐며 불만을 드러내기도 했다.

지난 세월 이처럼 단단한 세상의 편견에도 불구하고 빛[viii]과 함께 건강한 사회, 행복한 생활을 지향하는 사람들의 단체인 '건강사회를 위한 시민모임'이 지난 2000년 사단법인체로 공인되기에 이르렀다. 이로써 빛[viii]은 단순히 신비롭거나 정체를 알 수 없는 힘이 아닌, 존재가 분명한 실제적인 에너지임이 법적으로도 인정된 셈이다. 이러한 탄탄한 기반을 바탕으로 지금 이 순간에도 빛^{viii}과 함께하시는 한 분 한 분의 삶이 풍요롭게 변화하고 그 수 또한 늘어나 우리 사회가 좀 더 밝고 건강해지는 데 기여하고 있다. 그리고 그 변화가 비단 국내뿐 아니라 미국, 중국, 일본, 브라질 등 세계 곳곳으로 퍼져가고 있다.

이 모든 아름다운 결과를 가능하게 했던 원동력은 오직 '있는 그대로의 진실' 그리고 '현실에서 경험할 수 있는 실제적인 힘'뿐이었다. 만약 이 힘이 그저 내 개인의 능력이었다면, 혹은 세상 사람들의 편견처럼 교묘한 속임수 이거나 소수 인원의 담합으로 가장된 것이라면 과연 어떠했을까? 아마도 그것은 대부분의 사람들이 예상하는 바와 크게 다르지 않으리라고 본다.

과정 없는 결과의 수수께끼

보다 많은 사람들이 보편적으로 이해할 수 있는 근거를 마련하기 위해 빛^{viii}에 대한 여러 과학적 실험을 여러 번 시도해본 적이 있다. 그중 한 가지가 1997년 3월 보도된 KBS 다큐멘터리 〈일월산〉에서 취재진들이 직접 행한 실험이다.

실험 1 취재진은 정신 질환이 있는 이 모 씨를 상대로 빛^{viii}에 대한 간단한 실험을 했다. 당시 이 씨는 특히 환청 증세가 심해 정상적인 생활이 힘든 정도였는데, 의료 기관의 검사 결과 스트레스 대처 능력에 관여하는 부신피질자극호르몬(ACTH 호르몬)이 정상인의 절반에도 못 미치는 수준이었다.

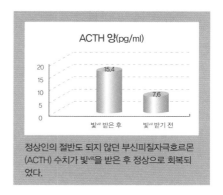

ACTH 양(pg/ml)

정상인의 절반도 되지 않던 부신피질자극호르몬 (ACTH) 수치가 빛viit을 받은 후 정상으로 회복되었다.

취재진은 이 씨에게 빛viit을 받게 한 후 부신피질자극호르몬 수치를 살펴보았다. 이씨는 빛viit을 받은 직후 평소 심각하던 이명이 멈추었으며 마음이 편안해졌다고 이야기했다. 이 씨의 호르몬 수치를 검사해보니 정상으로 되돌아와 있었다. 하지만 그 변화의 중간 과정이 없었다. 어떤 과정을 통해, 어떤 원리로 이러한 변화가 나타나는지 알 수 없고 다만 빛viit을 통해 결과만이 주어지는 것이다.

실험 2 이후 취재진은 빛viit을 받을 때 나타나는 빛분이라는 물질을 채취해 성분 분석을 시도했다. 그 결과 각 결정체마다 조금씩 다르긴 했지만 빛분이 육면체의 결정형을 띠고 있다는 사실, 그리고 산화규소(SiO) 즉 유리와 같은 성분을 다량 함유하고 있어 마치 전체가 빛이 나듯 반짝인다는 사실이 밝혀졌다. 그런데 산화규소 이외의 나머지 성분은 인체에서 독자적으로 생성될 수 없는 물질이며 그 정체 또한 과학적으로 밝힐 수 없다는 결과가 나왔다. 그렇다면 도대체 이 빛분은 어디서 온 것이며, 어떤 과정으로 만들어지는 것일까? 현대 과학이 밝힐 수 있는 범위 내에서 빛분은 여전히 풀리지 않는 수수께끼로 남아 있다.

이외에도 빛viit이 갖고 있는 다양한 효과들을 과학적으로 입증해 보이고

자 여러 학자들이 여러 가지 실험을 시도해본 적이 있다. 하지만 매번 난관에 부딪히곤 했다. 즉, 과정 없는 결과, 더욱 정확히 말하자면 중간 작용을 설명할 수 없는 결과만 도출될 뿐 원리나 작용 과정에 대해서는 알 수 없다는 것이다.

이처럼 빛[viii]이 어떤 작용을 하여 이러한 결과를 가져다주는지 그 과정은 알 수 없었다. 다만 현대 과학으로 혹은 인간의 인식력으로 이해할 수 있는 한계 너머, 어떤 알 수 없는 작용으로 인해 이러한 놀라운 결과가 주어진다는 사실을 경험할 뿐이다.

한번은 전자파 차단과 원적외선 방출의 결과가 공인 검증기관을 통해 확인된 바 있는 초광력칩[*]에 대해 발명특허를 내고자 한 적이 있다. 하지만 또다시 어려움에 직면하게 되었다. 초광력칩이란 평범한 스티커 형태로 된 물질에 빛[viii]을 봉입해 만든 것인데, 바람이나 공기를 대상으로 발명특허를 낼 수 없듯 빛[viii] 또한 눈에 보이지 않는 무형의 힘이기 때문에 결과만으로는 발명특허 대상이 되지 못한다는 것이다.

그렇다고 한 전문가의 제안처럼 평범한 스티커 재질을 금이나 은 혹은 다른 특별한 성분을 합성하여 만든 후 발명특허를 낼 수는 없는 일이었다. 물론 그 방법으로 발명특허를 얻을 수는 있겠지만 그것은 눈에 보이는 외형, 즉 합성물질에 대한 발명특허이지 초광력칩의 핵심인 빛[viii]에 대한 발명특허는 아니기 때문이다.

---

[*] 작은 삼각형 스티커 형태의 씰에 빛[viii]을 봉입한 것으로 생활에서 편리하게 빛[viii]을 접하도록 만든 물품
(우주에너지 빛[viii]의 안테나 역할을 하는 초광력칩의 도안(모양)은 국내외 특허 상표로 등록되어 있어 모방이 불가능하다.)

**그래도
지구는 돈다**

17세기의 유럽은 종교적 믿음이 곧 세상의 진리로 통용되던 세상이었다. 그 시절 지동설을 주장한 갈릴레오가 종교재판에 회부된 일화는 잘 알려져 있다. 성서에 위배된 주장을 한 중죄인으로 화형을 눈앞에 둔 갈릴레오는 어쩔 수 없이 타협을 선택한다. 지동설을 철회하겠다는 선서를 한 것이다. 하지만 그는 법정을 빠져나오며 "그래도 지구는 돈다"고 중얼거렸다. 동시대인들의 무지 앞에 무릎을 꿇을망정 끝끝내 진리를 외면할 수는 없었던 갈릴레오의 고뇌가 느껴지는 대목이다.

우리들 스스로는 현대 과학을 놓고 '고도'의 수준이라 칭하지만 과연 먼 훗날, 지금으로부터 오백 년, 천년 후의 세대는 지금의 과학수준을 어떻게 평가할까? 우리가 오백 년 전의 과학수준, 즉 지구가 네모반듯하고 평평한 땅덩어리이며 그 주위를 태양과 별들이 돌고 있다고 믿었던 과학을 아주 뒤떨어진 수준으로 평가하듯, 미래의 인류도 지금의 과학을 그렇게 평가하지는 않을까? 1940년대 집채만 한 초기 컴퓨터가 등장했을 때 불과 몇 십 년이 채 지나지 않아 오늘날과 같이 작은 휴대전화 속에 그렇게 많은 기능이 들어갈 수 있을지 상상이나 할 수 있었을까? 만약 천년 전 신라인들이 지금의 자동차나 컴퓨터를 본다면 어떤 반응을 보일까?

과학은 자연현상 그 자체가 아니다. 다만 그 현상에 대해 현재 인간의 머리로 설명 가능한 해석과 이해일 뿐이다. 따라서 인간의 과학은 언제든지 변할 수 있고 지금도 바뀌고 있다. 오늘날의 과학이 설명하지 못하는 빛[viii]의 비밀들을 과연 미래의 과학이 어떻게 해석하고 이해할지 지금으로서는 알 수 없는 일이다.

생명 근원에 대한 이끌림

하지만 이미 빛[viii]에 대한 접근이 다양한 방식으로 시작되고 있다고 본다. 각종 명상법의 효능, 대체의학 요법들, 이른바 웰빙(well-being) 혹은 로하스 (LOHAS; Lifestyles Of Health And Sustainability)라 불리는 생태주의적 생활방식에 대한 관심이 전 세계적으로 증폭되고 있는 것이 바로 그 증거다. 그것들은 각기 다양한 명칭을 달고 있을 뿐 자연과 우주 근원의 보이지 않는 생명 에너지에 대한 인식과 함께 하루가 다르게 성장하고 있다.

현대의학과 첨단 생명공학의 나라인 미국에서는 이미 오래전부터 대체의학 분야에 대한 관심이 지대하다. 35세 이상 미국 성인의 85%가 대체의학을 애용하고 있다는 통계가 이 사실을 입증해준다. 특히 명상은 더 이상 동양의 신비가 아닌 검증된 과학으로서 그 효과를 인정받고 있으며 명상인구가 2천만 명이 넘는 것으로 추정되고 있다. 뿐만 아니라 서양의학발달을 주도해온 독일 역시 이미 오래전부터 현대의학 이외의 요법을 적극적으로 받아들이고 있으며, 지형이나 기후 등과 같이 환경 조건을 의료 목적으로도 적극 활용하고 있다. 특히 삼림욕을 통한 숲치료가 환자에게 필요하다고 판단되는 경우 의료보험 혜택까지 적극 제공한다.

국내에서도 풍부한 자연경관을 갖춘 지방 소도시들이 명상이나 자연 치유, 심리 치료를 하는 대체의학센터, 자연휴양시설, 아토피 치유센터 설립에 투자하고 있다는 기사를 접하게 된다. 현대 의과학의 범주를 넘어 스트레스와 각종 환경오염에 지쳐가는 심신을 정화할 방법을 다각도로 모색하고자 하는 것이다.

이러한 수많은 시도들이 모이고 또 모여 수십 년, 수백 년 후에는 결국 자연과 우주 안에 스며들어 있는 근원의 생명 에너지 빛[viii]에 와 닿을 것이다. 평생 큰 바다를 떠돌던 연어가 마지막 순간에는 자신을 낳아 준 모천(母川)으로 돌아와 생을 마감하는 회귀본능을 가지듯 우리 모두의 내면에는 생명 원천의 에너지 빛[viii]에 대한 원초적 이끌림이 있기 때문이다.

우주의 마음과 함께하는 아름다운 지구별

강석진
(한국전문경영인학회 이사장, 서강대 겸임교수,
전 GE Korea 회장, 서양화가)

내가 지금껏 살아오면서 내게 늘 관심과 의문을 가지게 했던 것이 무한한 우주와 별들의 세계였다. "우리 인간의 상상이 미치지 못하는 무한대의 우주와 그 속에 존재하는 수억 조가 넘는 무한한 별들, 그중의 한 작은 행성인 우리의 지구별, 그 지구별의 대자연 속에서 살아가고 있는 우리네 사람들". 이 무한대의 우주에 대한 나의 상상과 생각에 가장 많은 영향을 주었던 것은 내가 소년시절 처음 읽었던 생텍쥐페리의 동화와도 같은 아주 짧은 소설 『어린 왕자』였다. 그 어린 왕자는 그가 살던 여러 곳의 별들을 거쳐 지구별까지 오게 되고 이 지구별에서 새롭고 낯선 체험을 하게 된다. 그러나 그는 떠나온 작은 별에 두고 온 한 송이 꽃을 잊지 못하고 걱정이 되어 결국 사하라 사막에서 노란색 독사의 도움으로 몸을 땅 위에 벗어버리고 그가 온 별로 다시 돌아가게 된다. 이 어린 왕자의 이야기는 내게 늘 우주에 대해 많은 생각과 상상을 하게 만들었다.

수많은 행성들 중에서 아름다운 푸른 산과 녹색의 들판과 하늘과 바다와 구름이 있고, 시냇물과 강이 흐르고 수많은 생명들이 함께 살고 있는 이 지구별에 오게 된 것을 나는 늘 감사하게 생각했다. 이 무한한 우주를 창조하신 분, 우주의 모든 생명을 창조하신 분, 우주의 모든 질서를 지배하시는 분, 그분이 나를 이 아름다운 지구별에 오게 하셨다고 생각하며 그분께 늘 감사의 마음을 가져오고 있었다.

경영을 해오면서, 한편으로는 화가로서 그림을 그리면서 나는 이 지구별의 아름다운 자연과 그 속에 살고 있는 소박한 사람들의 정겨운 모습을 화폭에 담는 데 모든 열정을 쏟아왔다. 언젠가 때가 되어 내가 이 지구별을 떠나게 될 때, 나는 이 아름다운 지구별의 모습과 그 속에 사는 우리 사람들의 모습을 내 그림 속에 담아 떠날 것이라고 생각하면서 지구별의 풍경을 정성을 쏟아 그려왔다.

내가 빛^{viit}을 알게 된 것은 일 년 반 전이었다. 경영자 조찬 모임에서 만났던 분의 추천으로 『기적을 일으키는 책 – 물음표』 그리고 『행복을 주는 남자』를 읽게 되었다. 그 책 속의 많은 내용들이 우주 속의 한 행성 지구별의 대자연 속에 존재하고 있는 나 자신에 대해 내가 그동안 생각해왔던 것과 근본적으로 다르지 않다는 생각을 하게 되었으며, 인간의 지식과 과학으로는 설명할 수 없는 무한한 이 우주를 움직이는 초월적 능력의 존재에 대한 나의 의문들을 풀어주었다. 인간의 과학적인 지식의 한계를 넘어 존재하는 무한한 우주, 그 우주의 질서와 초자연적인 현상이 존재한다는 사실을 이해하면서 어린아이와 같이 순수한 열린 마음으로 이를 받아들일 수가 있었다. 그러나 처음 『물음표』라는 책을 읽었을 때 나는 우리의 상식으로는 믿기 어려운 기적 같은 일들이 과연 있을 수 있을까 하는 의문을 가졌다.

그 후 대구의 팔공산 자락에 있는 아름다운 빛^{viit}의 터에서 정광호 빛선생님을 처음 만날 수가 있었다. 시골에서 온 아저씨처럼 꾸밈없는 옷차림에 소박한 표정이 내가 받은 그분의 첫인상이었으며, 지금도 그때의 그 순수하고 소박한 인상은 변함이 없다. 그날 밤 그분이 우주의 빛^{viit}을 주문했을 때 어느새 내 이마와 손바닥에 빤짝이는 금빛 가루가 내려와 있는 것을 발견하고 우주의 빛^{viit}이 나에게도 비쳐진 것을 믿게 되었다. 그때의 금빛 가루(빛분)를 나는 지금도 잘 보관하고 있다. 그 후 나는 마음이 힘들 때나 시간이 있을 때는 대구 팔공산 자락에 있는 빛^{viit}의 터를 찾아갔으며, 돌아올 때는 항상 밝고 평안한 마음으로 올 수가 있었다.

2007년 10월의 어느 날, 나는 기적과도 같은 일을 체험하게 되었다. 그날 자정이 지난 토요일 새벽 한 시경에 갑자기 나의 오른팔이 완전 마비가 되어 손가락과 팔을 전혀 움직일 수가 없었다. 자정이 지난 시간에 급하게 서울 강남의 유명한 종합병원 응급실로 찾아갔다. 각종 특수 진단 장비를 동원하여 진찰을 하였으나 움직이지 못하는 내 마비된 팔을 치료할 수가 없었다. 장기적인 재활치료를 받으라는 진단이 전부였다. 다음 날 아침 오른손으로는 수저조차 들 수가 없었던 나는 한 팔을 못 쓰는 불구자들의 심정을 절실히 느낄 수가 있었다. 어쩌면 가장 필요한 오른팔을 못 쓰는 불구자로 살아가게 될지도 모른다는 생각이 들었다. 오른손으로는 글씨조차 써지지 않았다.

토요일인 그날은 지리산 자락 산청에 있는 초광력전에서 특별한 빛프로그램이 있었는데, 나는 응급 치료를 위해 병원을 찾는 대신 산청으로 출발했다. 빛^{viit}에 대한 어떤 확신 때문이었을까. 산청으로 가는 도중 지금부터 마음을 집중하고 우주에 대한 감사의 마음으로 빛명상을 하면서 빛[viii]과 만날 준비를 하고 있으라는 전화 연락을 받았다. 빛선생님이 산청으로 가고 있는 나에게 공간을 초월하여 빛[viii]을 보내 주신다고 했다.

그날 산청에 도착한 후 많은 사람들이 함께한 자리에서 빛선생님이 내게 팔을 들어 올려보라고 했고 그때 나는 팔을 위로 쳐들어 올릴 수가 있었다. 그날 이후 감사한 마음과 함께 수차의 빛[viii]을 받게 된 후, 지금 내 오른팔은 그전보다도 더욱 튼튼하며 아침마다 한 번에 700번이 넘는 팔 굽히기 푸시업을 하고 있다.

나는 지금 아시아에서 유럽으로 향하는 해발 4만 피트의 상공을 날고 있다. 끝없이 넓고 짙푸른 눈부신 하늘을 바라보면서 그 너머에 있을 무한한 우주와 그 속에 존재하는 작은 행성 지구별, 이 지구별의 대자연과 하나인 나 자신을 생각하고 있다. 지구 위의 대지와 구름을 내려다보면서, 눈부신 푸른 하늘 너머 우주의 빛[viii]을 마음으로 느끼면서 아시아와 유럽을 횡단하는 기내에서 이 글을 쓴다.

내가 존재하고 있는 지구별을 포함한 무한한 우주를 움직이시는 초월적 능력, 자비로운 우주마음의 품으로 돌아온 편안한 마음으로 까마득하게 먼 아래로 내려다보이는 대지, 짙푸른 산맥과 들판을 지나 이제는 사람이 사는 흔적조차 보이지 않는 끝없이 넓고 메마른 사막 위를 날아가고 있다. 이 무한대의 우주, 수억 조의 별들이 함께 있는 은하계, 수억 조의 은하계들이 있는 우주, 이 무한한 우주의 모든 존재와 질서를 움직이시는 초자연의 힘, 우주에서 오는 생명 근원의 에너지인 빛[viii]. 태양계의 작은 행성 지구별에 이 아름다운 자연과 생명을 탄생시키고, 대자연의 품속에 나와 우리 인간을 존재하게 하시는 우주의 따뜻한 마음에 감사를 드린다. 우주의 빛[viii]과 함께하는 밝은 세상을 위해 건강한 지구를 위해 한평생 온 정성을 다해 노력하고 계시는 정광호 빛선생님께 진심으로 경의와 감사의 마음을 드린다. 이번에 새로 출간되는 이 책이 많은 사람들에게 "자비로운 우주마음", "우주의 빛[viii]"의 존재를 이해하게 하고, 우주의 마음과 가까이하면서 건강하고 밝은 삶을 살아갈 수 있게 하리라고 믿는다.

PART 02

받아라,
소원이 이루어질
것이다

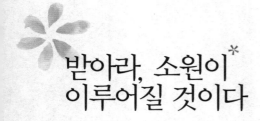

받아라, 소원이
이루어질 것이다[*]

삶을 지배하는
흐름

세상에는 참 다양한 사람들이 있다. 부와 권력, 명예의 최정상에 있으면서 어느 것 하나 부족함 없어 보이지만 남에게 말 못할 고민으로 고통받는 사람이 있는가 하면 당장 하루 끼니 걱정, 아이 우유 값 걱정에 한숨 쉬어야 하는 사람도 있다. 하지만 그것도 소록도에서 만났던 한 임산부 나병 환자에 비하면 복에 겨운 것이었다. 그 여인의 소원은 돈도 명예도 아닌, 오직 앞으로 태어날 아기의 건강뿐이었다.

특별히 우수한 실력을 갖춘 것도 아니지만 유달리 결실이 크고 하는 일마다 승승장구하는 사람이 있다. 한편 능력도 있고 야망도 크지만 왜 그리 운이 없는지 아무리 노력해도 하는 일마다 깨어져 가슴에 한스러움만 꽉 찬 사람도 있다.

이처럼 가지각색의 인생을 지켜보며 삶이 결코 공평하지 않다는 생각을 하게 된다. 도저히 인간의 머리로 이해할 수 없고 인력으로도 어쩔 수 없는 거대한 흐름, 흔히들 '운명'이라고 부르는 그 무언가가 존재하는 것이다.

나 역시 인생의 좌절을 경험한 적이 있다. 오랫동안 공들여 쌓아올린 탑이 뜻하지 않은 바람을 맞고 하루아침에 허물어져버렸다. 너무도 답답하고 억울한 생각에 정신없이 산을 뛰어오르기도 하고, 바다를 찾아가 고래고래 소리를 질러보기도 했다.

그 절망의 순간 문득 오래전 한 분이 해준 이야기가 떠올랐다.

"애야, ○○년, ○○년에 두 번 위기가 찾아올 것이니 부디 잘 견뎌내야 한다."

놀랍도록 적중한 이야기였다.

그분을 처음 만났던 날이 떠올랐다. 노인은 앞을 보지 못하는 장님임에도 불구하고 나를 처음 만난 자리에서 내 생년월일시를 주르륵 읊었다. 그러고는 괘를 하나 뽑아 하늘에 올리더니 내게 넙죽 큰절까지 하는 것이 아닌가! 당시 어린 소년에 불과했던 나는 물론 옆에 계시던 아버지도 무척 당황스러워하셨다.

"삼십 년 후 큰 빛^{viii}이 이 아이와 함께할 것입니다. 오색 빛^{viii}에 휘감겨 있는 이 아이의 모습이 보입니다. 하지만 나와 정 주사(필자의 아버지)는 그것을 볼 수 없으니, 그것이 우리의 운명이지요."

그분은 이렇게 말하였다.

아버지는 그분을 도를 깨친 장님이라는 의미로 '도경(道冏)'이라 부르시며 즐겨 찾곤 하셨다. 하지만 나는 왠지 그분 가까이 가고 싶지 않았다. 내 눈에 비친 도경은 좀처럼 이해할 수 없는 말만 늘어놓는 해괴한 노인네일 뿐이었다.

그렇게 삼십여 년이 지난 어느 날, 문득 기억 저편 깊숙이 묻혀 있던 그분의 말씀이 선명히 떠올랐다. 그것은 마치 미리 계획되어 있기라도 한 듯

하나, 둘 현실로 나타나고 있었다.

그리고 단순히 우연이라 치부할 수 없는 수많은 일들이 지나가면서 내 머릿속에 여러 가지 의문이 생겨났다. 그리고 그 의문에 대한 해답을 찾기 위해 여러 유명하다는 고서, 역술서, 풍수지리서 나아가 각종 정신세계와 관련된 책들을 읽어보기도 했다.

하지만 결과는 실망스러웠다. 도리어 내게 더 큰 혼란만 주었을 뿐 내가 진정으로 원하는 답은 그 어디에도 없었다. 다만 그 과정에서 종교와 과학의 이름으로 무시되어왔던 옛 선인들의 지혜와 귀한 자료들을 수집할 수 있었다.

그러던 어느 날, 참으로 찬란하고도 밝은 큰 빛viii을 만났다.

진정 내가 원하던 해답을 찾게 된 것이다.

물은 흐르지 않았지만 이미 물길은 나 있다

인간에게는 정해진 운명이 있다. 보다 정확히 말하자면 타고난다. 어떤 이들은 이를 사주팔자라고 부르기도 한다. 표현이야 어찌 되었건 내 삶은 선천적으로 정해진 부분의 영향을 받는다. 나를 형성하고 있는 것들 중에는 분명 선천적인 부분들이 있다.

그것은 나를 낳고 키워준 아버지와 어머니, 할아버지와 할머니, 그리고 그 윗대의 수많은 조상들의 삶과 거미줄처럼 연결되어 나에게 전해져 내려왔다. 그분들을 닮은 나의 성품, 취향, 유전인자(DNA) 등 그 모든 것들이 모여 내 삶의 거대한 흐름을 만든다. 즉, 운명은 나의 의지나 생각 이전에 생명의 탄생과 함께 주어지는 것이다.

물론 나는 운명론자도 아니요, 운명이 인생 전체를 지배한다고 생각하지도 않는다. 선천적으로 주어진 것이 있는 반면 후천적인 노력, 행동을 통해 획득하는 것들도 분명 존재하기 때문이다. 따라서 우리들의 미래는 아무것도 정해져 있지 않다. 아직 흘러가지 않은 물과 같다.

하지만 그 물은 물길을 따라 흐르게 되어 있다. 그리고 대부분의 사람들이 좋든 싫든 그 물길에서 크게 벗어나지 않는 범위 내에서 한평생을 살고 떠나간다. 이것은 지금까지 만난 수많은 사람들의 인생을 지켜보고 그들에게 빛viii을 주면서 내린 결론이기도 하다. 즉, 우리들의 미래는 선천적으로 타고난 운명으로부터 약 70%, 그리고 후천적인 현실의 노력으로부터 약 30% 정도의 영향을 받아 만들어진다는 사실이다. 비록 대략적인 수치이기는 하지만 운명, 즉 선천적인 것이 후천적인 것에 비해 우리 삶에 미치는 영향이 월등히 크다는 의미이다.

그렇다면 그 물길을 거슬러 다른 방향으로 가고자 한다면 어떻게 해야 할까?

답은 간단하다.

'힘'이다.

단, 그 힘은 운명을 거스를 만큼 강력한 것이어야 한다.

운명의 한계에 발목 잡히지 말라

그렇다면 이제 이런 의문을 갖게 된다. 그 '힘', 타고난 운명의 물길을 바꿀 수 있는 힘은 도대체 무엇인가?

이는 예나 지금이나 누구나 궁금해하고 명쾌한 해답을 얻고 싶어 하는 질문이다. 세상에 완벽한 운명, 부족함이 없는 사람이란 없기 때문이다. 돈, 가족, 건강, 명예 무엇이 되었든 모든 사람은 반드시 최소한 한 가지는 아쉽고 부족하게 되어 있다. 그래서 사람들은 자신의 운명을 보완하고 때로는 그 한계를 뛰어넘어 보다 행복해지기 위해 끊임없이 노력을 기울인다. 학습하고, 지식을 습득하고, 실력을 연마하고, 인맥을 형성한다.

또한 많은 사람들이 종교적 신앙에 의지하고, 때로는 강한 의지와 신념, 내면의 확신을 강화해보기도 한다. 예를 들어 돈을 많이 벌고자 한다면 돈을 많이 벌 수 있는 기술을 배우거나 경제 관련 지식을 습득할 뿐만 아니라 '나는 반드시 부자가 될 수 있다', '나는 이미 부자다'라는 식으로 끊임없이 자기 확신을 강화하고 마음의 힘을 모아 목표를 일구어내는 것이다.

인간의 생각과 염원이 가지는 힘을 이용한 방법은 자기 계발의 기술 혹은 염력(念力), 마인드컨트롤 등 여러 정신세계의 분야로 오래전부터 발전되어왔고 지금도 시대 흐름에 따라 다양한 형태로 포장되어 인기를 끌고 있기도 하다. 하지만 이러한 방법들은 어디까지나 현실을 어느 정도 개선해주는 수준일 뿐 근본적인 운명 전환의 단계에까지 이르지는 못한다는 데 많은 이들이 공감하고 있다.

운명은 그 운명을 만들어낸 근원의 힘이 작용할 때에만 비로소 변화한다. 그 힘을 통해 운명의 물줄기는 지난날 인간의 노력으로 도저히 손댈 수 없었던 방향으로 흘러가게 되는 것이다.

나는 지난 이십여 년의 세월 동안 수많은 사람들의 변화를 지켜보며 우리가 그토록 갈구하던 힘, 인류 역사 그 어디에서도 유례가 없는 강력한 운명 전환의 힘이 바로 빛viii임을 알게 되었다. 이 힘을 통해 지금 이 순간에도 수많은 사람들의 꿈이 현실로 이루어지고 인생의 각 고비마다 풍요로운 결과를 맞이하며 절망을 딛고 희망을 되찾고 있다. 진정한 삶의 행복을 되찾게 된 것이다.

이 힘은 모든 생명의 핵심이다. 아침에 떠오르는 태양과 밤하늘의 빛나는 별을 한번 바라보자. 모든 존재에 생명을 부여한 무한한 우주의 마음, 그곳으로부터 따스한 어머니의 손길처럼 내려오는 힘이 존재함을 느끼고 절로 고개를 숙이게 된다. 이 힘은 이처럼 가장 낮고 겸손한 마음이 되었을 때 제일 먼저 다가와 당신의 운명을 완전히 바꾸어놓을 것이다. 이 행복한 마음으로 되돌아갈 수 있다면 당신은 이제 빛[viii]과 함께 삶의 새로운 장을 열 준비를 마친 셈이다.

이제 부와 명예와 성공, 인간관계, 안전과 예방, 생명 탄생, 총명과 지혜, 건강, 유해파장으로부터의 보호, 웰다잉(well-dying) 그리고 가정 화합에 이르기까지 누구나 살면서 한 번쯤 거칠 수밖에 없는 수많은 삶의 관문들 앞에서 어떻게 하면 보다 풍요롭고 행복한 결과를 만들어낼 수 있는지 그 구체적인 비결을 공개하고자 한다.

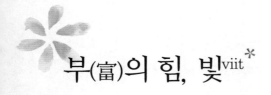

부(富)의 힘, 빛^{viit}*

**불황을 모르는
호텔**

1980-90년대 초반, 호텔 총 매니저로 활동하고 있었던 나는 당시 업계에서 꽤나 이름이 알려진 유명 인사였다. 그도 그럴 것이 망해가던 호텔도 내가 부임하기만 하면 손님이 늘고 또 전과는 비교가 안 될 정도로 매출이 훌쩍 뛰어올랐던 것이다. 덕택에 늘 내 뒤에는 호텔 사장들이 탐내는 스카우트 대상 1위의 총 매니저라는 수식어가 달려 있곤 했다.

한창 성장 가도를 달리고 있던 당시의 한국 경제처럼 호텔도 발전을 거듭하던 시절이었다. 호텔은 부정적 이미지마저 있던 단순 숙박업소의 차원을 넘어 일상생활의 편의를 증진할 수 있는 복합공간으로 탈바꿈하고 있었다.

대구 최초의 호텔인 한일호텔을 시작으로 약 이십 년간 이어진 내 총 매니저 생활은 늘 그러한 변화의 선두에 서있었다. 신혼부부를 대상으로 한 패키지 상품 마케팅이나 어린이 미술대회 주최 등 당시로서는 무척 생소하고 낯선 시도들을 거침없이 추진했다. 기존의 관례나 고정관념으로 보자면 상당히 파격적인 일들이었다.

운 좋게도 그러한 시도들은 대부분 큰 성공과 매출성장으로 이어졌다. 그 결과 늘 최고의 연봉과 파격적인 대우가 이어졌지만 비단 그 혜택이 나에게만 머물렀던 것은 아니다. 호텔주와 직원들은 물론 경주 보문관광단지 기획과 같이 지역발전의 바탕이 되는 또 다른 부의 창출로 이어졌다. 단언하건대 나는 분명 돈이 따르는 기획자이자 경영인이었던 것이다.

많은 이들이 이런 나의 능력을 부러워하기도 하고, 때로는 그 비결을 알아내고자 애를 쓰기도 했다. 경쟁 호텔이나 후배 직원들은 내 업무 추진 스타일이나 기획 방법을 그대로 베끼거나 벤치마킹하기도 했다. 하지만 그것은 겉으로 드러나는 부분일 뿐 진짜 비결은 눈에 보이지 않는 데 있었다. 그것은 단순히 흉내 내는 것만으로는 습득할 수 없는 매우 특별한 부분이었다.

솔직히 고백하자면, 사실 나 역시 처음부터 그 비결을 명확히 인지하고 있었던 것은 아니었다. 나는 그저 목표를 세우고 최선을 다해 달릴 뿐이었다. 다른 사람들처럼 시행착오를 거치거나 실수를 할 때도 있었다. 하지만 그 모든 것과는 별개로 무언가 특별한 '힘'이 늘 내 주위를 감싸고 있었다. 그리고 그 힘이 보이지 않는 추진력이 되어 성공과 부를 가져다주곤 했던 것이다. 오랜 시간이 흐르고 단순히 우연이라 생각할 수 없는 일들이 수없이 반복된 후에야 비로소 나는 이 사실을 인식하기 시작했다.

하루는 이러한 일이 있었다.

그날은 로비 앞에 서 있다가 손님을 내려주고 가는 택시를 붙잡아 기사에게 몇 가지를 물어보았다.

"기사양반, 어떻게 우리 호텔로 오셨습니까? 손님이 이 호텔로 오자고 하시던가요?"

"아니요, 딱히 이 호텔을 말한 것은 아니었어요. 손님이 괜찮은 호텔에 내려달라는데 갑자기 이 호텔이 딱 떠오르더군요. 왜 하필 이 호텔인지는 저도 잘 모르겠네요."

이와 비슷한 경우가 하나, 둘이 아니었다. 의외로 많은 기사들이 우연히, 혹은 그저 생각이 나서, 특별한 이해관계 없이 우리 호텔로 왔다는 것이다. 단순한 우연치고는 참 특이했다.

또한 투숙객들 중에는 '이 호텔에만 오면 이상하게 잠이 잘 오고 편안하다'며 인사를 하는 사람이 상당수였다. 고급 호텔이기는 했지만 같은 등급의 타 경쟁 호텔들에 비해 시설이 유독 특별하다거나 새롭지는 않았다. 그런데도 불구하고 칭찬하는 고객들이 단골이 되고 차츰 입소문이 퍼져나가 또 다른 단골을 만들어주었다. 그렇게 해서 다른 호텔들이 모두 불황을 겪을 때에도 내가 있는 호텔만큼은 매일 저녁 빈 객실이 거의 없을 정도로 호황을 누리곤 했다.

이와 같은 일들은 다른 호텔로 옮겨간 후에도 반복해서 일어나곤 했다. 말 그대로 파리만 날리고 폐업을 눈앞에 둔 호텔이었는데도 내가 부임한 후 슬그머니 상황이 역전되기 시작하더니 언제부터인가는 손님들로 북적였던 것이다. 대체 이러한 행운이 어디서 비롯되는 것인지, 나 스스로도 의아한 점이었다.

당시 나는 매일 아침 습관처럼 명상(혹은 기도라고 해도 좋다)을 하고 있었다. 하루 업무를 시작하기 전 조용히 마음을 가다듬는 나만의 시간을 가진 것이다. 특히 1986년 큰 빛viii을 만나고 난 후에는 그때의 빛viii을 생각하며 명상하는 버릇이 생겼다. 자연스럽게 빛명상*을 하기 시작한 것이다. 그리고 그 습관을 호텔의 전 직원들에게도 확대하기 시작했다. 영업을 시작하기 전 호텔 직원들을 모두 불러 모아 '오늘 하루 계획한 것이 원활히 이루어지고 손님들이 많이 찾아오는 그림을 마음속으로 그려보라'고 한 후 빛viii을 보냈다.

그러자 과거 나에게 나타났던 행운이 다른 사람들에게도 퍼져나가기 시작했다. 특히 매출이 증가하고, 수입이 늘고, 적자에서 흑자로 돌아서며, 쌓여 있던 재고가 빠져나가고, 도산 직전의 회사가 탄탄한 기업으로 성장해가는 등 저마다의 상황에 따라 '부'와 연관된 다양한 형태의 결과들이 나타났다.

그러한 일들을 통해 결국 빛viii이 무한한 풍요를 만들어내는 '부(富)의 힘'이라는 결론을 내리게 되었다. 또한 빛viii을 통해 원하는 부를 얻고자 할 때 적용되는 몇 가지 법칙 또한 발견할 수 있었다.

부의 외적 요건을 갖추라

첫째로, 부자가 되기 위해서는 '부의 외적 요건'을 갖추어야 한다. 부의 외적 요건이란 원하는 부를 이루기 위한 인간적인 노력, 후천적 행동에 해당하는 부분을 말한다. 즉, 부와 관련된 정보와 지식의 습득, 능력 계발, 그리고 신뢰, 성실성, 인간관계 등 부를 갖추기 위해 반드시 필요한 노력을 지속적으

---

* 빛viii과 함께하는 명상. 더 자세한 사항은 '5장 1. 강력한 운명전환의 힘, 빛명상' 참조

로 기울여야 한다는 것이다.

사실 이 점에 대해서는 각 분야의 뛰어난 전문가들과 조언가들이 존재하기에 굳이 이 책에서까지 그러한 내용을 상세히 다룰 필요는 없다고 본다. 다만 한 가지 강조하고 싶은 부분은 부의 외적 요건을 갖추고자 노력하지도 않고 막연히 빛^{viii}을 통해 결과가 주어지기를 바라는 것은 요행수를 기대하는 것과 다르지 않다는 사실이다.

실제로 빛^{viii}에 대해 그렇게 오해를 하는 사람들도 종종 있었다. 빛^{viii}을 받아 복권 당첨이 되기를 바란다거나 아무런 노력도 기울이지 않으면서 그저 도깨비 방망이처럼 뚝딱 결과물이 나오기만을 기대하는 것이다.

하지만 그것은 우주의 순리에 어긋나기에 현실과 맞지 않다. 부자가 되고 싶다면 무엇보다도 최선을 다해 노력해야 한다. 공부하고, 실력을 연마하고, 도전하고, 사람들과 부딪히며 직접 발로 뛰어라. 이처럼 정직한 노력의 과정을 건너뛴 사람은 결코 원하는 부를 손에 넣을 수 없다.

**내면의
그릇이 바뀌면
돈이 따라온다**

문제는 그렇게 노력한다고 해서 누구나 다 원하는 부를 얻지는 못한다는 데 있다. 다시 말해 노력만으로는 뛰어넘을 수 없는 한계, 당신의 부를 가로막고 있는 그 무엇이 있다는 것이다.

예를 들어 누가 보아도 나무랄 데 없는 능력을 갖추고 최선을 다해 노력했음에도 불구하고 막판에 가서는 그 결과가 꼬이고 실패하거나 손해를 보기 일쑤인 사람을 본 적이 있을 것이다. 혹은 비슷한 수준의 능력을 갖추고도 누구는 사회에서 큰 인정과 보상을 받는가 하면 누구는 그러지 못하기도 한다. 대체 이러한 차이는 어디서, 왜 생기는 걸까?

해답은 각자의 내면에 존재하는 '부의 그릇'에 있다. 우리 모두의 내면에는 풍요를 담는 그릇과 같은 것이 있다. 이 그릇의 상태가 어떠한가에 따라 그 사람이 담을 수 있는 부의 크기도 달라진다.

부의 그릇은 우리가 세상에 태어날 때 이미 결정된다. 즉, 부모와 선조, 주변 환경에 따라 형성되는 것이다. 물론 후천적인 노력으로 이 선천적인 그릇을 보완하고 약간 수정은 가할 수 있겠지만 우리 삶의 약 70% 정도는 이 그릇의 영향을 받으며 살아간다. 이를테면 누구는 밥그릇만 한 부의 그릇을 타고났다면 누구는 그보다 좀 큰 사발, 또 누구는 큰 솥단지만 한 부의 그릇을 타고난다. 한편, 부의 그릇이 겨우 간장종지만 하거나 그나마도 깨어지고 금이 가 온전하지 못한 경우도 있다.

부의 그릇이 크고 넉넉하다면 마치 비옥한 땅에 씨앗을 뿌리듯 현실의 노력이 쉽게 성과를 드러내고 풍요로운 결실을 맺게 된다. 경제적으로 여유로운 삶을 살게 되는 것이다. 하지만 부의 그릇에 문제가 있다면 아무리 노력해도 풍요가 제대로 담기지 않는다. 그러니 부자가 되고자 한다면 먼저 이 내면의 그릇부터 점검해보아야 한다. 작은 그릇은 아무리 많은 물을 들이부어도 정해진 양 이상 담지 못하기 때문이다.

이때 빛^{viii}은 그 내면의 그릇의 단점을 보충, 보완하고 더 큰 그릇으로 바꾸어준다. 우주를 만들고 생명을 살아 움직이게 하는 원천의 에너지가 바로 빛^{viii}이기에 이 힘과 함께하는 가운데 내면의 부족한 기운이 보충되는 것이다. 그 결과 내면이 보다 크고 풍요로운 부를 담을 수 있는 큰 그릇으로 바뀌어간다. 빛^{viii}을 만난 후 경제적 풍요를 되찾게 되고 더 많은 부를 누리게 되었다는 경험들이 공통적으로 나타나는 이유가 바로 여기에 있다.

한 공개 강연회에서 빛^{viii}을 알게 된 부부가 찾아왔다. 이 부부는 거듭된 실패에 건강마저 좋지 않아 무척 힘든 상황에 처해 있었다. 당장 버스 차비가 없어 걸어서 왔다기에 차비를 내어주고 혹시 자존심이 상할까 하여 받아두었던 회원 가입비도 몰래 돌려주었다.

두 사람의 내면을 들여다보니 어느 한쪽도 부를 담을 만한 그릇이 없는 상태였다. 실제 이 부부는 아무리 발버둥을 쳐도 가난을 벗을 수 없다고 했다. 밤을 새워 일을 해놓고도 자금융통이나 경험부족 등의 이유로 번번이 실패하기 일쑤였고 건강에도 문제가 생겼다.

이 부부에게 내면의 부족한 부분이 채워지고 부를 담을 수 있도록 빛^{viii}을 주었다. 그리고 지속적으로 빛명상도 하게 했다. 그 과정에서 이 부부는 놀라운 변화를 체험하게 되었다.

우연히 한 분으로부터 전혀 기대하지 않은 큰 도움을 받으면서 간절히 원하던 분야의 사업을 시작할 수 있었다. 이후 세 평 남짓한 공장에서 천여 평 부지의 공장으로 확장하며 매출액 또한 꾸준히 증가하기 시작했다. 여러 위기와 어려움도 있었지만 기업 부설 연구소를 설립한 내실 있는 중소기업으로 성장하기에 이르렀다.

이러한 결과가 있기까지 물론 어려움과 고통의 과정도 함께 겪었다. 하지만 그럴 때마다 이 부부는 그 어려움의 원인이 자신의 내면에 있음을 알고 빛^{viii}을 통해 자신의 내면이 바뀌기를, 인력으로 최선을 다해도 맞닥뜨릴 수밖에 없는 한계를 빛^{viii}을 통해 보완해나가고자 노력했다. 그 결과 이 부부는 10여 년 전 처음 빛^{viii}을 만났을 당시와는 비교할 수 없을 정도로 큰 부의 그릇을 지니고 그 안에 담긴 풍요로움을 맛볼 수 있게 되었다.

현상 유지만 해도 본전인 마이너스의 시기

부란 꼭 수입이 늘고 돈을 버는 형태로만 담기는 것이 아니다. 마이너스의 시기에는 현상을 유지하거나 손해를 덜 보는 것만도 풍요다. 누구에게든 마이너스의 시기가 있다. 그 시기는 개인적인 운의 흐름으로 찾아오기도 하고 내가 속해 있는 가정, 사회, 국가 등 보다 큰 흐름으로 찾아오기도 한다.

누구도 이러한 흐름에서 예외일 수는 없다. 혹독한 바람이 불어오는 겨울을 보낸 후에야 비로소 새싹이 움트는 봄이 온다. 가지를 뻗어 잎을 내고 꽃을 틔우는 시기가 있는가 하면 모든 활동을 접고 조용히 겨울잠을 자야 하는 시기도 있는 것이다.

겨울이 닥쳤는데 씨앗을 뿌리는 것처럼 어리석은 일은 없다. 바람 한 점 불지 않는데 배를 띄우는 일도 무모하기만 하다. 겨울에는 가을에 비축해 둔 식량으로 최대한 절약하고 휴식하며 다가올 봄을 대비해야 한다. 순풍이 불어오는 때를 기다려 배를 띄우고 돛을 올려야 한다. 그러니 내가 지금 어디쯤 서 있는지, 봄으로 가는 길목인지, 아니면 겨울로 향하고 있는지 조용히 점검해보고 되돌아볼 필요가 있다.

피할 수 없는 거대한 흐름 속에서 어쩔 수 없이 마이너스의 시기를 맞이했다면 손실을 최소화하고 가능한 한 피해를 줄이는 지혜가 필요하다. 비록 플러스는 아니지만 현상 유지를 하는, 그것도 안 되면 마이너스를 최소화하는 형태로 말이다.

이십여 년 간 해오던 사업에 위기를 맞이한 김홍수 씨는 빛명상을 꾸준히 해온 결과, 마이너스의 시기를 벗어나 풍요와 행복에 이를 수 있었다고 고백한다.

저는 대구에서 22년째 건축사사무소를 운영하고 있습니다. 제가 처음 빛명상을 알게 된 것은 둘째 딸아이가 태어난 이듬해인 1996년 초겨울인 것 같습니다. 어느 날 빛명상 행사에 참가하게 되어 눈앞에 펼쳐지는 수많은 빛현상을 경험하면서 빛을 알게 되었고 저와 제 가족에게는 감사하고 행복한 변화가 시작되었습니다. 그 당시 IMF로 인한 건설 경기 침체로 아파트설계비가 부도나고, 친구 사업 빚보증으로 인해 가정파탄의 위기와 사무실 운영이 어려워 대학 동기의 도움을 받아 겨우 사무실을 운영해나가는 실정이었습니다. 그런데 빛명상을 알아가면서, 그 많은 고통과 어려움들이 순식간에 해결되고 그때부터 우리 가족의 행복한 풍요가 시작되었습니다. 돌이켜 생각해보니, 빛명상을 하게 된 지 20여 년이 지난 현재에 행복한 변화를 실감할 수 있었습니다.

첫째, 빛명상으로 매사에 감사하고 긍정적인 마음으로 주위 사람들을 대할 수 있어, 건설경기 침체에도 불구하고 꾸준하게 설계수주를 할 수 있었고, 심지어 작년 말에는 달구벌 대로변에 위치한 사옥 부지를 매입하여 지난달부터 공사를 시작해서 내년 봄에 새로운 사옥 입주를 준비하면서 행복하고 감사한 마음으로 생활하고 있습니다.

둘째, 결혼 후 가족 간의 다툼이 많았는데 빛명상을 생활화 하면서 건강과 풍요로운 마음을 되찾게 되었습니다. 적지 않은 세월동안 빛명상을 알고, 부족한 제가 평범하지만, 아무런 문제없이 건강하고 행복한 풍요로운 가정과 사업체를 꾸려갈 수 있는 원천의 힘은 분명히 항상 빛명상과 함께 생활함으로써 이루어진다고 확신합니다.

(김홍수, 건축사사무소 CEO)

간혹 자신은 왜 빛[viii]을 받아도 다른 사람들처럼 큰 결실이 없느냐고 질문하는 분들이 있다. 이때 자세한 사정을 들여다보면 마이너스의 시기인 경우가 많다. 이러한 에너지 흐름을 무시하고 무조건 이익이 남기를 바란다면 욕심이 아닐 수 없다. 10개를 잃어야 하는 상황인데 5개를 잃는 데 그쳤다면, 혹은 그럭저럭 현상 유지라도 했다면 그 역시 또 다른 형태의 부이다.

한 40대 남성 직장인의 이야기다. 자신이 속한 부서 자체가 통폐합되는 바람에 동료들이 하나, 둘 회사를 떠났고 자신도 언제 퇴출 대상에 오를지 모르는 불안함에 하루하루가 가시방석이었다. 한창 자라는 어린아이들과 식구들을 생각하니 실직에 대한 두려움은 더욱 커졌다. 그는 어떻게 해서든 회사에 남겠다는 목표를 세우고 빛[viii]을 청하기 시작했다. 틈틈이 빛명상을 하는 것도 게을리하지 않았다. 이후 그는 그 부서에서 유일하게 명퇴 권유를 받지 않고 계속해서 직장생활을 하게 되었다. 남들은 그에게 운이 좋다고 했지만 그는 빛[viii]과 함께하는 가운데 그 행운이 만들어졌다고 말한다. 이후 그는 이 일을 계기로 더욱 내실을 다지고 능력 계발에 매진하기 시작했다.

많은 분들이 빛[viii]을 만난 후 이처럼 어려운 상황에서도 현상 유지를 해나가고 큰 손실이 날 일도 작은 손실로 가볍게 넘어가는 경험을 했다고 말한다. 따라서 막연히 남과 자신을 비교할 것이 아니라 현재 자신이 어떠한 운의 흐름 위에 서 있는지를 아는 것이 중요하다. 만약 마이너스의 시기라면 욕심을 부려 일을 벌이기보다는 손실을 최소화하는 데 초점을 맞추어야 하기 때문이다.

겨울이 지나야 봄이 오듯 누구든 마이너스의 시기는 있게 마련이다. 그러니 의기소침해하거나 우울해하지 말고 고요한 가운데 빛[viii]과 함께하는 시간을 가져보라. 겨울을 무사히 지내고 다가올 봄에 큰 꽃망울을 터트리게 해줄 희망의 힘, 빛[viii]이 지금 이 순간, 이 책을 읽고 있는 당신과 함께하고 있기 때문이다.

부를 대물림하는 구조를 만들라

한 개인의 노력으로 이룰 수 있는 부의 크기는 한계가 있다. 세계 각 나라들이 점차 긴밀한 관계 속에서 서로 영향을 주고 받을수록 개인의 한계는 더욱 커진다. 미국발 금융 위기는 세계 전체를 불황으로 몰아간다. 중국의 경기 악화가 한국 경기에 즉각적인 영향을 준다. 어느 누구 한 사람만, 한 국가만 잘산다는 식의 논리가 통하지 않는다. 우리 모두는 서로 연결되어 있기 때문이다.

앞서 설명한 '부의 그릇' 또한 마찬가지이다. 그 그릇은 나의 의지와는 무관하게 부모와 선조로부터 물려받은 인자, 보이지 않는 환경으로부터 총체적인 영향을 받아 만들어진다. 따라서 부는 단지 한 사람에게 국한되어 있기보다는 가족, 사회, 국가 전체가 함께 엮여 있는 복합적인 부분이다.

그래서 혼자 부유하기보다는 가족 전체가 부유했으면 좋겠고, 한 가족

보다는 사회, 국가, 나아가 세계 전체가 부유한 구조로 바뀌면 더 좋겠다는 생각을 하게 된다. 큰 틀이 풍요롭게 자리 잡으면 그 안에 있는 작은 개개인들도 자연스레 그 흐름을 따라가게 되어 있으니 말이다. 뿌리에 물을 주면 크고 작은 가지나 이파리들도 따라서 싱싱해지는 것과 같은 이치다.

가끔 해외에 나가면 선조들이 이미 닦아놓은 부의 구조 속에 후손들 또한 부를 누리며 살아가는 나라들을 보게 된다. 특히 유럽의 국가들이 그러하다. 몇 백 년 전의 건축물이나 예술작품들, 그리고 그 안에 녹아든 장인정신이 어떤 자연자원에 비할 수 없는 든든한 자산이 되어 이들 국가의 부를 유지하는 저변을 만들어주고 있다. 이를 물려받은 후손들은 선조들이 일구어놓은 부의 바탕 속에서 그것을 누리며 살아간다.

그 모습을 보며 드는 생각이 있다. 우리 또한 오랜 역사를 바탕으로 한 민족 고유의 독창적인 문화와 아름다운 유산을 물려받은 후손이 아닌가. 그런데 왜 그것이 오늘날 그네들과 같은 부를 대물림하는 구조로 정착되지 못하였을까? 또한 우리 민족 고유의 전통과 정신을 더욱 큰 부를 일구고 후손에게 남기는 과정으로 진행되지 못하고 있을까?

우선 우리의 역사에 한 원인이 있다. 20세기 초, 열강들의 이권다툼 속에서 일본의 지배를 받게 되었고, 그 과정에서 열강들의 수탈 형태로 강압적인 문물 개방이 이루어졌다. 외세에 의한 개방이기에 우리의 전통과 서구문물의 급격한 차이에 있어 완급을 조절할 수 있는 시간적 여유 또한 부족했다. 이 밖에도 민족의 정기를 말살하고 전통문화를 탄압하고자 했던 일본의 정책으로 우리 민족 스스로 우리 것을 가벼이 보고, 구태의연한 인습으로 인식하기 시작한 것도 바로 이때부터이다.

세월이 흘렀지만 여전히 그 시절의 잔재가 보이지 않는 곳에 깊이 남아 있음을 본다. 자신의 뿌리를 제대로 알지도 못하고 감사할 줄도 모르니 그러한 후손에게 선조의 유산이 제대로 전달될 리 만무하다. 그러니 이제부터라도 우리의 뿌리를 바로보고 감사할 줄 알아야 한다. 그리고 그 감사를 바탕으로 제대로 된 부의 씨앗을 뿌리기 시작해야 한다. 그러면 후세에는 지금과 비교도 할 수 없을 만큼 더욱 크고 풍요로운 부의 그릇을 가진 아이들이 미래를 부유하고 행복하게 열어갈 것이다.

또한 소진되지 않는 부의 구조, 대대손손 물려줄 수 있는 탄탄한 부의 그릇을 만들고자 한다면 무엇보다도 부의 특성을 알아야 한다. 부의 가장 큰 특성은 순환하는 가운데 힘을 발휘하는 것이다. 부는 마치 전기처럼 끊임없이 돌고 도는 과정에서 그 에너지를 발산한다. 나는 그것을 잠시 빌려다 쓰고 있을 뿐이다. 부를 지속적으로 순환시키지 않는다면 그저 소진되고 만다. 일시적으로 왔다가 사라질 뿐이다.

그러니 지금 당신에게 머물러 있는 부를 다만 아주 조금씩이라도 순환하는 연습을 시작하라. 주위의 어려운 이웃을 위해, 사회를 위해, 나아가 사람들의 마음을 밝히는 일에 내가 가진 것을 나누어보라. 이때 가장 중요한 점은 자신의 행동을 남에게 과시하거나 드러내기보다는 묵묵히 소리 없이 부를 순환시켜야 한다는 사실이다. 그저 그렇게 세상과 나눌 수 있다는 자체에 감사한 마음으로 말이다. 그러면 부가 보이지 않게 순환하는 가운데 더 큰 부의 그릇을 만들 내면의 에너지가 축적된다. 그 에너지는 나에게만 머물러 있지 않고 자식에게, 후손에게 대물림된다. 태어나면서부터 그 부의 그릇을 갖고 태어난 아이는 소진되지 않는 부의 구조 속에서 더욱 풍요롭고 행복한 삶을 살아가게 될 것이다.

이 원리를 이해하면 빛[viii]이 왜 부의 힘인지, 빛[viii]과 함께하는 가운데 찾아드는 부가 단순한 우연이 아닌 필연적 인과관계에 바탕하고 있음을 알게 된다. 또한 몇 차례 빛[viii]을 받아 일시적으로 에너지를 충전해 작은 결실을 보는 데 그치지 않고 자식 대까지 물려지는 부, 소진되지 않고 지속되는 부를 쌓을 수 있게 된다.

지금 경제적으로 넉넉하고 풍요로운 시기에 있다면 훗날을 위해 묵묵히 부를 순환시켜두어야 한다. 또한 힘들고 어려운 시기라 하더라도 미래를 위해 더 넓은 마음으로 작은 부분부터 부를 순환시켜나가야 한다. 이것이 부를 오래도록 대물림하고 영원히 소진되지 않는 풍요의 구조를 만드는 방법이다.

부(富)가 눈덩이처럼 불어나는 행복 순환의 법칙 1

1 　내면에 잠재되어 있는 부의 그릇이 바뀌면 부가 따라온다.
빛[viii]은 내면의 그릇을 바꾸어주는 힘이다.

2 　빛[viii]과 함께하는 동시에 부의 외적 요건, 즉 현실적 노력도
함께 병행하면 더욱 좋은 결과를 얻을 수 있다.

3 　마이너스의 시기에는 손해를 최소화하는 것, 혹은 현상 유
지만 해도 풍요다. 무조건 부를 욕심내기 전에 자신이 어
떠한 시기에 있는지 관조해보라.

4 　부는 순환하는 가운데 힘을 발휘한다. 소진되지 않는 부의
구조를 만들고자 한다면 당신에게 머물러 있는 부의 일부
를 이웃과 함께 나누어 순환시켜라.

*명예와 성공의 힘, 빛^{viit}

**지팡이를 놓은
대통령**

"정 선생님, 십 수년 동안 짚어온 지팡이인데, 이제
는 이놈을 좀 놓을 수 있었으면 좋겠소."

그 눈빛에 간절함이 느껴졌다.

인동초(忍冬草)라는 별명만큼이나 가혹한 고난과 좌절 그리고 그것을 극복
하려는 노력으로 점철된 삶을 살아온 김대중 전 대통령. 그 과정에서 짚게 된
지팡이를 놓고자 무수한 노력을 기울였지만 매번 한계에 부딪힐 뿐이었다.

김대중 전 대통령 내외를 처음 만난 것은 1994년 어느 봄날이었다. 이
날의 만남에 다리 역할을 한 조영환 아태재단 사무총장은 빛^{viit}을 통해 자
신의 오랜 고질병이었던 비염과 두통이 말끔히 해소된 것에 기뻐하며 김
전 대통령과의 만남을 간곡히 청해왔다.

'된다. 해보라.'

김대중 전 대통령이 빛^{viit}을 통해 지팡이를 놓을 수 있겠냐는 조 총장의
조심스러운 질문에 언제나처럼 순간의 느낌으로 우주의 마음이 전해져왔다.

"순수한 마음으로 빛^{viit}과 함께하신다면 좋은 결과가 있을 것입니다."

이후 오래지 않아 당시 근무하고 있던 대구의 한 호텔 최고층 VIP 스위
트룸으로 김 전 대통령 내외가 찾아왔다. 전 가톨릭대 총장 김영환 몬시뇰,

박노열 계명대 교수도 함께였다.

"어린아이와 같은 순수한 마음으로 빛^{viii}을 받으십시오."

두 내외가 한동안 빛명상에 잠겼다. 이후 눈을 뜬 김 전 대통령의 얼굴이 아주 평온해 보였다.

"기분이 아주 상쾌하군요. 머리도 맑아진 것 같고⋯."

"이것 좀 보세요."

이희호 여사가 김 전 대통령에게 손바닥을 펴보였다. 손바닥에는 빛분이 솟아 반짝이고 있었다.

"허! 이게 조 총장에게 듣던 빛분이군요. 이게 도대체 뭐지요? 왜 이런 게 나타나는 겁니까?"

"빛^{viii}을 받은 사람에게 흔히 나타나는 현상인데, 아마도 빛^{viii}이 몸을 통과하면서 남긴 어떤 흔적이 아닐까 합니다."

김 전 대통령 내외는 호기심 어린 눈으로 빛분을 거듭 들여다보았다.

"이제 일어나셔서 지팡이 없이 걸어보십시오."

내 말에 지켜보던 사람들 모두 기대 반, 우려 반의 표정이었다. 불과 십여 분 남짓 빛^{viii}을 받았을 뿐인데 수십 년간 의지해온 지팡이 없이 걸어보라니, 상식으로 판단한다면 분명 의아한 말이 아닐 수 없었다. 하지만 김 전 대통령은 내 단호한 표정을 살핀 후 결심한 듯 자리에서 일어섰다.

이윽고 김 전 대통령이 말없이 발을 떼기 시작했다. 한 걸음 한 걸음 지날 때마다 굽혀지지 않던 한쪽 다리에 서서히 힘이 실리고 있었다. 그렇게 그분은 지팡이를 짚지 않고 호텔 객실의 긴 복도 한쪽 끝에서 다른 한쪽 끝까지, 지팡이는 물론 그 누구의 도움도 없이 걸어 돌아오는 데 성공했다.

'DJ=지팡이'라는 오랜 공식이 깨어지는 순간이었다.

김 전 대통령이 지팡이를 놓게 된 일주일 후, 김 전 대통령 측의 요청으로 동교동 자택을 방문했다.

"지난번 이후 거의 지팡이를 놓고 지냈습니다. 올라가지 않던 다리가 이렇게 들어 올려집니다. 정 선생님을 한 번만 더 만나면 더 좋아질 수 있겠다는 생각이 들어 어렵게 김 회장님(당시 금호 호텔 회장)에게 부탁을 드렸습니다."

이날 빛viii을 받고 난 뒤 김 전 대통령이 내게 말했다.

"조금 전 머릿속에 떠오른 글귀가 있어요. '믿기만 하여라, 네 딸이 살아날 것이다' 라는 성서 구절 말이지요. 간절한 마음으로 빛viii을 청하자 문득 머릿속에 그 말이 떠오르는 게 아니겠어요? 그러면서 왠지 나도 모르게 확신이 서더군요."

김 전 대통령이 붓과 벼루를 챙겼다.

"너무 선명하게 떠올랐던 내용이라 기념으로 남기고자 합니다. 감사의 마음을 담은 표현이라고 생각해주세요."

잠시 후 그분이 내민 휘호에는 어떠한 의심이나 사심 없이 있는 그대로 빛viii을 마주했던 김 전 대통령의 빛마음이 담겨 있었다. 바로 그 마음이 김 전 대통령에게 과학의 한계를 넘어 빛viii의 기적을 체험하게 한 밑바탕임을 알 수 있었다.

이처럼 아름다운 빛마음으로 남긴 김 전

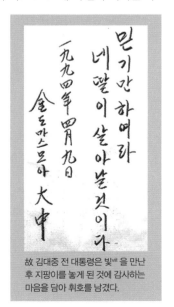

故 김대중 전 대통령은 빛viii을 만난 후 지팡이를 놓게 된 것에 감사하는 마음을 담아 휘호를 남겼다.

대통령의 휘호가 훗날 전혀 엉뚱한 용도로 사용될 줄은 미처 예상하지 못했다.

이분이 대통령에 당선되어 현직에서 활발히 활동 중이실 때 빛이야기를 담은 책, 『행복을 나눠주는 남자』가 발간되어 베스트셀러에 올랐다. 특히 이 책이 현직 대통령의 이름을 실명으로 거론하고 빛[viii]과 관계된 일화를 소상하게 담고 있는 데 대해 언론은 물론 많은 사람들이 주목했다.

그러던 중 2000년 어느 날 경찰청 특수 수사과에서 나를 급히 찾았다. 책에 실린 내용의 진위 여부를 확인해보겠다는 명목이었다. 결국 김 전 대통령의 휘호가 '결정적인 힘'이 되어준 덕택에 마지막에는 친절한 배웅까지 맞으며 그곳을 나올 수 있었다.

빛[viii]과의 만남을 감사히 간직하고자 했던 그분의 휘호가 고작 이러한 용도로 쓰였다는 사실은 퍽 씁쓸한 일이다. 어쩌면 우주의 마음은 이러한 일이 있을 것을 미리 예견하고 그때 그 휘호를 남기게 했던 것은 아닐까.

내 기억 속 김 전 대통령은 치열한 민주투사이기보다는 소박하고 따뜻한 이웃과도 같은 모습으로 남아 있다.

자택을 방문하였을 때의 일이다. 마침 그곳에 모여든 수많은 가신들과 정객들이 북적이는 가운데 저녁 식사 자리가 마련되었다. 김 전 대통령은 굳이 내게 자신의 옆자리에 앉을 것을 고집하더니 식탁 위에 놓인 먹음직한 굴비 한 마리를 반으로 탁 찢었다. 그러고는

"이거 한번 들어봐요."

하며 손수 찢은 굴비 반 마리를 내게 건네는 것이었다.

"이게 영광굴비인데 참 귀한 겁니다. 요즘엔 중국산에 노란 칠을 해서 영

광굴비로 속인다는데 이건 진짜예요. 한번 들어봐요. 감칠맛이 다를 테니…"

그분의 가식 없는 정겨움이 가슴에 따뜻하게 와 닿았다. 동시에 주위 사람들의 의아한 시선도 함께 몰려들었다.

그날, 김 전 대통령이 내게 이렇게 물었다.

"며칠 후에 중국의 리붕 총리를 만나러 가는데, 지팡이를 어떻게 할까 모르겠어요."

"처음 저를 만나신 날 이미 지팡이를 놓으셨습니다. 그 사실에 대해 망설이거나 주저하지 말고 확신을 가지십시오. 빛viii이 함께하고 있습니다."

김 전 대통령이 묵묵히 고개를 끄덕였다.

이윽고 이희호 여사가 불안한 남북한 정세에 대해 물어왔다. 그즈음 김일성 주석의 사망 소식이 날아들었는데, 이것이 남북 관계에 어떤 불안 요소로 작용하지 않을까 많이 우려하던 상황이었다.

"전쟁이나 큰 혼란이 일어나지 않을까 걱정스럽습니다."

"제가 그런 문제에 관해 말씀 드릴 위치는 아닌 것 같습니다만 걱정하시는 전쟁이나 큰 혼란은 없을 것입니다. 다만 경제가 문제인데 북한에 큰 기근이 일어나 탈북자들이 많아질 것입니다. 그 점을 대비하시면 좋겠습니다."

그날 이후 김 전 대통령은 외부의 공식 행사에서도 지팡이를 놓고 다니기 시작했다. 이

金 당선자
"脫 지팡이"

金大中 대통령 당선자가 대통령 당선이후 거의 지팡이를 사용하지 않고 있어 눈길을 끌고 있다.
金 당선자는 개표결과로 당선이 확정된 직후인 19일 오전 국회 본회의 안 계단에서 「국민에게 드리는 말씀」을 발표한 뒤 내·외신 기자회견을 위해 국회 의원회관까지 2백여m를 지팡이에 「의존」하지 않고 걸어갔다.
자민련 金鍾泌 명예총재와 朴泰俊 총재가 옆에서 걸었지만, 개표과정을 지켜보느라 밤잠을 설쳤던 金 당선자의 걸음걸이는 뒤처지지 않았다.
金 당선자는 또 22일 의원회관에서 열린 당무위원·지도위원 연석회의에 참석 할때는 아예 지팡이를 승용차에 두고 내리는 등 공개석상에 모습을 드러낼 때 「홀로서기」를 보여주고 있다.

김대중 전 대통령의 탈 지팡이 신문기사

후 지팡이 없이 무사히 중국 일정을 마칠 정도가 되었다. 중국에서 돌아온 김 전 대통령이 리붕 총리에게 직접 받은 도자기를 내게 선물로 내밀었다.

"이건 내가 중국의 리붕 총리에게서 선물로 받은 도자기요. 내 이거라도 정 선생님께 선물로 드리고 싶소. 자, 받아요."

"이 귀한 물건을 제가 어떻게 가져갑니까?"

"물론 이 도자기는 내게도 귀한 물건이지만 정 선생님과의 만남도 역시 소중하다고 생각하기에 드리는 거예요. 빛viii과 만난 기념으로 드리는 것이니 부담스러워할 것 없어요."

그분의 진심까지 거절할 수 없어 감사한 마음으로 선물을 받았다.

그런데 그 날 리붕 총리의 도자기와 더불어 김대중 전 대통령의 지팡이도 함께 받아서 현관을 나서는데, 지팡이는 후일 더 좋은 곳에 쓰이게 될 것이니 놓고 가라는 우주근원의 느낌을 받아 두고 나왔다. 훗날 그가 대통령에 오르고 나서 그 지팡이가 불우이웃돕기 경매에서 3천만 원에 낙찰되었다는 소식을 한 신문기사에서 접했다. 그분과의 일을 기념하는 것도 좋지만, 그보다는 더욱 의미 있는 일에 지팡이가 요긴하게 쓰였다니 나 역시 자못 기쁘고 흡족하였다.

2009년 8월 18일, 김대중 전 대통령의 서거 소식을 들으며 정확히 15년 전인 1994년 이날, 동교동 자택에서 그분과 나누었던 대화를 떠올렸다.

"지난 대선 이후 정계에서 한 걸음 물러나 있는 것이 사실이지만, 지금 이 상태라면 건강에 대한 염려는 잠시 접고 일생의 마지막 꿈을 이룰 수도 있겠다는 생각이 들어요."

빛viii을 만난 후 더 이상 지팡이에 의존하지 않아도 좋을 정도로 건강을 되찾은 그분의 마음에 한동안 덮어두었던 대권 도전의 의지가 그 어느때보다도 강하게 타오르고 있었다.

잠시 근원의 빛마음에 의지하자, 그가 외교 순방길에서 5~6개국 정상들과 지팡이 없이 나란히 서 있는 모습이 지나갔다. 즉, 이분이 뜻하는 바가 이루어지는 장면이었다.

"큰 뜻을 이루시면 온 국민이 화합하고 상생하는 부강한 국가를 만들어 주십시오. 빛viii이 함께할 것입니다."

그 후 3년이 지난 1997년 12월. 그분은 15대 대한민국 대통령에 당선되었다. 이른 아침, 축하 인사를 나누기 위해 일산 자택을 찾았다. 오랜 꿈을 이룬 기쁨과 자신이 꿈꿔온 통일 대한민국을 만들겠다는 일념으로 그분의 얼굴이 상기되어 있었다.

이듬해 대통령으로서 첫 해외 순방 길에 나선 김 전 대통령이 지팡이 없이 당당한 모습으로 세계 각국의 정상들과 나란히 선 모습을 보게 되었다. 3년 전 강렬한 우주마음의 느낌과 함께 보았던 그 장면이 떠오르며 명예와 성공의 힘, 빛viii을 그분께 다시 한 번 가득 안겨드렸다.

이후 김 전 대통령은 IMF 구제금융 위기에 처한 국가 경제를 빠른 시일 안에 회복하였으며, '아시아에서 가장 영향력 있는 지도자 50인' 중 1위에 선정되고 2000년에는 노벨평화상을 수상하는 등 많은 업적을 남긴 대통령이 되었다. 하지만 그 영예롭던 순간들 또한 멈추지 않고 흘러 지나간 세월이 되었다. 그리고 이분 또한 한 시대를 풍미했던 인물로 역사 속에 떠나가시니 이는 그 누구도 거부할 수 없는 거대한 흐름이 아닐까 한다.

이처럼 죽음 앞에는 명예도 성공도 노벨상도 한갓 그림자와 같다. 하지만 그 명예와 성공이 과연 누구를 위한 것이었는지 그 진의(眞意)는 죽음 후 더욱 선명하게 드러나게 마련이다. 많은 이들이 고인이 생전에 이루고자 했던 민주와 평화, 통일의 의지를 기리는 모습에서 빛viii과 함께하는 진정한 명예와 성공의 뒷모습이 어떠한지 발견하게 된다.

지금 이 순간에도 많은 분들이 명예와 성공, 권력이라는 높은 고지에 오르기 위해 온 힘을 다해 노력하고 때로는 일생을 걸기도 한다. 하지만 그 누구도 이를 영원히 누릴 수는 없고 한때 머물렀다가도 곧 자기 본연의 위치로 되돌아와야 하는 것이 명예의 속성이다. 그러니 아래로 내려와 지난날 자신의 위치를 돌이켜보았을 때 삶이 허무하지 않고 정말 보람되고 의미 있게 느껴진다면, 그것이야말로 진정한 의미의 명예이자 성공일것이다.

빛viii과 함께하는 명예와 성공은 달콤하고 화려한 겉모습만이 아닌 아름다운 결말과 함께하는 것이기에 더욱 값지고 의미 있다. 한 분 한 분이 자신이 위치한 자리에서 빛viii과 함께하는 진정한 명예와 성공을 향해 힘차게 정진한다면 그것이 곧 세계 속에 우뚝 솟은 대한민국의 명예, 나아가 지구 전체의 행복을 드높이는 길이 될 것이다.

골리앗을 이긴 다윗

열악한 환경에 굴하지 않고 빛명상과 함께 대규모 요양병원을 운영하는 CEO로 거듭난 이윤환 씨 또한 명예와 성공의 주인공이다.

저는 가난한 소작농의 아들로 태어나 32세에 자본금 1000만원으로 시작하여 현재 45세에 300억대 자산의 의료법인을 운영하는 이사장입니다. 자본도 없이 사업을 하다 보니 어려움이 많았고 사업이 안정화되기 전에는 많은 스트레스로 잠 못 이루는 날도 많았습니다. 우연히 알게 된 빛명상으로 매일 하루 일과를 마치면 감사빛명상을 하게 되었고 불면증은 물론이고 스트레스까지 해소되었습니다. 또한 가정의 소중함을 알고 가족과도 더 많은 시간을 보내게 되었습니다. 빛선생님의 "나눔과 베풂에는 조건이 없어야 한다"는 가르침을 실천하게 되었는데 처음으로 한 것이 2012년 병원 직원들에게 연차휴가를 5개 늘려준 일이었습니다. 큰 비용이 들었지만 살아오며 처음으로 행복하다는 감정을 느꼈습니다. 2013년에는 나눔과 베풂을 바탕으로 운영 중인 요양병원에서 존엄케어를 시행하게 되었고, 전국 1430여 개의 요양병원 중 노인의료서비스의 최고로 자리잡을 수 있게 되었습니다. 빛명상을 통해 알게 된 긍정과 감사, 그로 인해 찾아온 심적인 안정으로 베풂과 나눔을 실천하면서 가능해진 일들이고 행복한 경영자가 된 현재의 나의 모습입니다.

(이윤환, 의료재단 이사장)

누구나 성공과 명예가 따르는 경영자를 꿈꾼다. 빛명상과 함께 꿈을 향해 노력한다면 풍요로운 결과를 맞이할 수 있을 것이다.

2011년 세계육상선수권대회를 유치하기 위해 여러 열악한 환경 속에서도 좋은 성과를 거둬낸 대구시. 세계육상선수권대회는 올림픽, 월드컵과 함께 세계 3대 스포츠 경기 중 하나로 불릴 만큼 국제적인 대회로 그만큼 높은 경제창출 효과를 기대할 수 있어 대구시가 야심차게 도전한 대회였다. 하지만 국민과 기업들의 관심은 온통 동계올림픽의 평창 유치에 쏠려 있었다. 애초에 스폰서를 약속했던 대기업마저 동계올림픽 유치에 전념하기로 하면서 대구시의 대회 유치 계획은 난항을 겪게 되었다. 설상가상으로 대구와 경쟁하는 도시는 러시아의 모스크바로 가장 강력한 우승후보였다. 육상의 불모지라고 할 수 있는 대구의 도전은 계란으로 바위 치기요, 무에서 유를 창조하는 것과같았다.

이러한 상황에서 당시 대구 부시장으로 국제육상선수권대회 유치 실무진이었던 박봉규 씨가 빛[viii]을 청해왔다. 평소 빛[viii]을 잘 알고 있던 그로서는 대구시가 처한 한계를 극복할 수 있는 유일한 방법으로 이 힘이 떠올랐던 것이다.

박봉규 씨는 물론 대구 유치위원단에게도 빛[viii]을 보냈다. 또한 가능한한 빛명상을 자주 하면 유치과정이 훨씬 수월하게 풀려나가리라고 일러주었다. 특히 심사위원단이 대구를 방문했을 때에도 빛[viii]을 보내며 그들의 마음이 대구로 기울어지도록 했다.

결국 모든 이들의 예상을 깨고 세계육상선수권대회의 대구 유치가 결정되었을 때, 모든 사람들이 이 의외의 결과에 찬사를 보냈다. 정작 중앙 정부와 대기업의 적극적인 후원을 받은 평창시는 동계 올림픽 유치에 실패한 반면 대구는 아무런 기반도 없이 무에서 유를 창조해낸 것이다. 한 언론은 작은 다윗에 불과한 대구가 골리앗 모스크바를 이기는 결과였다고 찬사를 보냈다.

**최고급
토종 한우의
꿈을 결실로**

이처럼 명백히 불리한 환경 속에서 성공을 이뤄낸 행운 뒤에는 보이지 않는 우주의 힘, 빛[viii]이 있었다. 최선의 노력을 기울여도 도저히 뛰어넘을 수 없는 한계를 초월적인 힘과 함께 이루어가는 것이다.

평생 토종 가축, 특히 고품질 한우 만들기에 몰두했던 여정수 경북 한우클러스터 단장 겸 영남대 교수 역시 이러한 행운을 체험한 분 중에 하나다. 이분과의 인연은 세상에 처음 빛[viii]을 알리기 시작할 당시로 거슬러 올라간다. 1997년 당시 너무나도 생소한 빛[viii]을 보다 많은 사람들에게 인지시키기 위해 과학적으로 그 존재와 효과를 일정 부분 입증하는 과정이 꼭 필요하다는 생각을 하고 있었다. 당시 여 교수 외에도 유수 대학의 학자들이 빛[viii]을 대상으로 한 실험에서 그 존재와 효과에 대한 답을 얻었음에도 불구하고 여러 가지 사정으로 연구 결과를 발표하지 못하고 있었다.

그러한 어려운 시기에 여 교수는 학자적 양심에 비춰 있는 그대로 빛[viii]의 존재를 입증할 수 있는 동물실험 결과를 발표했다. 이는 지금까지도 빛[viii]을 세상에 알리는 데 요긴한 자료로 활용되고 있다.

이러한 노고에 감사한 마음을 갖고 있던 차, 여 교수가 평생 연구해오신 한우 품종개발이 현실에서 열매를 맺을 좋은 기회를 눈앞에 두고 있음을 알게 되었다. 2005년 당시 정부에서 시범적으로 운영을 시작한 지역 농업 클러스터 선정 사업에 경북지역 대표로 한우를 출품했던 것이다. 그런데 자세한 내부 사정을 들어보니 다소 어려움이 있었다. 당시 경북 한우보다는 우월한 수준이라고 판단되는 경쟁 지역 때문이었다. 실제로 많은 관계자들이 경북 한우의 클러스터 선정에는 비관적 견해를 보이고 있는 것이 사실이었다.

우선 무엇보다도 여 교수의 오랜 꿈이 이루어지고 우수한 한우 생산에 큰 수확이 있기를 바라면서 빛[viii]을 보내었다. 그리고 본인 스스로도 일을 추진하는 과정에서 막힘이 있거나 난관에 부딪혔을 때 열심히 빛명상을 하게끔 했다.

이후 전혀 예상치 못한 의외의 결과가 나왔다. 선정 대상에서 탈락되리라 여겼던 경북 한우가 경쟁 지역을 물리치고 모범 사업단으로 선정된 것이다. 그 결과 한우클러스터 단장이 된 여 교수는 한우의 품종개발과 출생은 물론 도축, 유통, 판매에 이르기까지 모든 관리 시스템을 전략화 하여 일본산 와규에 못지않은 한우를 생산해내겠다는 새로운 꿈을 실천해갔다.

이후 여정수 교수가 단장이 되어 이끈 한우클러스터는 20개의 시범사업단지 회사 중 최상위 실적 그룹에 속하면서 다른 지역 농업 클러스터들의 부러움을 사고 있다. 그리고 여 교수는 그 꿈이 이루어진 배경에는 늘 빛[viii]이 함께했다고 말한다.

**꿈을 현실로
이루어주는
우주마음의 힘**

많은 이들이 꿈을 꾼다. 하지만 또한 많은 사람들이 그저 꿈을 꿈으로 묻어둔 채 삶을 살아간다. 물론 꿈을 포기하는 데에는 여러 타당한 이유와 한계들이 존재했을 것이다. 시간의 한계, 돈의 한계, 능력의 한계, 인간관계의 한계….

하지만 그 모든 한계를 넘어 꿈을 현실로 만드는 힘이 지금 당신 가까이 다가와 있다. 당신의 내면에 자리한 빛마음으로 이 힘을 선택하고 받아들인다면, 우주마음은 빛[viii]을 통해 그 모든 한계를 뛰어넘어 아름다운 결과를 가져다줄 것이다.

그러니 희망과 함께 다시 시작하라. 우주마음이 보내는 명예와 성공의 힘, 빛[viii]과 함께 최선을 다해 움직여라! 해라! 하면 된다. 빛명상과 함께 한다면 마음속 깊이 잠자고 있던 꿈들이 생생한 현실이 되어 당신 앞에 기쁨과 보람으로 펼쳐질 것이다.

명예와 성공이 눈덩이처럼 불어나는 행복 순환의 법칙 2

1 영원히 머물러 있을 수 없고 언젠가는 본연의 위치로 되돌아와야 하는 것이 명예의 속성이다. 빛[viii]과 함께하는 명예와 성공은 지난날 자신의 위치를 돌이켜보았을 때 허무하지 않으며 진정한 보람과 의미를 찾을 수 있다.

2 인간적인 노력과 능력이 한계에 달했을 때 우주마음의 에너지, 빛[viii]은 그 한계를 넘어 명예와 성공을 이루도록 도와준다.

3 빛[viii]과 함께 마음속에 잠들어 있는 꿈을 현실로 만들라! 빛[viii]과 함께 희망을 갖고 새롭게 시작하라. 움직여라! 해라! 우주마음이 당신의 꿈이 이루어지도록 힘을 더해줄 것이다.

인간관계의 힘, 빛^{viit}*

**상대방의 마음을
움직이는 비법**

재직 중인 회사 회장님의 오해로 회사생활 스트
레스가 엄청 많았었는데, 빛명상으로 감사와 긍
정적인 생활을 하고 난 이후, 회장님이 갑자기 저
에게 친절해지시며 점차 회사생활이 편안해져 갔습니다. 그 일로 빛^{viit}
의 힘이 무엇인지 어렴풋이나마 느낄 수 있었고, 빛^{viit}과 함께하는 일상
이 참 평화롭다는 생각을 하며 매일 빛명상을 찾아 하게 되었습니다.

(신철우, 직장인)

우리는 하루에도 수십 번씩 상대방의 마음을 얻어 합의점을 찾아 팀워
크를 이루며 또한 서로 도움을 주고받아야 하는 상황에 직면한다. 그 대상
이 상사 고객, 동료, 아랫사람일 수도 있고 친구, 가족, 사랑하는 사람일 때
도 있다. 그러한 순간마다 내가 원하는 방향으로 혹은 서로에게 득이 되는
방향으로 인간관계를 이끌어낼 수 있다면 그것은 금액으로 환상할 수 없는
가치를 가진 능력일 것이다.

신철우 씨의 이야기와 같이 빛^{viit}을 받은 많은 사람들이 인간관계에서 큰
진전이 있었고 많은 혜택을 누리게 되었노라고 고백한다. 이웃과 관계를

맺는 공동체 사회가 무너지고 개인주의가 보편화, 일상화되면서 자기 이외에 타인을 믿기 어려운 시대에 누군가를 믿고 따른다는 것은 무척 어려운 일이다. 이런 점은 빛명상을 하면 인간 관계의 상당 부분이 개선되고 좋은 인연을 맺는 상황으로 이어진다.

반드시 성사되는 매매, 계약의 비결

간혹 급히 부동산을 처분해야 하는 상황인데 적당한 매입자가 나타나지 않아 고민이라거나, 투자 유치 혹은 중요한 계약 등을 앞두고 빛[viii]을 청해오는 사람들이 있다. 수많은 사람들이 스쳐지나가는 가운데 서로에게 적당한 상대를 찾기란 생각처럼 쉽지 않은 것이 사실이다.

하지만 이 일을 우주마음의 차원에서 보면 어떨까? 마치 자석이 쇳조각을 끌어당기듯 매매하고자 하는 대상에게 적절한 주인을 끌어당기는 힘을 빛[viii]으로 불어넣는 것이다.

호텔 생활을 그만두고 사람들과 빛[viii]을 나누기 시작한 지 얼마 되지 않았을 때의 일이다. 한 친절한 분의 배려로 실 납품을 하는 작은 사무실에 책상 한 대, 전화 한 대를 놓고 이 일을 시작했다. 그러던 중 이런 사정을 딱하게 여긴 한 분이 제안을 했다. 자신이 대구 동인동에 지어놓은 빌라가 있는데 좀처럼 분양이 되지 않고 비어 있으니 그중 한 채를 사무실로 써도 좋다는 것이었다.

감사한 마음으로 그 제안을 받아들였다. 말 그대로 말끔한 새 집이 하나도 분양되지 않은 채 비어 있어 주인으로서는 무척 속이 타는 상황이었다.

사무실을 제공해준 데 대한 감사의 마음으로 나머지 집들이 모두 분양되도록 빛viii을 보냈다. 그러자 불과 몇 달 만에 빌라 수십 채가 모두 분양되었다.

이후로도 이와 유사한 일들이 수많은 사람들에게서 일어나는 것을 보게 된다. 브라질에 사는 한인 교포 사업가 송재훈 씨는 잘못 사들여 자리만 차지하고 있는 페인트 기계로 여간 골치가 아픈 것이 아니었다. 처분하기조차 쉽지 않아 말 그대로 애물단지였다. 그는 매일 빛명상을 하며 이 기계를 꼭 필요로 하는 주인이 나타났으면 좋겠다고 생각했다. 그러자 신기하게도 때마침 꼭 이런 기계를 찾고 있었다는 유대인을 만나게 되었다. 이후 매매는 일사천리로 이루어졌다.

송 씨의 행운은 여기서 그치지 않았다. 갖고 있던 대형 아파트를 매매하려고 하니 때마침 불어온 미국의 서브프라임 경제 한파로 브라질 부동산 시장이 꽁꽁 얼어붙은 것이다. 큰 규모의 아파트다보니 매매 시장에서 가장 먼저 타격을 입었다. 당분간 적당한 주인을 만나기란 쉽지 않아 보였다.

송 씨는 지난번 경우와 마찬가지로 매일 빛명상을 하는 가운데 이 문제 또한 수월하게 처리되었으면 좋겠다고 생각했다. 그러자 얼마 지나지 않아 크게 밑지지 않는 가격을 제시하는 구매자가 나타났다. 생각보다 조금 적은 액수였지만 경기가 안 좋은 것을 고려해 매매를 결정했다. 이후 아파트 값은 내리막길 일로였고 다른 집주인들은 더 싼 값에 집을 내놓아도 팔리지 않는 상황이 되었다. 주변 사람들은 이런 세계적인 불경기에 송씨처럼 큰 손해를 보지 않고 아파트 매매를 할 수 있었다는 것 자체가 엄청난 행운이라고 말했다.

이후 송 씨는 꾸준한 빛명상과 함께 건강 또한 좋아지면서 무척 감사한 마음을 갖게 되었고 아버지와 형님, 동생은 물론 더 많은 브라질 사람들에게 빛[viii]을 알려야겠다고 결심했다. 그리하여 한국에서 베스트셀러가 되었던 내 전작, 『행복을 나눠주는 남자』를 직접 포르투갈어로 번역해 출판하는 일을 자청했다. 빛[viii]은 혼자 받는 것보다 더 많은 사람과 나눌 때 더 큰 풍요로 다가온다는 사실을 알았기 때문이다.

현대 사회는 바로 호혜 관계의 원칙에 따라 움직인다. 서로 도움을 주고받으며 살아간다. 더욱이 상대방에게 도움을 주진 않았지만 도움을 요청할 경우가 많이 발생하게 된다. 그럴 경우엔 상대방의 마음을 어떻게 움직일 수 있을까? 지식과 정보만으로는 해결될 수 없는, 상대방의 마음을 움직이는 '신뢰자본'을 어떻게 형성할 수 있을까? 빛명상을 하는 이들에게는 무언가 모를 행운이나 호재가 찾아온다. 구영숙 씨의 사례가 그렇다.

천안은 연고가 전혀 없어 인터넷으로 사전조사를 하고 직접 올라와 부동산 여러 곳을 들러 믿음이 가는 소장님 한 분을 만나 원하던 조건의 집을 매입하게 됐습니다. 빛명상 중 좋은 인연이 닿기를 기도했는데 그 인연이 지금까지 이어져 많은 도움을 받고 있습니다. 매입 과정에 매수자 분의 뜻하지 않은 도움도 받게 되었습니다. 친구 분 중에 은행 지점장님이 계신다면서 은행 업무를 수월하게 진행할 수 있도록 소개시켜 주셨고 많은 혜택을 주셨습니다. 기적 같은 일이었습니다.

(구영숙, 주부)

영업이나 계약, 고객 확보와 관련해서도 빛명상을 통해 좋은 결과를 얻을 수 있다. 억대 연봉자로 높은 영업 실적을 올리고 있는 보험설계사 이영자 씨는 중요한 고객을 만나러 가기 전 반드시 빛명상을 한다. 보험 상품에 대한 충분한 이해와 지식 습득, 친절한 고객 관리는 기본이다. 하지만 모두가 고만고만한 무기를 들고 싸우는 치열한 영업 전쟁터에서 그래도 자신이 남들보다 앞서갈 수 있는 비결은 바로 빛[viii]에 있음을, 그녀는 오랜 경험을 통해 누구보다도 잘 알고 있다. 무언가 모르게 사람들의 마음을 끄는 2%, 남들과 차별되는 작은 차이점을 빛[viii]을 통해 채우고 있는 것이다.

15년 전 신문에 난 기사를 오려 들고 빛[viii]을 찾아왔던 이 씨는 무척 딱한 사정이었다. 말기암으로 죽음을 앞둔 남편과 어린 아들, 그리고 그녀 자신도 깨질 듯한 고통을 동반한 뇌질환을 앓고 있었다. 그런 그녀가 남편을 떠나보낸 후에도 좌절하지 않고 자신의 병을 극복하며 씩씩하게 살아나가고 이후 홀로 어린 아들을 건장한 청년으로 길러내기까지 무수한 고비 고비마다 빛[viii]은 그녀에게 보이지 않는 후원자이자 버팀목이었다.

"저 같은 사람이 이렇게 지금의 자리에 있게 된 것 자체가 빛[viii]의 기적입니다. 저는 매 순간 순간 계약을 성사하기 위해 고객을 대하고 고객을 관리하고 세상에 부딪힐 때마다 이 사실을 느낍니다."

그 어떤 말보다 자신의 경험을 바탕으로 한 그녀의 진솔한 말 한마디가 사람들에게 큰 힘과 빛[viii]에 대한 확신을 불어넣어주고 있다.

이상형 배우자와의 만남

한국의 이혼율은 2015년 기준 OECD 34개국 중 9위를 차지할 만큼 높게 나타나고 있으며, 이는 아시아 국가 중 최고치를 기록하고 있다. 게다가 황혼이혼까지 높아지는 추세다. 서로 다른 삶을 살아온 남녀가 행복한 한 가정을 만드는 일은 아름다운 일이며 동시에 평생의 반려자를 만난다는 것은 그만큼 어려운 일이다. 하지만 빛과 함께 꾸준한 빛명상을 한다면 좋은 인연의 고리를 맺을 수 있다.

아버지 건강이 나빠지기 시작하면서부터 부모님은 외동딸인 저를 빨리 결혼시키고자 하셨으나 인연을 만나지 못했고, 조건이 먼저인 자리에 나가는 것이 영 마음에 내키지 않았지만 효도한다 생각하고 몇 번의 만남을 가져보았으나 별 소득이 없었습니다. 그런 일이 몇 번 반복되다보니 제 마음도 편치 않아 꾸준히 빛명상을 하며 좋은 반려자를 청원 드렸고, 답답한 마음에 제 짝이 언제 결정이 날지 2016년 7월 쯤 한역을 통해 답을 구해보았습니다. 한역의 답은 그해 10월이었습니다. 8월 말, 어머니의 권유로 또 한 분을 만나게 되었습니다. 그쪽에서는 저를 마음에 든다 하니, 어머니께서는 몇 번 더 만나보라 성화셨습니다. 빛명상 서적을 그분에게 선물하면서 몇 번의 만남을 더 가지게 되었고 만난 지 한 달도 되지 않았는데 결혼 말이 오가기 시작하여 10월에 무사히 상견례를 치르며, 2016년 10월이면 제 짝이 결정된다는 한역의 답에 그 결과를 확인하게 되었습니다. 그리고 그해 12월 행복한 결혼 생활을 시작하게 되었습니다.

(백정수, 직업훈련교사)

김은희 씨는 우연히 받은 책 한 권을 통해 평생의 인연을 만나게 되었다고 말한다.

『물음표』라는 책에 소개된 빛명상 체험란을 보고 한번 해보자 싶어 적어보았습니다. 지금 당장 시급하게 이루어졌으면 하고 바라는 것이 무엇인지 떠올린 후 적어보라는 말에 배우자를 만나 혼인하는 것이 제일 우선인 것 같아 그걸 적기로 했습니다.

이왕이면 구체적으로 적어보자 싶어 제가 원하는 상대방의 조건들, 구체적인 직업까지 자세하게 적었습니다. 그리고 그 사람과 아들, 딸 낳고 행복하게 끝까지 잘 살게 되었으면 좋겠다고 적었습니다.

이후 빛명상 회원이 되어 계속해서 빛명상을 한 지 3개월이 지난 후 우연히 한 분을 소개받게 되었습니다. 바로 제가 바라던 이상형의 남자였습니다. 다행히 상대방도 저를 마음에 들어하는 눈치였습니다. 그렇게 해서 지금의 남편을 만나게 되었습니다.

(김은희, 주부)

우주마음에 무언가를 바라고 청할 때에 자신이 소원하는 바가 뚜렷하고 구체적일수록 좋다. 대학을 졸업하고 직장을 구하던 최지연 씨 또한 이와 비슷한 경험을 했다. 우선 최 씨는 자신이 취직하고자 하는 회사의 조건을 적었다. 회사 규모, 연봉, 인지도, 근무 환경, 집에서 떨어진 거리 등 자신이 꿈꾸는 회사의 조건을 정확하게 나열한 후 이것을 생각하며 빛명상을 했다. 이후 그녀는 여러 군데에 입사 원서를 냈고 몇 번의 실패를 경험했다. 그래도 물러서지 않고 계속해서 빛명상을 하고 원하는 바를 지속적으로 청했다. 그렇게 해서 드디어 취직하게 된 회사는 놀랍게도 최지연 씨가 종이에 적은 조건에 정확히 들어맞는, 바로 꿈의 회사였다. 자신이 마음속에 그려온 바를 현실에서 만난 것이다.

좋은 인연의 씨앗을 심어라 세상에 좋은 만남, 인연만 있다면 좋겠지만, 때로는 정말 원치 않는 만남, 서로에게 피해를 주는 나쁜 인연도 있다. 그러한 만남의 원인을 거슬러 올라가 보면 그 뿌리가 자신에게 있는 경우도 있지만 자신의 부모나 선대 할아버지, 할머니들의 행동인 경우도 있다.

좋든 싫든 반드시 원인에 대한 결과가 따라오며 어느 것 하나 공으로 오지는 않는 것이 엄격한 자연의 법칙이다. 다만 원인에 대한 결과가 나타나는 시점이 즉각적이냐, 그렇지 않느냐의 차이가 있을 뿐 그 누구도 이 인과의 관계에서 벗어날 수는 없다. 따라서 악연의 원인을 만들었다면 좋든 싫든 반드시 그 결과를 맞이해야 하고, 좋은 인연의 원인을 만들었다면 지금 당장이 아니라도 언젠가는 그 결과가 돌아오게 되어 있다.

혼자만의 조용한 시간에 곧잘 깊은 고요 속에 들곤 하는데, 하루는 조선 시대 당파를 갈라 싸우던 선비들의 마음이 아직도 그러한 당쟁의 분란에서 벗어나지 못하고 있는 것을 보았다. 죽음 이후의 세계는 시간과 공간의 개념이 없기 때문에 오백 년이 지난 지금까지도 목숨을 내어놓고 상대를 비방하고 때로는 해하기도 하며 서로 얽히고설킨 싸움을 계속하고 있는 것이다.

흔히들 한국인의 습성 중 서로 잘 화합하지 못하고 상대방의 장점을 인정하고 도와주는 데 약하다고 말한다. 과연 우리 민족이 이런 습성을 지닌 것이 맞을까? 만약 그렇다면 그 이유는 무엇일까? 그리고 그러한 습성을 바꾸어갈 수 있는 방법은 무엇일까?

우리 민족에게는 반만 년을 묵묵히 지켜온 우리만의 역사, 전통이 있다. 하지만 그 오랜 역사 속에 수없는 외세의 침략을 받았고 집단의 이익을 위해 어쩔 수 없이 상처를 주고받은 아픈 기억 또한 존재한다. 이제 이 힘과 함께 지난날 선조들이 남긴 나쁜 인연의 고리는 우리 대에서 모두 끊어내고 좋은 인연, 서로 상생·화합하는 인연의 씨앗을 후손에게 남겨주어야 한다.

빛[viii]은 과거의 나쁜 인연은 삭제하고 새로이 좋은 인연을 이어갈 수 있도록 도와준다. 그러면 그 과정에서 우선 가장 먼저 내 주위가 나를 돕는 귀연으로 넘쳐나게 된다. 나아가 그러한 부모를 조상으로 둔 후손들 또한 밝은 인연으로 이어질 수밖에 없다. '콩 심은 데 콩 나고 팥 심은 데 팥 난다'는 속담처럼 좋은 인연의 씨앗을 심어놓았기 때문이다.

좋은 인간관계가 눈덩이처럼 불어나는 행복 순환의 법칙 3

1 협상, 매매, 배우자와의 만남 등 좋은 인간관계를 필요로 하는 순간 빛명상을 통해 나에게 꼭 필요한 귀연(貴緣)을 만들어가라.

2 당신이 원하는 만남의 조건을 머릿속으로 정확히 그려보라. 그리고 그 구체적인 조건을 종이 위에 써내려간 후 빛명상을 하라.

3 모든 결과물에는 그에 상응하는 원인이 있다. 좋은 인연을 원한다면 좋은 인연의 씨앗을 뿌려야 한다.

4 빛viii은 과거의 나쁜 인간관계의 원인은 제거하고 새로이 좋은 인연의 씨앗을 이어나갈 수 있도록 도와준다.

내 몸과 마음의 건강을 지키는 빛명상

전재희(보건복지부 장관, 국회의원)

인류와 오랜 역사를 함께해온 명상. 1960년대부터 많은 과학 실험들이 스트레스 해소와 면역력 강화 등 명상의 실제적인 효능들을 밝혀내면서 막연히 마음이 편해지고 건강에 좋다고만 여겨왔던 명상에 대해 많은 사람들이 주목하고 있다.

안타깝게도 오늘날 우리가 살아가는 지구 환경이 극심한 오염을 겪고 있기에 그 속에서 살아가는 현대인들 또한 여러 질병과 스트레스로 큰 위협을 받고 있다. 높은 수준에 이른 의학 기술이 인류에게 많은 혜택을 주고 있기는 하지만, 아직 과학의 손길이 미치지 못하는 영역과 부족한 부분을 보완한다는 측면에서 명상의 잠재력은 매우 크다.

특히 빛명상은 우리에게 유익한 생명 에너지 빛viii과 함께 하는 명상으로 만병의 원인이 되는 스트레스 감소에 큰 효과는 물론 뇌파를 느리게 만들어 몸과 마음을 안정시켜주고, 자율신경계와 면역계, 호르몬계를 활성화시켜 건강을 지킬 수 있도록 해줘 명상의 효과를 극대화한다. 뿐만 아니라 뇌기능을 향상시켜 집중력을 높여주고 잠재의식을 깨워 의사결정에 좋은 결과를 가져와 업무능력에서 가정화합에 이르기까지 다양한 현실변화의 효과가 있다.

문제는 이렇게 좋은 빛명상에 어떻게 접근할 것인가 하는 점인데, 쉽고 간편한 생활 빛명상법으로 알려진 '빛명상' 보급에 앞장서 오신 정광호 빛viii선생님의 『빛명상, 눈덩이처럼 불어나는 행복순환의 법칙』에서 그 해답을 찾을 수 있다.

이 책에서는 빛명상의 근간이 되는 정신으로 하늘을 공경하고 사람을 사랑하며 살아있는 것들을 아끼는 마음을 강조하고 있다. 또한 우리의 생명을 유지케하는 근원-부모님과 선조님, 빛과 공기와 물을 포함한 자연-에 대한 감사한 마음, 맑고 깨끗한 순수한 마음을 일깨워 우리 본래의 마음, 잃어버린 인성(人性)을 되찾는데 빛명상의 주요한 목적이 있음을 설파하고 있다.

우리는 물질적으로 편리한 최첨단 과학의 시대를 살고 있지만 동시에 중요한 것을 잃어버리고 살아가고 있다. 몸과 마음이 병들어가는 아픔의 시대이지만, 빛명상은 본래의 맑고 깨끗한 심신의 상태로 정화시켜 건강과 행복을 주는 하나의 희망이다.

많은 분들이 이 책을 통해 저마다의 행복, 저마다의 기쁨이 깃들기를 기원한다.

PART 03

열려라,
행복이 가득 찰
것이다

유해파 차단의 힘, 빛^{viii}*

**꿀벌
실종 사건과
전자파**

최근 미국에서는 꿀벌들의 집단 폐사 현상이 큰 문제다. 어떠한 이유에서인지 전체 꿀벌의 50-70%가 사라진 것이다. 양봉가의 골칫덩이인 꿀벌 응애나 벌집나방, 벌집딱정벌레의 짓도 아니었다. 만약 그것이 원인이었다면 꿀벌의 사체가 남아 있어야 할 것이다. 하지만 꿀벌들은 그냥 사라져버렸다. 도대체 꿀벌은 어디로, 왜 사라졌을까?

꿀벌이 사라진다는 의미는 단지 꿀을 먹을 수 없는 수준의 피해 그 이상이다. 이는 당장 인류의 식단에 급격한 악영향을 준다. 우리가 먹는 음식 가운데 4분의 1은 꿀벌이 꽃가루를 수정해 열매를 맺게 해준 덕택이기 때문이다. 꿀벌이 없으면 열매가 없다. 쌀, 보리, 콩과 같은 각종 농작물들이 사라질 것이다. 사과와 배, 귤, 감, 딸기, 수박, 참외 등 우리가 즐겨 먹는 과일들도 아주 비싸지거나 아예 맛볼 수 없게 된다. 뿐만 아니라 후식으로 즐겨 먹는 커피, 초콜릿, 망고, 키위를 비롯한 대부분의 열대과일들도 없어진다. 젖소의 주식인 들풀이 줄어들면 우유도 먹을 수 없게 된다. 이쯤 되면 꿀벌 실종은 단순히 식단에 영향을 주는 정도가 아니다. 식량 대란을 넘어 인류의 생존에 큰 타격을 주게 되는 것이다. 그래서 일찍이 아인슈타인은 '꿀벌이 사라지면 식물이 멸종하고 인류도 4년 이상 존속할 수 없다'고 말한 바 있다.

꿀벌 실종의 원인으로 가장 먼저 지목된 것은 휴대전화가 뿜어내는 전자파이다. 국내의 한 꿀벌연구가가 간단한 실험을 했다. 벌들이 좋아하는 대추나무 꿀을 양쪽에 두고 한쪽에만 휴대전화를 설치한 후 반응을 비교해본 것이다. 꿀벌들은 휴대전화가 설치된 꿀에는 거의 모여들지 않았다. 또한 휴대전화를 벌통에 가져가자 벌들이 제대로 비행하지 못하거나 벌집을 찾지 못하는 모습을 보였다. 한마디로 전자파로 인해 꿀벌 고유의 위치 감지 능력이 교란되고 결국 제 집을 찾지 못하고 헤매다가 죽는 것이다.

물론 휴대전화만이 꿀벌 실종의 원인은 아니다. 유전자 조작, 바이러스, 살충제, 항생제, 도시화, 지구 온난화 등 자연을 거스르는 인간의 무지한 행동, 즉 자연에 등 돌린 인간이 꿀벌 실종의 가장 큰 원인으로 지목되고 있다.

이미 세계 각국에서 이러한 '꿀벌의 실종'에 대해 대서특필하고 지구에 불어닥친 심각한 위기에 주목하고 있다. 또한 이에 대한 다양한 책들이 출간되어 큰 관심을 불러일으키고 있다.

하지만 이와는 정반대로 사라진 꿀벌들을 불러모으는 과수원에 대해서는 아직 많은 이들이 알지 못하는 것 같다.

사과 농사를 처음 시작하던 해, 박 씨는 그만 큰 실수를 하고 말았다. 보통 농가에서는 사과꽃이 피면 꿀벌들이 꽃가루 수정을 해준 후 꽃송이를 솎아낸다. 그래야 적당한 크기의 열매를 얻을 수 있기 때문이다. 그런데 박 씨는 꽃이 핀 직후 꽃송이를 따버리고 말았다. 꿀벌들이 몰려와 수정을 하기 위해서는 꽃이 많이 피어 꿀과 꽃가루가 많아야 하는데 꽃이 얼마 남아 있지 않다보니 도저히 벌들이 모여들지 않았던 것이다. 이웃 주민들은 박 씨의 실수에 혀를 끌끌 차며 '한 해 농사 다 망쳤다'며 안타까워했다.

눈앞이 깜깜해지는 순간, 박 씨의 머릿속에 반짝하고 떠오르는 것이 있었다. 바로 초광력씰이었다. 그는 초광력씰이 빛[viii]을 받을 수 있도록 안테나 역할을 해주어 꿀 수확량을 늘려준다는 말을 들은 적이 있었다. 그는 한번 그대로 해보기로 했다.

박 씨는 넓은 나무판자에 초광력씰을 부착한 후 이를 높이 올렸다. 그리고 부디 근방의 벌들이 과수원으로 몰려와주기를 간절히 청하며 빛명상을 했다. 그렇게 30분 정도가 지났을 때 눈앞에는 믿기 힘든 광경이 벌어지기 시작했다. 어디서 왔는지 알 수 없을 정도로 수많은 벌들이 나타나 과수원 사과나무의 이 꽃, 저 꽃을 맴돌기 시작한 것이다. 벌들은 이후로도 약 사흘 동안 박 씨의 과수원 곳곳을 열심히 날아다니며 수정을 해주었고, 덕택에 박 씨의 사과나무들은 그해 가을 풍요로운 수확을 맺을 수 있었다.

사실 이러한 일을 겪은 사람이 박 씨가 처음은 아니었다. 어느 날 한 분이 우연히 벌집을 네 개 얻어 두 개는 빛명상 본원이 있는 팔공산 빛[viii]의 터 초입에 두고 나머지 두 개는 그곳에서 얼마 떨어지지 않은 공산 서원 마당에 두었다. 각각의 두 벌집에 차이가 있다면 빛[viii]의 터에 둔 벌집에만 초광력씰을 붙여두었다는 점일 것이다. 그렇게 봄과 여름이 지나고 가을이 되어 두 벌집을 열어보았을 때 처음과는 전혀 다른 상태가 되어 있었다. 빛[viii]의 터에 둔 벌집에는 온통 꿀이 넘치고 벌들도 가득했는데, 공산 서원에 둔 벌집은 벌들이 거의 사라져버려 수확량에서 거의 10배 이상 차이가 났다.

과연 초광력씰이 어떤 작용을 하였기에 이러한 일이 가능했던 걸까?

얼마 전 우연히 한 박사님을 통해 이 의문의 해답을 찾게 되었다. 평소 친환경 기술에 관심이 많고 이 분야에서 오래 연구를 해오신 정정근 박사는 빛[viii]에 대한 몇 가지 실험을 해보았다고 했다. 그 결과 오염된 물과 토양을 대상으로 한 빛[viii] 실험에서 물의 산성도가 인체에 가장 적당한 수준으로 변화하고 농약과 중금속에 오염된 토양이 정화되어 되살아나는 등 지금껏 어떤 에너지를 통해서도 거두지 못한 획기적인 결과를 얻게 되었다.

그런데 특이한 점은 이러한 결과들이 어떤 눈에 보이는 과정을 통해서가 아니라 순간적인 변화로 나타난다는 사실이었다. 이 힘을 통해 나타난 결과들을 연구해 이론적으로 규명해내려 해도 중간 과정이 없으니 과학적 접근에 한계가 있었던 것이다.

정 박사는 그 대신 원적외선 평가 전문기관에 의뢰해 초광력씰에서 나오는 원적외선 방사율을 검사해보기로 했다. 현대과학의 수준으로는 빛[viii]을 검증할 수 있는 방법이 없으니 그 대신 인체에 유익한 파장으로 인정받고 있는 원적외선의 차원에서 검사해보기로 한 것이다.

정 박사의 예상은 적중했다. 검사 결과 초광력씰에서 원적외선이 88.3%의 높은 비율로 방사되고 있음이 확인된 것이다. 초광력씰의 외형인 스티커, 즉 인공적으로 합성된 물질에서는 원적외선이 방출되지 않는 것이 일반 상식이다. 따라서 초광력씰은 그 안에 봉입되어 있는 보이지 않는 우주 에너지, 빛[viii]의 영향으로 원적외선 검사에 높은 비율의 반응을 보인 것이다.

하지만 정 박사는 이러한 결과가 빛[viii]의 효능 중 극히 일부분을 입증한 것에 지나지 않는다고 말한다. 현대과학으로 빛[viii]을 밝혀내는 데 한계가 있기 때문에 원적외선의 수준에서 확인한 것에 불과하다는 의미이다. 또한 그는 빛[viii]이 원적외선을 넘어서는 상위의 우주 에너지이기 때문에 단순히 원적외선이 갖고 있는 효능을 넘어 무궁무진한 잠재력을 지니고 있다고 말한다.

초광력씰의 특별한 효능과 관련해 전자파 차단에 대해서도 밝혀진 바가 있다.

하루는 깊은 고요함 속에서 어떤 장면을 보게 되었다. 휴대전화로 통화를 하고 있는 사람의 귀와 뇌로 육각형 모양의 작고 반짝거리는 무언가가 들어가고 있었는데, 그것이 뇌를 비롯한 인체 장기에 매우 좋지 않은 영향을

단순 스티커 재질에 빛[viii]을 봉입한 초광력씰에서 88.3%의 높은 원적외선 방사율이 확인되었다.
시험기관 KIFA 한국원적외선협회

준다는 느낌을 받았다.

전자파에 장시간 노출될 경우 피로감, 무기력감이 증대된다는 보고가 있다. 나아가 전자파는 두통, 안면통증은 물론 백혈병, 암을 야기하며 남성의 생식기능 감소, 불임, 유산을 초래한다. 특히 전자파는 원인을 알 수 없는 병이나 신경성·난치성 질병과 합세하여 병세를 더욱 악화시킨다. 또한 최근 일본의 한 연구결과에 따르면 인공심장박동기와 같은 이식용 의료기기의 작동이 전자파에 의해 이상을 일으킨다는 사실이 확인되었다. 이와 같은 폐해에도 불구하고 휴대전화나 컴퓨터 등 생활 속 가전제품에서 방출되는 전자파를 차단할 방법이 미비하다는 것이 더 큰 문제점이다.

이에 전자파의 영향을 받지 않도록 유해파를 차단하는 방법은 없을까, 하고 고민하던 중 우연히 전자파를 흡수하는 물질을 연구하는 일에 평생을 바친 한 분을 만나게 되었다. 그분은 최대 약 90% 정도 전자파를 흡수, 차단할 수 있는 특수물질을 개발하였는데 거기에 빛[viii]을 봉입하니 99.9%, 즉 거의 완벽에 가까운 전자파 차단 효과를 얻을 수 있었다.

이 전자파 차단의 원리는 쉽게 말해 비가 내릴 때 우산을 쓰거나 비옷을 입는 것과 비슷하다고 보면 된다. 예를 들면 휴대전화 수신구나 컴퓨터 모니터와 같이 전자파가 많이 발생되는 곳에 초광력칩을 붙여 몸에 해로운 전자파를 흡수, 차단하게 하는 것이다. 국내에서는 물론 국제적으로도 획기적인 발명이었기에 이는 곧 국내발명 특허 및 유럽 특허 획득으로 이어졌다. 인간 기술력의 한계를 빛[viii]을 통해 넘어선 결과였다.

이 모든 것을 종합해볼 때 박 씨의 사과밭에 벌들이 몰려왔던 기이한 현상은 바로 초광력씰 때문이라는 결론을 내릴 수 있다. 초광력씰에 봉입된

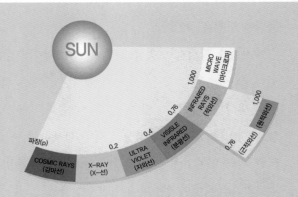

초광력씰에서
방출되고
있음이 확인된
원적외선이란?

SUN

파장(p)

COSMIC RAYS
(감마선)

X-RAY
(X-선)

0.2

ULTRA
VIOLET
(자외선)

0.4

VISISLE
INFRARED
(분광선)

0.76

INFRARED
RAYS
(적외선)

1,000

MICRO
WAVE
(마이크로파)

0.76 (근적외선)

1,000 (원적외선)

원적외선이란 적외선에서 파장이 3.5μ이상, 1,000μ까지의 전자파를 말한다. 1876년부터 의학계에서 질병치료에 활용되기 시작하여 국내에서도 신경통, 암 치료 등 여러 곳에서 사용되고 있는데, 이는 원적외선이 피부 속 40mm까지 침투하여 몸의 온열작용을 통해 인체의 모세혈관을 확장시켜 혈액순환을 원활히 하게 하고 인체의 물질들을 순환하는 일을 돕는 유익한 광선이기 때문이다.

우리 선조들은 이미 오래전부터 이 원적외선의 효능에 대해 인지하고 생활 곳곳에서 원적외선을 지혜롭게 활용하였다. 예를 들어 식생활 용기로 도기 · 자기 · 옹기 등을 사용하거나 김치를 땅에 묻는 것 그리고 숯불구이 · 돌구이 등의 방법으로 고기를 구워 음식의 맛은 물론 건강에도 유익하게 한 일들이 이에 해당한다.

■ **원적외선의 주요 효능은 다음과 같다.**

① 인체의 세포기능 강화 및 성장촉진
② 노폐물 · 중금속 · 독성물질 정화
③ 식품의 신선도, 숙성도, 해취효과 상승

■ **원적외선은 다양한 분야에 응용, 활용되고 있다.**

① 석고보드, 벽지, 바닥재, 벽돌 등 각종 건축자재 분야
② 인쇄, 약품, 식품, 제빵, 난방 등의 각종 산업 분야
③ 사우나, 온열치료기, 찜질기 등 건강의료 분야
④ 조리기구, 구이, 제빵기구, 레인지 등 주방용품 분야
⑤ 양말, 내의, 이불, 시트 등 섬유 분야
⑥ 항균 세라믹, 액상 세라믹 등 합성원료 분야 및 광물, 숯, 알루미늄 등 천연원료 분야

빛[viii]이 생명에 유익한 원적외선을 방출하고 전자파 또한 차단해주니 꿀벌들이 이 사실을 본능처럼 감지하고 다가오는 것이다.

꿀벌을 비롯한 자연의 친구들은 사람처럼 머리로 배우고 익혀서가 아니라 타고난 생명 본능으로 빛[viii]이 자신에게 이로운 힘임을 감지해낸다. 삼대째 빛[viii]의 터 우체통에 집을 짓고 사는 산새 가족, 빛[viii]을 주면 가만히 엎드려 빛명상을 하는 두꺼비와 고라니들, 빛[viii]을 받고 더 많은 열매를 내어주는 고추나무와 감나무 친구들에게서도 생명 본능으로 빛[viii]을 알아보고 좋아하는 모습을 볼 수 있었다. 빛[viii]은 바로 그 생명을 창조한 생명 근원에서 오는 힘이기 때문이다.

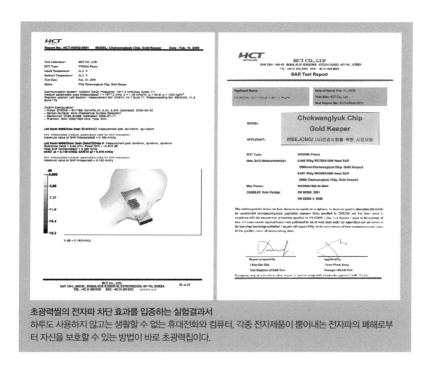

초광력칩의 전자파 차단 효과를 입증하는 실험결과서
하루도 사용하지 않고는 생활할 수 없는 휴대전화와 컴퓨터, 각종 전자제품이 뿜어내는 전자파의 폐해로부터 자신을 보호할 수 있는 방법이 바로 초광력칩이다.

**인터넷 빛명상,
네티즌의
생존전략**

컴퓨터는 이제 떼려야 뗄 수 없는 생활 속 필수품으로 자리 잡았다. 많은 혜택을 주는 편리한 도구임에 틀림없지만 그 부작용 또한 만만치 않다. 특히 절제력, 통제력이 부족한 어린이와 청소년들에게는 컴퓨터 및 인터넷 사용에 대한 지도가 반드시 필요하다. 하지만 아직도 수많은 어린이와 청소년들이 제대로 된 통제를 받지 못하고 인터넷 오남용, 게임 중독, 전자파 과다 노출로 인한 피해를 입고 있다.

이러한 피해를 최대한 줄여보고자 마련한 것이 바로 인터넷 빛명상이다. 이는 인터넷에 접속해 컴퓨터를 사용하기 전 약 5분에서 10분 정도 빛명상을 할 수 있도록 만든 프로그램인데, 다양한 상황에서 요긴하게 활용되고 있다.

한 고등학생이 이유를 알 수 없는 고통을 호소하며 찾아온 적이 있다. 눈을 감으면 눈앞에 무언가 번쩍이는 잔상이 느껴져 잠을 제대로 잘 수 없다고 했다. 뿐만 아니라 학교에서 특별한 이유를 알 수 없는 쇼크로 정신을 잃는 경우까지 생기니, 예민한 사춘기 여학생으로서는 그런 자신의 모습이 혹 친구들에게 이상하게 보이지나 않을까 더 큰 스트레스를 받고 있었다. 병원에 가보았지만 정확한 원인조차 알 수 없어 더욱 난감한 상황이었다.

아이에게 빛viii을 주며 살펴보니 잠시도 손에서 놓지 않는 휴대전화와 컴퓨터 사용이 바로 문제였다. 전자파에 과하게 노출되면서 나타난 부작용이었던 것이다. 이후 그 아이에게 매일 컴퓨터를 사용하기 전 약 5분 동안 인터넷 빛명상을 하게 했다. 또한 휴대전화를 비롯해 사용하고 있는 모든 가

전제품에 초광력씰을 붙여 전자파를 차단시켰다. 그러자 차츰 아이의 쇼크 증상이 사라지며 안정을 되찾게 되었다.

또 한 중학생 남자 아이는 게임 중독으로 심각한 문제를 겪고 있었다. 성적이 떨어지는 것은 물론 매사 짜증이 많고 공격적인 성향이 나타났다. 또한 장시간 컴퓨터 앞에서 바르지 못한 자세로 있다보니 척추가 굽어지는 척추만곡증이 나타났다.

이 아이 역시 꾸준히 빛명상을 하게 하고 특히 컴퓨터 사용 전 반드시 인터넷 빛명상을 하게 했다. 시간이 흐르면서 아이는 차츰 게임 중독에서 벗어나 제자리를 찾게 되었다. 비뚤어졌던 골격도 정상으로 회복되었다.

이처럼 청소년들은 물론 생활 속에서 컴퓨터와 인터넷을 사용할 수밖에 없는 모든 사람들을 위해 마련한 것이 바로 인터넷 빛명상이다. 누구든 인터넷에 접속해 5분 정도의 짧은 시간에 인터넷 빛명상을 하면 전자파로부터 심신을 보호하고 생활에 활력을 더할 수 있다. 많은 네티즌들이 인터넷 빛명상의 효과에 호응해주고 있는데, 다양한 사례들 중 대표적인 몇 가지를 골라 옮겨보면 다음과 같다.

아침에 서둘러 집을 나와 지하철을 탔습니다. 그런데 식은땀이 나고 당장 내려야 하나 싶을 정도로 생리통과 함께 복통이 심했습니다. 그때 스마트폰으로 인터넷빛명상 카페에 들어와 빛명상을 하자 통증이 빠르게 사라졌습니다. 정말 너무 신기했습니다.

(김부경, 대학생)

저는 늘 불면증과 함께 하루를 마감하곤 했습니다. 일찍 잠자리에 들어도 맑은 정신에 잠을 자는 시간은 얼마 되지 않고 일어나 하루를 시작해도 개운하지가 않았어요. 매주 이메일로 보내주신 인터넷 빛명상으로 하루를 시작하고 하루를 마감하고 하니, 어느새 불면증은 저에게서 도망갔나 봐요. 하루를 마감하며 잠자리에 드는 것이 행복하고 편해졌어요.

(조은실, 사회복지사)

아침에 일어나 인터넷 빛명상으로 먼저 하루를 시작 합니다. 빛명상 음악을 들으면서 '하루를 시작할 수 있음에 감사합니다.'라고 인터넷 빛명상을 하고 출근해서 하루일과를 시작하면 내가 맡은 어떤 일들을 편안하게 시작할 수 있어서 마음이 든든합니다.

(이서현, 교사)

인터넷, SNS, 스마트폰 게임 등 습관적이고 지속적으로 하게 되는 것들이 많이 있습니다. 불필요하게 오래 한다거나, 습관적으로 들어가는 것을 그때그때 인지하고 빛카페에 들어와서 글을 읽고 댓글을 쓰거나 빛명상을 합니다. 그러면 어느새 중독증세가 사라집니다.

(오상훈, 경찰공무원)

매일 컴퓨터를 사용하기 전, 혹은 틈틈이 컴퓨터를 사용하는 중이라도 좋다. 원하는 시간과 장소에서 인터넷 빛명상을 통해 전자파로 인한 크고 작은 피해를 그때그때 정화하면 이후 더 큰 병으로 진행되는 것을 예방할 수 있다.

특히 집중력 저하, 게임이나 인터넷 중독으로 고생하는 어린이, 청소년이라면 이 프로그램을 통해 문제 개선 효과를 경험할 수 있다. 인터넷 빛명상을 통해 집중력을 가로막고 있던 유해한 파장이 정화되면서 정서적으로도 안정을 되찾고 밝고 편안한 마음 상태를 갖게 되는 것이다.

인터넷 빛명상의 효과

- ■ 눈의 건조와 피로가 줄어든다.
- ■ 두통이 부드러워진다.
- ■ 어깨 결림, 목의 통증이 개선된다.
- ■ 머리가 개운해진다.
- ■ 마음이 고요하고 편안해진다.
- ■ 짜증이 줄어들고 스트레스가 해소된다.
- ■ 집중력이 증대된다.
- ■ 게임 중독, 인터넷 중독에서 벗어나 통제력이 생긴다.
- ■ 생활의 활력이 증대된다.
- ■ 기타 전자파의 영향으로 나타났던 여러 증상들이 개선된다.

인터넷 빛명상 사용방법

① www.viitcafe.com에 접속한다.

　(혹은 다음 카페에서 '인터넷 빛명상'을 검색한다. 이후 이메일 서비스 신청을 하면 자신의 메일함에서 사용 가능하다.)

② 스피커를 켜고 의자나 바닥에 편안한 자세로 앉는다.

③ 눈은 살포시 감는다.

④ 두 손을 어깨너비로 벌리고 살짝 들어올린다.

　(이때, 전기가 오는 듯 찌릿하게 손바닥에 느껴지는 빛[viit]의 느낌을 느낄 수 있다.)

⑤ 5분에서 10분 정도 음악과 함께 빛명상을 한다.

⑥ 컴퓨터를 시작하기 전, 혹은 피로감이 느껴질 때 수시로 사용하면 더욱 좋다.

**피하는 것이
순리인 수맥파**

경북의 한 마을을 방문했을 때의 일이다. 이상하게 그 마을에 사는 사람들 모두 건강이 좋지 않았다. 허리가 아프다는 사람, 다리에 신경통이 있다며 절룩거리는 사람, 뒷목이 뻐근하다는 사람까지…. 되레 성한 사람이 드물 지경이었다. 심지어 지나가는 소도 다리를 절고 있었다. 그저 우연으로 보기에는 참 특이한 일이었다.

곧 그 원인을 알 수 있었다. 바로 수맥이었다. 마을을 둘러보는 내내 강한 수맥 파장이 느껴지는데 눈에 보이지는 않았다. 수맥파란 땅 밑으로 물이 흐르면서 그 물길이 만들어내는 파장을 말한다. 이 파장은 자연 발생적인 것이지만 생명이 살아가는 데는 치명적인 영향을 주기 때문에 호박 넝쿨도 생명본능에 따라 수맥파는 피해서 가지를 뻗는다.

그 수맥파가 이 마을 전체에서 너무도 강하게 뿜어져나왔다. 동네에 산지 가장 오래된 어른을 찾아 물으니 동네가 들어서기 전 원래 이 터가 넓은 습지였다고 한다. 그 습지를 메워 마을을 만들었으니 물 위에 둥둥 떠있는 격이었다. 동네 사람들이 시름시름 앓는 원인이 바로 여기에 있었던 것이다.

수맥파장의 영향은 사람에 따라 다르게 나타난다. 민감한 사람은 수맥이 흐르는 곳에서 잠을 잘 자지 못하고 지병 혹은 신체의 약한 부분이 더 악화되기도 한다. 한편 수맥파의 영향을 비교적 덜 받는 사람은 당장에는 눈에 띄는 변화가 나타나지 않을 수도 있다. 하지만 어느 쪽이든 수맥파는 인체에 좋지 않은 영향을 미친다.

우리 선조들은 마을을 만들거나 집을 지을 자리를 볼 때 반드시 수맥이 있는지 살펴보았다. 하지만 요즘은 그럴 겨를도 없이 공간만 있으면 무조건 아파트부터 지어 올리기에 여념이 없다. 그러다보니 수맥 따위는 무시하는 경우가 대부분이고 이유를 알 수 없이 피곤하고 자신도 모르게 건강이 악화되어가는 경우가 상당히 많다. 또한 어린이와 청소년의 경우 수맥파의 영향을 받게 되면 잠을 잘 자지 못하고 학습 능률과 집중력이 저하되기도 한다.

　만약 이러한 증상이 의심된다면 자신이 생활하는 곳에 혹시 수맥이 흐르지 않는지 한 번쯤 점검해보기 바란다. 만약 수맥이 흐른다면 반드시 그 자리를 피해 생활하거나 수맥파를 차단해야 한다.

　사실 수맥파의 영향을 받지 않으려면 수맥을 '피하는' 것이 가장 정확한 방법이다. 수맥이 흐르는 곳에 집을 구하지 않고, 특히 오랜 시간 머물러야 하는 침대나 책상은 수맥을 피해서 두는 것이 좋다.

　하지만 부득이한 상황이 문제다. 수맥이 흐른다고 해서 당장 집을 옮길 수 없다거나, 학교나 직장 등 공동체 생활을 하다보면 여러 가지 제약이 있을 수가 있다.

　시중에 수맥파를 차단한다고 선전하는 제품들이 상당수 나와 인기를 끌고 있는데 그 신뢰성에 대해서는 의심스러운 부분이 많다. 왜냐하면 수맥파는 자연의 흐름을 통해 발생되는 파장이기 때문에 단순히 어떤 장치나 물질을 통해 차단하는 것이 불가능에 가깝다고 보면 된다. 또한 수맥파는 현대 물리학에서 인정하고 있지 않은 파장이기 때문에 이에 대한 연구 기관은 물론 검증 기관 또한 없는 실정이다. 따라서 시중에 나온 제품 중 수맥파 차단 기능과 관련해 발명특허를 받거나 인증을 받은 것은 없다고 보면 된다.

이러한 문제를 빛^{viii}이 봉입된 수맥차단용 초광력씰을 통해 해결할 수 있다. 이 사실은 수맥을 점검하는 장치들을 통해 확인해볼 수 있겠지만 무엇보다도 당신의 몸이 먼저 느낄 것이다. 초광력씰을 붙이기 전에는 강한 수맥파가 탐지되던 자리에 초광력씰을 붙이고 나면 수맥파가 전혀 감지되지 않고, 이유를 알 수 없이 피곤하거나 아프던 부분이 편안해진다.

이는 앞서 전자파를 차단한 원리와 마찬가지로 빛^{viii}을 통해 보호막을 형성해 수맥파장의 영향을 받지 않게 하는 방법이다. 수맥파는 어떤 인위적 방법을 통해서도 차단되지 않는 강력한 파장이지만 빛^{viii}은 우주 근원에서 오는 원천의 에너지이기 때문에 일정 기간 수맥파를 통제할 수 있다.

이처럼 빛^{viii}으로 수맥파를 차단하고 난 후 잠자리가 편안해지고 집중력이 높아지며 심신의 안정을 되찾았다는 사례들을 자주 접할 수 있다. 이외에도 영업을 하거나 손님이 출입하는 곳, 현관이나 출입구와 같은 곳에 흐르던 수맥을 차단하였더니 영업 매출이 늘어났다고 보고하는 경우도 있다. 사람들은 생존본능에 의해 수맥파가 흐르는 곳은 가까이 다가가지 않으려고 하는데, 수맥파를 차단하면 이러한 점이 개선된다.

다가오는 오염파(五染波)

전 세계를 충격에 빠트린 '살충제 달걀' 파문이 2017년 7월, 벨기에에서 처음 시작되어 유럽 17개국과 홍콩 등으로 퍼져나갔다. 살충제 성분인 피프로닐은 개나 고양이, 가축에 기생하는 벼룩이나 진드기를 없앨 때 쓰는 맹독성 물질로 인간이 직접 섭취하는 동물에는 사용이 금지되어 있다. 세계보건기구(WHO)에 따르면 피프로닐을 다량 섭취하면 간, 갑상샘, 신장 등이 망가질 수 있다. 이미 다량의 달걀을 오래 섭취해왔기에 생물농축* 현상을 생각하면 이로 인해 인류에게 닥칠 피해는 더욱 클 것이다. 진드기를 퇴치하기 위해 살충제를 뿌린 것이 결국 인간에게 돌아왔다. 인간의 욕심으로 인해 동물을 가축화하여 기른 순간부터 그 폐해가 시작되었다고 보아야 한다. 국내 반려동물 보유가정 수가 천만 가구를 넘어섰고 산업 규모도 2조가 넘었다고 하니 대책이 필요하다. 살충제 달걀 파문은 다가올 유해파장, 오염파의 예고편과 같다. 오염파란 다음 다섯 가지 유해파장을 말한다.

수염(水染)
식수 및 지하수 오염(녹조, 가뭄, 일본 대지진으로 인한 오염), 수맥파, 해저수, 약수, 폭우로 인한 하천, 강 바다 오염 등에서 발생되는 유해파장

화염(火染)
전자파, 배터리, 고속철도, 가전제품, 전기차, 산불, 가스 불, 화재, 소각터 자리, 생화학무기, 핵물질, 자동차, 공장 매연, 폭염 등에서 발생되는 유해파장

---

* 생물농축(生物濃縮, biological concentration)이란? 유기오염물을 비롯한 중금속 등이 물이나 먹이를 통하여 생물체내로 유입된 후 분해되지 않고 잔류되는 현상을 말한다. 이러한 유해물질들이 먹이사슬을 통해 전달되면서 농도가 점점 높아진다.(출처 : 두산백과)

목염(木染)

먹거리 오염(토양오염, 비료, 농약, 살충제, 항생제, DNA 조작), 생매장 매몰, 인공수경재배, 유전자 변형 음식, 약재류, 채소류 등에서 발생되는 유해파장

충염(蟲染)

기생충, 구제역, 진드기, 신종바이러스, 반려동물 진드기와 털, 분비물, 회충, 해골 묘자리에 세운 아파트, 북향의 음습한 지역 등에서 발생되는 유해파장

풍염(風染)

황사, 미세먼지, 초미세먼지, 환경오염, 대기오염, 허리케인, 고층 빌딩의 북서풍, 신종 바이러스(파장), 혼령, 아토피, 알레르기, 냉난방기, 폭염 열기 등에서 발생되는 유해파장

이상의 오염파로부터 자유로운 곳은 이제 없다. 지구 곳곳에 인간의 손길이 미쳐 오염되어 유해파장이 형성되어 있기 때문이다.

그러나 빛[viii]은 이러한 유해한 파장을 정화, 흡수, 소멸, 차단할 수 있어서 빛[viii]이 봉입된 정화수나 침향수, 초광력씰, 빛패치, 유해파차단칩 등을 활용하면 보호를 받을 수 있다.

어둡고 부정적인 마음들이 만들어내는 유해파장

이외에도 우리 생활에 보이지 않는 좀벌레처럼 에너지를 갉아먹는 것이 바로 어둡고 부정적인 마음이 만들어내는 유해파장이다. 이와 관련해 한 여학교에서 일어난 소동이 생각난다.

대구 한 고등학교의 윤 교장 선생님께서 긴급히 내게 도움을 청해온 적이 있다. 무슨 일인가 하여 가보았더니 학교 입구에 서 있는 큼지막한 느티나무로 나를 안내했다. 교장 선생님은,

"저 느티나무에서 이상한 소리가 나 학생들이 불안해합니다. 어떻게 방법이 없겠는지요."

라며 도움을 청해왔다. 이야기를 들어보니 언제부터인가 느티나무 주변에서 이상한 소리가 나기 시작했는데, 그 소리가 밤만 되면 더 심해진다는 것이었다. 바람이 오고 감에 따라 흑흑흑거리는 울음소리가 커졌다 작아졌다, 마치 파도가 치는 것처럼 나무 주위를 맴돌며 소리가 난다고 했다. 이 소리로 인해 근처 기숙사 생활을 하는 학생들의 동요가 너무 심해 학교 운영이 정상적으로 되지 않을 정도라는 것이었다.

분명 장난치는 학생들이 있으리라 생각한 학생주임 선생님은 반드시 범인을 잡아내고야 말겠다고 마음먹었다. 하지만 그분 역시 하루 당직을 서보더니 고개를 절레절레 흔들었다. 울음소리를 직접 듣고 난 후부터는 선생님들조차 나무 근처에는 얼씬도 하지 않게 된 것이다.

"오죽 답답하면 무당을 부르기까지 했겠습니까? 무당이 말하기를, 학교 도서관에서 자살한 젊은 처녀 선생의 귀신이 이 나무에 붙었다고 하더군요. 별다른 방법이 없어 굿도 해보았습니다."

굿판을 벌인 뒤 얼마간 잠잠한가 싶던 울음소리는 채 일주일이 지나지 않아 다시 들리기 시작했다. 그런데 이제는 전보다 상태가 더 심해져 밤낮을 가리지 않고 울음소리가 났다. 조금 날이 흐리고 빗줄기라도 내리는 날에는 낮에도 울음소리가 들려왔고, 이에 동요하는 학생들 때문에 수업을 진행할 수 없을 정도가 되었다.

이 사실을 알게 된 학부모들이 거센 항의를 하고, 몇몇 학생들은 다른 학교로 전학까지 가면서 문제는 더욱 심각해졌다. 이대로 두었다간 학교 위상은 둘째치고 존폐 자체를 걱정해야 될 상황이 된 것이다.

꼭 좀 부탁드린다며 허리를 숙이시는 교장 선생님의 모습에 절실함이 묻어 있었다. 나 역시 어린 학생들이 고통받고 있다는 이야기를 들으니 가능한 한 도움이 되고 싶다는 생각이 들었다. 일단 문제의 느티나무를 살펴보기로 했다.

나무에 다가가 잠시 빛명상에 잠겼다. 한스러운 마음, 죽고 난 후에도 저승으로 떠나가지 못하고 아직 이승을 헤매고 있는 어두운 마음이 느껴졌다. 그 마음이 너무도 괴로운 나머지 자신의 고통을 호소하며 소리 내어 울고 있었던 것이다.

그 어두운 마음에 빛[viii]을 주었다. 그리고 '여기에 남아 학생들을 괴롭히지 말고 밝은 빛[viii]을 따라 떠나가라'고 했다. 그리고 그 나무에 초광력씰을 붙여 계속해서 빛[viii]과 교류할 수 있게끔 했다. 그렇게 나무에 붙어 있는 유해한 파장을 정화했다. 불을 환히 켜면 어둠에서 살던 온갖 벌레들이 어두운 구석을 찾아 도망가는 것처럼 빛[viii]으로 정화한 곳에는 어두운 파장을 내보내는 마음들이 붙어 있지 못하게 된다.

그날 이후 나무에서 들려오던 정체 모를 울음소리는 완전히 사라졌다. 다시금 즐거운 학교생활을 할 수 있게 된 여학생들이 감사하다고 소리치며 까르르 웃음을 터트리는 것을 보자 나 역시 웃음이 났다. 유명 가수도 아닌 내 사인을 받겠다며 여고생들이 동성로 유명서점 앞 도로를 가득 메우고 긴 줄을 늘어서는 통에 조금 쑥스럽지만 재미있는 추억거리도 남기게 되었다.

한 여학교에서 있었던 이 일은 다행히 빛viii의 도움을 받아 행복한 결말을 맞을 수 있었다. 하지만 지금 이 순간에도 수많은 사람들의 마음과 생각이 만들어낸 부정적 파장으로 고통받는 이들이 너무도 많다. 그러한 종류의 유해파장은 단순히 우리의 의지 혹은 약물로는 처리할 수 없다. 그때에는 유해파를 상쇄시킬 수 있을 정도의 강한 정화의 힘이 있어야 한다. 빛viii은 마음속에 파고든 어두움을 몰아내고 밝게 정화할 수 있는 힘이다.

그런데 죽은 사람의 마음도 문제지만 살아 있는 사람들의 생각이 만들어낸 부정적인 유해파장은 더욱 심각한 문제다. 누군가를 시기하고 미워하고 저주하는 생각들, 부정적이고 파괴하는 마음들이 비록 눈에 보이지는 않지만 한데 뭉쳐 커다란 먹구름 같은 유해파장이 되어 공기 중을 떠도는 것이다. 그러다 그것이 파장이 맞는 사람을 만나게 되면 사회적으로 큰 물의를 일으키는 악행으로 표출되어 많은 무고한 사람들에게 피해를 주기도 한다.

미디어가 발달하면서 인터넷, 동영상, 영화 등을 통해서도 이 부정적인 유해파장이 더욱더 멀리 퍼져나가고 있어 문제다. 독자들의 시선을 끌려다 보니 좋은 뉴스, 감동적인 기사보다는 자극적인 내용, 사회의 부정적인 면을 강조하는 것들이 더 앞에, 더 많이 실리게 되는 것이다. 그러한 기사나 글, 영상 등의 매체를 접한 사람들의 마음은 더욱 빠른 속도로 어둡고 우울해지고 있다.

이러한 까닭에 우울증으로 고통받는 사람들이 급증하고, 자살률, 이혼율, 범죄율 등이 높아져간다. 가장 걱정스러운 점은 이러한 유해파장이 특히 우리 어린이들과 청소년들을 공격하고 있다는 사실이다. 이를 방지하기 위해 어린이와 청소년들에게 인터넷과 컴퓨터 사용에 대한 통제와 적절한 교육을 실시하고 더불어 생활 속에서 빛명상 혹은 명상, 기도, 참선을 병행하는 방법이 더욱 적극적으로 활용되어야 한다.

유해파 차단을 통한
행복이 눈덩이처럼 불어나는
행복 순환의 법칙 4

1 전자파, 수맥을 비롯한 각종 유해파장은 보이지 않게 인체의
   에너지를 갉아먹는 좀벌레와도 같다. 특히 전자파는 인체의
   밸런스를 깨어지게 하고 불임, 생식력 감소, 암 등 각종 질병
   의 원인이 되므로 반드시 차단해야 할 유해파장이다.

2 초광력씰은 전자파를 차단하는 것은 물론 인체에 유익한 원
   적외선을 높은 수준으로 방사하고 있다. 유해파장으로부터
   심신을 보호하기 위해 초광력씰을 적극 활용하라.

3 컴퓨터를 사용하기 전, 혹은 자신이 원하는 시간에 약 5-10
   분 정도 인터넷 빛명상을 하는 습관을 들여라. 전자파의 폐해
   로부터 심신이 보호되고 있음을 당신의 몸이 먼저 느낄 것이
   다.

4 수맥은 자연에서 나오는 파장이므로 인위적으로 차단할 수
   없고 피하는 것이 순리다. 만약 이것이 불가능하다면 초광력
   씰을 통해 일정기간 동안 수맥파로부터 심신을 보호할 수 있
   다.

5 어둡고 부정적인 마음 또한 심신을 피폐하게 하는 것이 유해
   파장이다. 이는 자살, 이혼, 범죄 등 각종 사회문제를 야기하
   고 어린이와 청소년들의 심성에 악영향을 끼치므로 빛명상
   을 통해 적극적으로 그 피해를 예방, 완화해야 한다.

생명탄생의 힘, 빛 ᵛⁱⁱᵗ

**불임,
왜 이토록
많을까?**

30대 초반의 한 젊은 남성이 보낸 편지를 받았다. 결혼한 지 삼 년이 지나도 아이가 생기지 않아 병원에 갔는데 정자수가 정상인의 삼분의 일에도 못 미치고 정자운동량도 적다는 진단을 받았다 한다. 평소 건강에 자신이 있던 터라 이러한 결과에 충격을 받은 것은 물론 요즘 따라 자신을 바라보는 아내의 눈초리마저 어쩐지 예전과는 달라진 것 같아 스트레스를 크게 받고 있다고 했다.

이처럼 젊은 부부가 불임으로 고민하는 경우를 의외로 자주 접하게 된다. 나이도 젊고 매우 건강해 보이는데 특별한 이유 없이 아이가 생기지 않는 것이다. 통계적으로도 불임으로 고통받는 부부들은 날이 갈수록 늘어나고 있다. 국내 부부 6-7쌍 중 한 쌍은 불임이며, 매년 160만 쌍의 부부가 불임으로 병원을 찾고 있다. 이 또한 점차 증가추세에 있다고 하니 심각한 사회문제가 아닐 수 없다.

불임의 원인을 파고 들어가 보면 대부분 환경적, 유전적 요소가 함께 맞물려 있다. 특히 편의와 안락함, 혹은 경제적인 이유를 최우선순위로 삼는 도시 생활이나 현대의 생활패턴이 우리의 건강을 위협하는 가장 큰 원인이다. 또한 공기, 물, 토양의 오염 그리고 중금속, 농약, 환경호르몬, 멜라민과 같은 독성물질에 노출된 농·축·수산물과 유전자 변형 및 신뢰할 수 없는 유통과정을 거친 식품들에 이르기까지 이제 우리 주위에는 안심하고 먹을 수 있는 것이 거의 없는 지경에 이르렀다. 이 모든 요소들이 인체에 보이지 않는 손상을 주며 불임의 원인으로 작용한다.

이외에도 생활 곳곳에 넘쳐나는 전기제품들이 뿜어내는 전자파 또한 불임과 직결되는 치명적 원인이다. 전자파의 유해성에 대해서는 아직도 논란이 분분하지만 그 폐해가 차츰 과학적으로 밝혀지고 있다. 20세기 초 한 학자가 흡연이 폐암을 유발한다고 하자 많은 사람들이 코웃음을 쳤지만 이후 시간이 흐르면서 이 사실이 확인된 것처럼 전자파의 유해성, 특히 불임에 미치는 악영향에 대해서도 앞으로 더욱 자세히 밝혀지리라고 본다.

우선 전자파에 장기간 노출되면 우리 인체는 스트레스에 노출된 상태와 마찬가지의 반응을 보인다. 인체 내에서 긴밀하게 유지되고 있는 균형이 깨어지고 호르몬 분비, 면역 세포도 악영향을 받는다. 이후 이러한 상태가 반복되면 각 개인의 건강상태, 생활습관, 유전적 요인 등이 복합적으로 작용하여 뚜렷한 원인을 밝힐 수 없는 불임으로 이어진다.

또한 전자파는 정자수를 감소시키고 기형아를 유발한다. 건강한 남성의 경우 사정 시 한 번에 약 3억 마리의 정자가 나오는데, 그중 가장 힘차고 빠른 단 한 마리의 정자만이 난자 안으로 들어가 수정하게 된다. 가장 우수하고 좋은 형질을 지닌 정자를 가려내기 위한 일종의 사전 심의제도와도 같다.

그런데 요즘 환경오염과 전자파, 스트레스 등의 영향으로 남성들의 정자수가 급격히 줄어들고 있다. 그 결과 정자들의 경쟁률이 몇 천 대 일 혹은 몇 백 대 일의 수준으로 낮아졌다. 즉, 열성 인자를 가진 후손이 태어날 확률이 상대적으로 높아진 것이다. 이는 요즘 자폐, 기형, 난치성 유전질환을 가진 아이들이 늘어나는 큰 이유 중의 하나이다.

가장 큰 문제는 컴퓨터나 휴대전화와 같은 전자제품에 대한 사람들의 의존이 심각한 지경이라는 사실이다. 따라서 보이지 않는 전자파의 공격을 피하기란 거의 불가능에 가깝다. 때문에 전자파는 우리가 미처 인지하지 못하는 사이 야금야금 건강을 갉아먹는 에너지 좀벌레 같다고 해야 할 것이다. 무시하고 방치하는 사이에 심각한 타격을 받게 되는 것이다.

이처럼 다양한 이유로 인해 불임 클리닉이 유례없이 대호황을 누리는 시대가 되었다. 시험관 시술이나 인공수정 등 불임과 관련해 지출되는 비용 또한 천문학적인 액수에 가깝다. 하지만 그 많은 노력에도 불구하고 여전히 불임을 해결하는 데는 역부족이다. 무엇보다도 생명은 누구도 감히 흉내 낼 수 없는 우주 근원의 영역이기에 인위적 노력에 한계가 있는 것이다.

**빛둥이,
끝나지 않은
기적**

영남대 자연자원대학의 여정수 교수팀의 실험에 따르면, 돼지에게 1주일에 한 번, 한 달 동안 빛[viii]을 준 결과 돼지들의 정자 대사 능력에 중요한 역할을 하는 글루코스(당)의 수치가 약 60% 가까이 상승하는 결과가 나타났다. 보통 돼지를 인공수정할 때 돼지 정액에 당이 부족하여 가사상태로 수정에 실패하는 확률이 상당히 높은데 빛[viii]을 통해 이 부분이 분명하게 개선된 것이다.

일반적으로 인체와 생리구조가
가장 비슷하다고 알려져 있는 동
물이 바로 돼지이다. 따라서 이 실
험 결과를 통해 빛[viii]을 받은 후 건
강한 새 생명을 잉태하거나 때로
는 원인 모를 불임을 극복하는 사
례들이 나타나는 원인에 대한 궁
금증을 일부나마 해소할 수 있다.

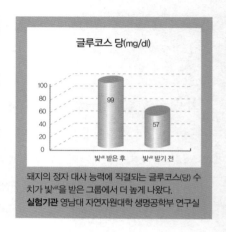

돼지의 정자 대사 능력에 직결되는 글루코스(당) 수
치가 빛[viii]을 받은 그룹에서 더 높게 나왔다.
실험기관 영남대 자연자원대학 생명공학부 연구실

새로운 생명을 잉태하기 위해서는 남성의 정자상태는 물론 여러 복합적
인 조건들, 때로는 인간이 만든 검사 기기로는 파악되지 않는 세밀한 조건
들이 함께 충족되어야 한다. 인체 내 균형(balance)이 미세하게 어긋나면
임신에 영향을 줄 수 있다. 이러한 이유로 많은 비용을 들이고도 불임의 원
인조차 파악되지 않아 고통받는 부부들도 상당수다.

그런데 빛[viii]을 받는 가운데 어긋났던 신체 균형이 정상적으로 되돌아오
면서 임신에 성공하는 사례들이 있다. 나아가 의학적으로 임신 가능성이
희박하다고 판정된 경우인데도 빛[viii]을 통해 건강한 아이를 갖는 사례들이
반복해서 나오기도 한다. 이렇게 태어난 아이들은 '빛둥이'라는 애칭으로
불리고 있다.

어느새 씩씩한 초등학생으로 자라난 빛둥이 최호창 군의 어머니 조유리
씨. 처음 그녀를 만났을 때 조씨의 등에는 다운증후군 아이가 업혀 있었다.

하지만 아이보다도 어머니의 몸과 마음이 더 지쳐 있는 상태였다. 당시 조유리 씨는 '포르피리아'라는 난치성 질병을 앓고 있었으며, 정기적으로 몰핀을 맞을 정도로 극심한 고통에 시달리고 있었다.

안타까운 마음과 함께 빛[viii]을 주며 '오늘부터 그 병은 다시 재발하지 않을 것입니다' 하고 말했다. 이후 그녀는 건강을 되찾았고 십여 년이 지난 지금까지 그녀의 병은 한 번도 재발하지 않았다. 물론 지속적으로 빛[viii]과 함께했기 때문이다.

그런데 하루는 이분이 눈물을 흘리며 얼마 전 병원에서 들었다는 이야기를 들려주었다. 정상적인 아이를 갖고 싶은 간절한 마음에 부부가 함께 산부인과를 찾았는데 아주 가혹한 말을 들었다는 것이다.

"지금 아주머니의 자궁은 너무 노화되어서 임신이 불가능합니다. 아스팔트에 씨앗을 뿌린다고 싹이 나겠습니까? 그와 마찬가지입니다."

청천벽력과도 같은 의사의 말에 조씨는 눈물밖에 나지 않았다. 그리고 순간 빛[viii]을 떠올렸다. 그녀는 마지막 희망이라고 생각하고 간절히 청했다.

"저도 다른 아이들처럼 똘망똘망한 눈망울의 아이를 갖고 싶어요. 제발 건강한 아이 하나만 낳을 수 있게 해주세요."

그녀의 간절한 바람이 가슴에 와 닿았다. 나는 조 씨의 아픈 몸과 마음을 모두 어루만져줄 수 있는 우주 근원의 힘, 빛[viii]을 가득 안겨주었다. 그 과정에서 문득 '된다'는 우주마음의 느낌이 전해졌다.

"아이를 가질 수 있습니다. 포기하지 말고 희망을 가지십시오."

나의 말에 조 씨는 놀라움과 기쁨이 섞인 표정으로 되돌아갔다.

그렇게 몇 달이 흐른 후 조 씨가 조금 상기된 듯 유난히 환한 표정으로 찾아왔다.

"정말 감사합니다! 제가 임신을 했어요!"

이후 조 씨는 건강한 사내아이를 순산하는 기적을 체험하였다.

그렇게 태어난 빛둥이가 이제 건강한 소년으로 성장해 빛[viii]의 터를 활기차게 뛰어다닌다. 그 아이가 커가는 모습을 보며 생각한다. 과연 세상의 어떤 힘이 아스팔트처럼 메마른 자궁에 촉촉한 생명의 기운을 불어넣을 수 있을까? 오직 우주마음에서 오는 생명창조의 힘일 때에만 가능한 일일 것이다.

불임의 원인조차 알 수 없는 경우 부부는 더 큰 압박감을 받게 된다. 가족들과 주위의 기대를 저버리지 않고자 갖은 방법을 다 동원해보았지만 임신에 거듭 실패했던 오선영 씨 역시 그러한 스트레스로 몇 년의 신혼기간을 보내야 했다. 그녀는 당시의 절박했던 심정을 이렇게 설명했다.

"서른둘이라는 비교적 늦은 나이에 결혼을 해 일 년이 지나도 아이 소식이 없더군요. 저는 점점 불안해져갔습니다. 신랑과 함께 불임클리닉에 다녀보았습니다만 임신이 되지 않는 원인조차 알 수가 없었어요. 막연하고 답답한 심정이었습니다. 나중에는 유명하다는 한의원에 가서 약도 지어 먹어보고, 용하다는 곳에 가서 굿도 해봤어요. 하지만 아무 소용이 없었습니다."

이후 우연히 빛[viii]을 알게 된 오선영 씨는 가장 먼저 마음의 평온을 되찾았다. 그리고 이후 계속해서 빛[viii]을 받는 과정에서 놀라운 결과를 얻게 되었다. 그토록 원하던 임신에 성공한 것이다.

"수없이 많은 방법을 동원해도 생기지 않던 아이가 이처럼 빨리 생길 줄은 몰랐어요."

건강한 빛둥이, 현지 엄마가 된 오선영 씨는 이제 딸, 남편과 함께 빛명상을 하고 있다.

2008년 한 해를 보내고 2009년 새해를 맞이하기 위해 많은 회원들이 모인 자리였다. 지난 한 해를 무사히 보낼 수 있음에 감사하고 새해의 꿈과 소망을 빛[viii]과 함께 다짐해보는 자리에서 구정희 씨가 떨리는 목소리로 입을 열었다.

"일 년 전 저는 이 자리에서 한 번 더 새 생명을 갖게 해달라고 우주마음에 간절히 청했습니다. 그리고 정확히 일 년이 지난 지금, 저는 정말 행복합니다. 지금 제 배 속에는 아이가 자라고 있습니다. 제 꿈이 이루어졌습니다."

구정희 씨의 이야기를 들은 사람들이 일제히 환호성과 함께 큰 축하의 박수를 보냈다. 그리고 그녀의 사정을 가까이서 지켜보았던 몇몇 지인들은 감격의 눈물을 흘리기도 했다. 지난날 그녀의 고통을 매우 잘 알고 있기 때문이었다.

2002년 결혼한 구 씨는 결혼식 당일부터 시작된 극심한 고통에 매일을 눈물로 보내야 했다. 병원에서 내린 병명은 '쇄골 하 우측 정맥혈전증'. 그녀는 금방이라도 터질 듯 좁아진 혈관을 넓히기 위해 두 번의 대수술을 받았다. 한 번은 양 겨드랑이와 사타구니에 네 군데를 절개하여 혈관에 바람을 불어넣는 팽창법이었고, 또 한 번은 철사를 혈관에 주입하여 혈관을 늘리는 수술이었다. 하지만 생사를 넘나드는 대수술 후에도 그녀의 건강은 나아지지 않았고, 아이를 갖는다는 것은 머나먼 남의 일처럼 느껴졌다.

그런 그녀의 삶이 빛[viii]을 받고 난 후 180도로 바뀌게 되었다. 꾸준히 빛명상을 하는 가운데 우선 목과 어깨의 통증이 급격히 완화되었고 이후 몇 년이 지나자 자궁에 생긴 큰 혹이 사라지면서 불가능할 것만 같았던 임신까지 하게 된 것이다. 결국 2006년 구정희 씨 부부는 자연분만을 통해 건강하고 예쁜 공주님을 순산했다. 두 번의 대수술과 자궁의 큰 염증에도 불구하고 건강한 아이를 임신해 자연분만을 했다는 것 자체만으로도 기적이었다.

하지만 기적은 거기서 그치지 않았다. 오랜 망설임 끝에 아들을 하나 더 낳고 싶다는 소망을 갖게 된 부부는 빛[viii]을 받으며 간절히 소망을 청했다. 그리고 2009년 7월, 부부의 바람이 현실로 이루어졌다. 튼튼한 사내아이가 태어난 것이다.

좋은 태교법의 기준

자궁벽에 착상한 수정란은 정자와 난자 속에 저장된 유전정보를 조합해 엄청난 속도로 인체의 각 기관을 형성하기 시작한다. 한 달 반이면 뇌와 신경 조직, 석 달이면 대부분의 신체 기관이 모두 갖추어지고 지문까지 생기게 된다. 이후 달이 차면서 더욱 성숙해진 태아는 어머니의 몸 밖으로 나온다.

그런데 대부분의 생물학 시간에 접할 수 있는 이 설명은 어디까지나 인체가 형성되는 과정만 다루고 있을 뿐, 인간 생명에 있어 화룡점정과 같이 중요한 한 가지 과정은 놓치고 있다. 즉, 정자와 난자가 만나 결합하여 만들어진 육체 안에 우주마음으로부터 유래한 빛마음, 다시 말해 정신 혹은 영혼에 관한 부분에 대해서는 다루고 있지 않은 것이다. 이는 물질과 비물질이 결합하는 과정이기에 눈에 보이지는 않지만 그 어떤 동물에게서도 나타나지 않는 인간 고유의 특성이 부여되는 순간이다.

흔히 어머니 배 속에서 보내는 열 달이 세상에서 보내는 70-80년보다 더 다채롭고 놀라운 변화의 연속이라는 말을 한다. 이 시기의 태아는 아이가 커서 어른이 되는 것보다 빠른 속도로 성장하기 때문이다.

그렇다면 그렇게 육체가 엄청난 성장을 거듭하는 동안 태아의 내면에는 어떤 변화가 일어날까? 이는 분명 인간의 머리로 밝혀낼 수 없는 영역이다. 하지만 분명한 것은 태아의 육체가 성숙함과 동시에 그 내면도 함께 성장하여 고유의 성격, 취향, 기질 등으로 자리 잡게 된다는 사실이다. 동일한 부모에서 나온 형제자매라 하더라도 내면이 모두 제각각이고 쌍둥이라 하더라도 각자 다른 삶을 살아가게 되는 이유가 여기에 있다.

이처럼 인간은 탄생의 순간부터 육체와 마음이 결합된 형태를 가진다. 이러한 이유로 동물은 본능이 이끄는 삶을 살아간다면 인간 생명은 본능을 넘어 정신이 지배하는 고차원의 삶을 살게 되는 것이다.

이와 같은 인간 생명에 대한 의미를 정확히 이해하고 있을 때 비로소 우리는 좋은 태교의 기준을 명확하게 얻게 된다. 다시 말해 좋은 태교란 태아의 육체를 대상으로 하는 '외적 태교' 뿐만 아니라 태아의 내면, 마음의 건강까지도 생각하는 '내적 태교' 이 두 가지를 동시에 만족시킬 수 있는 것이어야 한다.

음악태교, 향기태교, 동화태교, 운동태교, 영어태교, 심지어 돌고래 초음파태교에 이르기까지 다양한 태교법들이 나와 있는데, 형태야 어찌 되었든 태아의 신체와 마음을 함께 돌볼 수 있느냐의 여부가 좋은 태교법의 판별 기준이라고 생각하면 된다.

건강하고 총명한 아이를 만드는 웰본(well-born) 빛태교

이은희 씨는 임신 5주째부터 시작된 극심한 입덧으로 음식을 거의 입에 댈 수 없는 상황이었다. 지친 산모는 하루 종일 누워 있다시피 했고 밥은 아예 입에 대지도 못했다. 속을 긁어내는 듯한 고통에 하루가 백 년처럼 길게 느껴졌고 이러한 상태로 열 달을 지내 아이를 낳는다는 것이 불가능하게만 여겨졌다. 병원에서는 입덧에는 특별한 약이 없으니 안정을 취하라고만 할 뿐이었다.

그러던 중 이 씨는 한 권의 책을 통해 알게 된 빛태교로 고통에서 벗어나게 되었다. 빛[viii]을 받은 직후에는 지난 몇 주간 냄새도 맡을 수 없었던 밥을 입에 댈 수 있게 되었다. 이후 그녀는 지속적인 빛태교를 통해 차츰 입덧 증세가 완화되었고 식사량 또한 늘어나 이내 건강을 되찾았다.

임신 기간 중 대부분의 산모들이 입덧을 경험한다. 임신 초기 태아는 엄청난 속도로 기관을 발달시키는데 이때 혹여나 새 생명에 해로운 물질이 섭취되는 것을 방지하고자 입덧이 생긴다는 이론이 있다. 이처럼 입덧은

병이 아닌 자연의 섭리에 따른 생리현상이기 때문에 뚜렷한 해결방법이 없으며, 유전적인 영향이 강하고 사람마다 정도의 차이도 심하다.

앞의 사례에서와 같이 빛태교는 입덧을 수월하게 넘길 수 있도록 돕는 것은 물론 산모와 태아의 건강을 가장 안정적이고 편안한 상태로 만들어준다. 한번은 임신 중 급성 간염에 걸려 무척 위험한 상황에 처한 산모를 만난 적이 있다. 산모는 황달증세가 심했고 식사도 제대로 못하는 상황이었다. 그런데도 임신 중이었기 때문에 함부로 약을 쓸 수도 없어 병원에서도 참 난감해하는 경우였다.

우선 이 산모에게 물에 빛[viii]을 봉입해 만든 '초광력수*'를 먹게 하고 꾸준히 빛태교를 하게 했다. 그렇게 시간이 흐르면서 산모의 건강은 급속도로 회복되었고 이후 무사히 순산할 수 있었다.

빛[viii]은 신체의 자가 치유 능력을 강화시켜주며 몸의 균형을 유지하도록 돕는 역할을 한다. 때문에 이와 같이 질병이 있는 상태는 부작용 없이 건강을 회복하도록 해주고, 건강한 산모라면 더욱 건강하고 총명한 아이를 순산할 수 있도록 도와준다.

빛태교의 또 다른 장점은 산모와 태아의 건강뿐만 아니라 내면에도 긍정적인 영향을 준다는 것이다.

한 산모는 출산이 얼마 남지 않은 상태였는데 태아의 태동이 너무 심해 밤에 잠을 편안하게 잘 수 없을 정도였다. 곧 다가올 출산에 대한 두려움과 이유를 알 수 없는 태아의 불안한 반응에 산모 또한 정신적으로 많이

---

* 초광력수에 대한 자세한 사항은 4장 '건강의 힘, 빛[viii]'을 참고하시기 바란다.

예민해진 상태였다. 이 산모에게도 꾸준히 빛태교를 하게 했다. 산모는 '아가야, 엄마와 함께 빛명상하고 건강한 모습으로 만나자'하고 틈날 때마다 아이에게 말을 걸며 계속해서 빛태교를 했다. 그러면 신기하게도 불안하게 움직이던 아이가 스르르 잠들 듯 잠잠해졌다.

산모는 자신보다도 배 속의 아이가 더 빛[viii]을 좋아한다고 말한다. 실제로 어린아이들 혹은 동물이나 식물에게 빛[viii]을 주면 성인보다 더 잘 받아들이는 것을 볼 수 있다. 의심이나 복잡한 생각이 없고 순수한 생명 본능 그대로 이 힘을 받아들이기 때문이다. 같은 원리로 태아 또한 어머니의 양수 속에서 생명의 본능에 따라 성장하는 상태이기 때문에 빛[viii]을 알아보고 좋아한다.

첫 아이 클레어 수린(Claire-Soorin)이 태어나기 직전과 그 이후의 시간은 저와 제 아내에게 정말 특별한 순간이었습니다. 이 기간 동안 제 아내는 빛명상 태교를 했고, 빛[viii]은 우리 둘에게 크나큰 격려와 용기를 주었습니다. 우리 부부는 빛[viii]이 우리 딸아이의 출생을 더욱 수월하게 해주었다는 것을 결코 의심하지 않습니다.

또 한 번의 특별한 순간은 빛선생님과 수린이가 처음으로 만나던 때였습니다. 어린 딸아이가 빛[viii]을 받고 무척 평화로워했으며 매우 행복해하며 위안을 받는 경험을 했다는 사실에 의심의 여지가 없습니다.

(Edward W. Ion, 영국 작가, 홍콩 거주)

이외에도 출산 전후로 우울증을 호소하는 산모들이 상당수 있다. 통계적으로 산모의 50-80% 정도가 출산 직후 산후우울증을 경험할 정도로 이는 매우 보편적인 증상이라 할 수 있다. 또한 이 시기 산모의 상태는 아이의 정서발달에 절대적인 영향을 주며 심한 경우 지속적인 우울증으로 이어질 수 있다. 따라서 출산을 앞둔 부모라면 아이의 양육 준비만 할 것이 아니라 산모의 정신건강에 대한 준비도 해야 한다.

초기 산후우울증의 가장 큰 원인은 호르몬의 변화로 알려져 있다. 임신을 유지하게 하는 '프로게스테론'이라는 물질이 출산과 동시에 급격히 떨어지게 되는데, 이 변화로 인해 뇌가 잠시 교란상태에 빠져 우울증으로 이어지는 것이다. 따라서 모유수유를 하면 이 증세를 완화시킬 수 있고 더불어 빛명상을 병행하면 변화된 호르몬의 흐름에 신체가 빨리 적응할 수 있도록 도와준다.

또한 이후 아이를 양육하는 과정에서 산모는 많은 스트레스를 받게 되는데 이 역시 산후우울증의 원인이 된다. 젖을 주고 기저귀를 갈며 밤낮으로 보초를 서도 아이가 계속해서 울기만 하는 상황이 지속되면 산모의 체력에 한계가 오고 짜증이 나며 몸 이곳저곳도 아파오게 마련이다. 이외에도 출산 후 변화된 체형에서 오는 실망감, 사회활동에 대한 압박감, 자신을 도와주리라 생각했던 남편이나 가족들과 기대했던 만큼의 유대관계가 이루어지지 않는 데서 오는 실망감 등 산모에게 육체적, 정신적으로 큰 스트레스를 주는 요소들이 곳곳에 산재해 있다.

따라서 산모의 스트레스가 누적되지 않도록 그때그때 풀어줄 수 있어야 하는데, 이때 빛명상이 좋은 해결책이 될 수 있다. 산모는 빛명상을 통해 몸과 정신을 이완하고 빠른 시간 내에 매우 편안한 상태로 진입하게 된다. 이때 깊은 수면에서 발생되는 뇌파(세타파)가 방출되거나 약간 졸린 상태가 되기도 하는데, 이 과정을 통해 짧은 시간이지만 마음이 안정되고 개운한 느낌을 갖게 된다. 아침저녁으로 2회 정도, 혹은 틈이 나는 대로 수시로 빛 명상을 반복하면 산모의 출산 후유증과 스트레스를 보다 효과적으로 해소할 수 있다. 이는 또한 아이의 정서적 안정에도 큰 도움이 된다.

이와 같이 빛[viii]은 태아와 산모의 마음에 건강과 총명을 주는 생명 에너지이기에 시간이 흐를수록 더 많은 예비 부모들이 빛명상과 빛태교의 효과에 주목하고 있다. 한 명을 낳더라도 제대로 된 태교와 건강을 주는 웰본(well-born) 태교, 즉 빛태교를 선택하는 웰빙(well-being) 세대들이 늘어가고 있는 것이다.

많은 젊은 부부들은 살아서 행복하지 않은 이 세상에 아이를 낳는 것이 무슨 소용이냐고 반문하기도 한다. 실제로 미래의 아이들이 살아갈 하나뿐인 터전, 이 지구가 심각하게 병들어가고, 날이 갈수록 세상이 어두워져 가는 것이 사실이다.

하지만 그 모든 어려움 속에서도 빛[viii]이 함께하고 있기에 건강하고 총명한 새 생명들이 태어나 병들어가는 지구를 다시금 푸르고 아름다운 별로 되살릴 그날을 꿈꿀 수 있다. 실제로 우리 모두가 꿈꾸는 빛나는 미래가 한낱 꿈이 아닌 현실로 이루어질 수 있다는 희망의 신호들이 곳곳에서 나타나고 있다. 보다 많은 생명들이 빛태교와 함께 건강하고 총명하게 태어나 밝은 미래를 열어가기를 바란다.

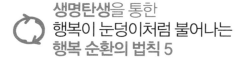

생명탄생을 통한
행복이 눈덩이처럼 불어나는
행복 순환의 법칙 5

1 환경오염과 스트레스, 먹을거리 오염 등 다양한 원인으로 불임인구가 늘어나고 있다. 이러한 경우 빛viii을 통해 신체 밸런스를 회복하면 새 생명 탄생의 기쁨을 누릴 수 있다.

2 좋은 태교법은 유행을 좇는 조기 교육이 아닌 산모와 태아의 몸과 마음 모두에 좋은 영향을 줄 수 있는 태교법이다.

3 빛태교는 생명 근원의 에너지 빛viii을 통해 입덧과 산후 우울증 등 산모의 건강은 물론 태아의 심신 건강과 총명에도 탁월한 효과를 나타낸다. 빛태교를 통해 병들어가는 지구를 밝게 지켜나갈 희망, 건강하고 총명한 새 생명 탄생의 기쁨을 누려보자.

총명과 지혜의 힘, 빛viit[*]

**멍들어가는
어린 마음**

최근 일부 초등학생 어린이들 사이에 '빨간 일기장' 이 유행하고 있다는 뉴스를 접했다. 빨간 일기장이 란 자신이 싫어하는 아이를 못살게 굴거나 심지어 저주하는 방법을 기록하는 용도로 만든 것이라는데, 이 공책이 없어서 못 팔 정도로 어린이들 사이에 큰 인기를 끈다는 것이다.

순수한 동심의 세계에서 신나게 뛰어놀고 꿈을 키워야 할 어린이들이 이처 럼 어둡고 탁한 마음에 몰두한다니 무척 안타깝고 심각한 일이 아닐 수 없다. 어린 시기에 비뚤게 자리 잡은 심성과 가치관은 훗날 신종플루, 조류독감, 광 우병 같은 질병보다 더 심각한 유해파장이 되어 세상을 어둡게 만들 수 있다.

왜 우리 아이들의 동심이 이렇게까지 황폐해지는 세상이 되었을까? 많 은 이유가 있겠지만 늘어나는 이혼과 가정불화, 지나친 경쟁 위주의 학교 생활, 컴퓨터 게임과 인터넷 유해 사이트, 휴대전화 중독 등 어린이와 청 소년들의 정서에 악영향을 주는 요소들이 산재해 있는 환경을 들 수 있다.

또한 요즘 세태를 보면 유아, 영아도 부족해 태아 때부터 온갖 방법을 동원해 두뇌 발달 교육, 외국어 교육에 열을 올린다. 무조건 공부 잘하는 아이, 똑똑한 아이로만 키우려고 한다. 자식을 위해서라면 고액의 사교육

비는 물론 이산가족으로 떨어져 사는 희생도 불사한다. 하지만 그 과정에서 공부보다 더 소중한 동심, 고운 심성, 어린아이다운 상상력과 창의력이 상처받고 있다.

이러한 영향으로 사소한 일에도 짜증이나 화를 내는 아이들, 순간적으로 치밀어오르는 분노나 충동을 통제하지 못하는 아이들이 많다. 이러한 경우 대개 부모님들은 '우리 아이가 발육상태가 좋아 사춘기가 조금 빨리 온 것 같아요' 하고 자식을 이해하거나 감싸려 하지만 실상 그렇지 않은 경우가 많다. 일반적인 사춘기라면 신체가 성숙하면서 생각이 많아져 반항이나 불만을 강하게 표출하기도 하지만 이내 안정을 찾고 적응하게 마련이다. 스트레스로 인해 마음이 어두워지는 것은 이러한 사춘기적 특성과 큰 차이가 있다.

때문에 좀 더 객관적인 시선으로 자녀의 상태를 관찰할 필요가 있다. 부모의 욕심을 앞세우기보다 아이의 내면에 불만과 답답함을 주는 요소는 없는지 늘 아이들의 목소리에 귀 기울이는 여유가 필요하다. 만약 그러한 상태가 지속되면 집중력과 학습능력 저하, 사회성 부족, 우울증, 공황장애 등 더 심각한 증세로 발전할 수 있기 때문이다.

감사를 배우는 아이들

어린이와 청소년 시기에 빛[viii]을 받는다는 것은 매우 특별한 의미가 있다. 똑같은 빛[viii]을 받아도 이미 인생의 상당 부분이 결정된 어른들은 눈앞에 닥친 문제들, 당장 급한 몇 가지 소원을 이루는 데 급급한 경우가 대부분이다. 하지만 어린이와 청소년들의 경우 이 힘을 통해 내면이 변화하고 운명의 흐름 자체가 전혀 다른 방향으로 바뀌어간다.

우선 아이들의 내면을 '근원에 대한 감사'로 채우게 한다. 지금의 나를 있게 하는 뿌리를 알고 그 근원에 대해 감사하는 마음을 가질 때 더 많은 빛viii을 담을 수 있는 내면의 그릇이 마련된다.

'근원에 대한 감사'는 무엇인가 이루어진 것에 대한 감사와는 근본적으로 차이가 있다. 누군가가 나에게 호의를 베풀어서, 선물을 받아서 감사한 것이 아니다. 그런 특별한 이유가 없이도 내 생명의 존재 자체에 대해 소중한 마음을 갖고 이에 감사를 올리는 것이다. 지금 내가 살아 숨 쉬고, 움직이고, 공부하고, 노래하고, 웃고, 울 수 있기까지는 헤아릴 수 없이 많은 것들의 도움을 받았고, 그것이 곧 근원이다. 우주마음이 나를 위해 존재하고, 지구의 모든 자연이 나를 위해 존재한다. 부모님과 수많은 할아버지 할머니들, 선조들이 존재했기에 지금의 내가 있음을 알고 이에 감사드리는 것이다.

빛명상을 하기 전에는 성적이나 공부 등 여러 가지 고민이 많이 있었습니다. 빛명상을 하면 고민을 하던 부분은 점점 줄어들고 막연한 불안감도 사라지면서 기본에 충실하는 삶을 지향하게 되었습니다. 부모님에 대한 사랑이 커지고 빛, 공기, 물, 그리고 근원에 대한 감사함을 알아가고 반듯한 인성을 배워갈 수 있어서 감사했습니다.

(손지우, 중학생)

빛명상을 하기 전의 저는 비관적이었고 부정적인 생각으로 가득했으며 말에서도 날카로움과 예민함이 느껴지는 사람이었습니다. 얼굴은 마음을 그대로 닮는다고 하지요. 고등학생 때 찍은 사진을 보면 부정적이고 어두운 제 생각들이 얼굴에 그대로 묻어있습니다. 그러던 제게 변화가 시작된 것은 고등학교 2학년 8월, 빛명상을 만난 뒤였습니다. 빛명상을 하며 감사할 줄 알게 되자 어느샌가 마음에 가득하던 어둠이 밝게 정화된 듯 자연스럽게 긍정적이고 밝은 사람이 되었고, 얼굴도 밝아지게 되었습니다. 실제로 저를 오랜만에 만나서 과거의 모습을 기억하고 있거나, 지금의 저를 보고 그 때의 사진을 본 사람들은 제게 성형했냐고 묻기도 합니다.

(정단비, 고시생)

너무도 당연해서 한 번도 감사해보지 못했던 자연에 대한 감사함, 부모님에 대한 감사함을 알게 되었습니다.

(옥영주, 회사원)

아이들은 이렇게 근원에 대한 감사를 통해 진정한 행복과 마음의 평온함을 알게 된다. 이는 돈을 주고도 살 수 없는 풍요로움이다. 그리고 이 풍요 속에서 내면의 그릇은 더욱 크고 튼튼하게 성장한다.

제 마음속에는 저도 몰랐던 이기주의, 저만 생각하는 마음이 있었습니다. 이것이 이제 주위를 먼저 생각하고 배려하는 마음으로 바뀌면서 조금씩 자신감과 용기가 생겼습니다.

(김민정, 취업준비생)

저는 빛viii과 함께 하는 이 순간만으로도 행복하고 감사합니다. 만약 제가 빛[viii]을 알지 못하였다면 지금 빛[viii]을 모르는 제 모습은 상상 조차 할 수 없습니다. 빛을 알게 되고 빛명상을 하면서 저는 빛[viii]을 모르고 사는 일반 친구들과는 다르게 생각하는 범위가 더 넓어지고 항상 감사와 겸손한 마음을 가지게 되며 사소한 일이라도 감사로 느낄 수 있는 행복한 생활을 하고 있습니다.

(박규리, 고교생)

아이들의 마음을 가득 채운 행복과 풍요로움이 곧 행동의 변화로 이어진다. 아이들의 작은 행동, 사소한 습관이 바뀐다. 친구들과의 관계가 개선되고 부모와의 사이가 좋아지는 체험을 하기도 한다. 이 과정을 통해 아이들은 자신감을 쌓아나가게 되고 스스로에 대해 긍정적인 이미지를 만들어간다.

빛명상을 한 후부터 저는 많이 변하였습니다. 조금만 피곤해도 짜증을 내고 성질을 부렸지만 빛[viii]을 만난 후부터 그런 것이 조금씩 줄었습니다. 마음을 차분히 할 줄 알게 되었고 화를 참을 수 있게 되었습니다. 저뿐만이 아니라 제 주위에서 일어나는 일도 변화하였습니다. 잘 풀리지 않고 엉키던 일도 빛명상을 하고 나면 착착 진행됩니다.

(우진택, 대학생)

가끔씩 친구들과의 갈등이 있었습니다. 하지만 빛명상을 하며 중학교에 진학한 후부터는 저와 잘 맞는 좋은 친구들을 만나고, 중학교 3학년이 된 지금까지 단 한 번도 친구들과의 갈등이 없었습니다. 학교생활하는 면에서도 좋은 선생님들을 만나서 학교 생활을 즐겁게 할 수 있었고, 본래 성격도 적극적이고 활발한 편이었지만, 빛명상 이후로 더욱 밝고 긍정적으로 변화되었습니다.

(김수진, 고교생)

제가 정말 진학하고 싶어했던 영국 런던 예술대 센마틴이라는 좋은 학교에서 합격통지서가 왔습니다. 그 때의 기쁨이 아직도 사라지질 않습니다. 꾸준한 빛명상으로 매사에 긍정적이고 적극적인 자세로 임하였더니 제가 원하는 목표를 이루게 되었습니다.

(정수지, 대학생)

사람들 앞에 서면 떨리고 말을 잘하지 못했습니다. 특히 설명회와 간담회 등이 많은 직장이라 앞에 나서서 이야기하는 일이 꼭 필요한데, 그럴 때마다 빛viii을 생각하고 '편안한 마음을 주셔서 감사합니다' 하고 꼭 다짐했습니다. 그러면 이내 불안감이 사라지고 마음이 편안해지는 것을 자주 느낍니다.

(박진영, 직장인)

빛viii을 받은 후 학습 능력이나 집중력에 변화가 나타났다고 말하는 아이들이 많다. 공부에 소질이 있는 아이라면 누가 시키지 않아도 스스로 학습에 대한 만족감과 재미를 발견한다. 무언가 모르게 내면을 누르고 있던 장애물이 사라지면서 마음이 편안하고 즐거워진다. 동시에 공부에 대한 흥미도 커지고 능률도 오르는 것이다.

평소에 공부를 하지 않았지만 이번 시험 기간에는 열심히 공부를 하려고 합니다. 공부할 양도 많고 피곤하지만 공부하기 전에 빛명상을 하면 마음이 편안해지고 집중력도 높아지는 것 같습니다.

(김현수, 고등학생)

초등학교 과정을 끝내고 중학생이 된 저는 다시 태어난 기분으로 공부에 매달리기로 결심했습니다. 하지만 아무리 매달려도 성적은 잘 안 나오는 것 같아서 스트레스를 많이 받았었습니다. 하지만 빛명상을 한 뒤로 성적에 대한 부담이 줄어든 것 같았고, 더 신기한 것은 시험 점수가 더 잘 나오고, 수업에 매일매일 집중할 수 있게 되었습니다. 또 중요한 부분을 놓치지 않고 공부할 수 있게 되었습니다.

(김서연, 중학생)

글을 읽다가 집중력이 떨어지면 읽어도 무슨 말인지 모르겠고 짜증나고 힘든데 그럴 때 빛명상을 잠깐 하고 마음을 다 잡고 책을 보면 안 보이던 글씨가 막 보입니다. 컨디션이 좋은 날은 빛명상하고 나면 정말 글을 읽는 속도가 2~3배는 빨라지는 것 같습니다. 엄청 신기한 경험입니다.

(이효주, 대학원생)

항상 일을 벌려놓고 쉽게 포기하고, 짜증을 내는 일이 자주 있었습니다.

시험 공부를 하거나, 오늘 안에 꼭 해야 하는 일이 있는데도 나 몰라라하며 놀고 있는 자신을 발견할 때, 빛명상을 하고 나면 마음이 개운해지고 해야겠다는 의욕이 생겨 마음을 다 잡을 수 있었습니다.

(정유리, 대학생)

빛[viii]은 아이들의 내면의 변화에서 출발하여 신체적인 능력까지 향상시킨다. 빛명상을 하면 신체적인 약점이 보완되고 인체가 균형 있게 변화하며, 성장에 관여하는 호르몬 분비를 촉진시켜 키를 크게 하는 사례가 나오고 있는 것이다. 키가 작아 스트레스를 받고 우울한 아이들에게는 희망적인 이야기다.

어릴 적부터 작고 왜소했던 저는 매일 밤 빛명상을 하면서 "튼튼하고 훤칠하게 키가 큰 멋있는 제 모습"을 간절히 바랐고 지금까지도 잠자리에 들기 전에 이런 기분 좋은 생각을 하며 빛명상을 합니다. 지금 고3인 저의 키는 180cm에 육박하였고 아직도 계속 클 수 있다는 희망을 품으며 제 목표인 185cm를 향해 커가고 있습니다. 유전적으로 열성인 키를 극복하고, 빛선생님의 말씀처럼 불가능을 가능으로 바꾸는 빛과 함께 포기하지 않고 신념을 가지니 현재에 이를 수 있었습니다. 지금의 멋진 저를 있게 해주셔서 깊이 감사드립니다.

(이서유, 고등학생)

대부분의 남자들이 키가 180cm를 넘고 싶어 하듯이 어릴 시절 저도 키가 180cm이 되길 꿈꾸었습니다. 고등학생이 되면 키가 무럭무럭 클 줄 알았으나 다른 친구들과 달리 저는 큰 변화가 없었습니다. 키가 크고 싶었던 전 그때부터 빛명상을 하면서 '키가 자라게 해주세요!'라고 청원하게 되었고 놀랍게도 그 뒤로 급속도로 키가 자라기 시작하였고 현재 키인 180cm가 될 수 있었습니다. 나중에 알게 된 사실이지만 전 잘못된 자세 습관과 많은 컴퓨터 사용으로 인해 거북목 증세 및 척추가 휘어져 있어서 키가 많이 자랄 수 없는 상태였다고 합니다. 만약 제가 빛^{viit}을 알지 못하였다면 지금 제 모습은 상상조차 할 수 없습니다. 빛^{viit}을 통해 키를 키워 주셔서 진심으로 감사드립니다.

(서기원, 대학생)

연일 그칠 줄 모르는 사건과 사고, 답답한 이야기들로 빼곡한 신문 한 귀퉁이에 이런 아이들의 편지를 싣는 난을 하나 만들면 좋겠다는 엉뚱한 생각을 해본다. 삭막하고 골치 아픈 이야기들보다는 한결 읽는 이들의 마음을 순화시키고 밝게 만들어주지 않을까. 누가 시켜서도 강압한 것도 아닌, 아이들 스스로 정성을 담아 꼭꼭 눌러쓴 편지이기에 그 한마디 한마디에 순수한 마음이 묻어난다. 그 작은 마음들이 나에게는 그 무엇보다 큰 보람과 뿌듯함이다. 그래서 아무리 바쁘고 많은 일정에 쫓겨도 아이들과 청소년, 청년들만을 위해 빛^{viit}을 주는 자리만큼은 잊지 않고 챙기고자 한다.

매년 5월, 부모와 자식이 한자리에 모여 서로의 얼굴을 쳐다보고 평소에 하지 못했던 이야기를 하는 시간을 가진다. 부모와 자식 사이에도 차마 주고받지 못했던 생각과 마음을 이 시간만큼은 거리낌 없이 펼쳐내고 한 번쯤 서로 꼭 끌어안게 하는 자리도 마련한다.

대체로 어린아이들일수록 부모에게 찰싹 달라붙으며 친밀감을 표시하고 중고생이나 대학생이 되면 이러한 자리 자체를 어색해하고 불편해하는 경우가 많다. 그 한 장면으로 평소 그 가정의 분위기가 어떠한지, 부모

매년 5월, 부모와 자녀가 한 자리에 모여 함께 하는 시간을 가지면서 아이들의 닫힌 마음을 빛명상으로 활짝 여는 시간을 갖는다.

와 자식 간에 얼마만큼의 대화와 감정의 교류가 있는지 한눈에 드러난다.

부모와 자식이 서로의 속내를 이야기하며 마음을 여는 시간, 평소에는 미처 표현하지 못했던 감사한 마음, 무언가 모를 찡한 마음에 눈물을 흘리는 아이들도 있다. 닫혀 있던 아이들의 마음이 열리는 순간이다. 이때 빛viii을 보내면 평소 쌓여 있던 응어리가 녹아 흐르며 아이들의 내면이 밝게 정화된다. 교과서적인 지식이나 잔소리 섞인 훈계가 아니라 진정한 의미에서의 효(孝)가 무엇인지 스스로 체득하는 것이다. 짧은 시간이지만 이 기회를 통해 아이들은 훌쩍 성장한다. 그리고 생명 근원의 힘, 빛viii이 불어넣는 총명함을 온 세포로 흡수한다.

**미래 인재의
조건**

① 동심, 상상력과 창의력의 출발점

많은 부모님들이 자식의 행복을 바라면서도 정작 자식을 어떤 길로 이끌어야 행복해지는지에 대해서는 혼란스러워한다. 특히 한국의 부모들은 오로지 '공부 잘하는 아이'가 될 것을 강요하는 경우가 많은데, 이미 학력 인플레 시대에 접어든 이상 학벌

만으로 미래 인재의 조건을 갖추는 시기는 지났다.

미래 인재는 어떤 분야에서건, 유형이든 무형이든, 장인의 마음으로 명품을 만들어낼 수 있는 사람이다. 남들이 쉽게 흉내낼 수 없는 고유의 것, 희소성이 있는 유무형의 생산물을 창조할 수 있는 능력이 있어야 한다.

그런데 그러한 능력은 지식이 아닌 동심에서 출발한다. 순수한 동심은 자신이 무엇을 좋아하고 잘하는지 발견해내는 힘이 있으며 그 재능을 일깨워준다. 동심에서 출발한 자유로운 상상력, 고정관념에 얽매이지 않는 독창적인 생각과 창의력이 남과는 다른 차별성을 만들고, 그것이 곧 고부가가치로 이어지는 재원이 된다.

따라서 자녀를 미래 인재로 만들고자 한다면 이 동심이 다치지 않도록 해주어야 한다. 스스로 자신의 길을 찾고, 상상력과 창의력으로 그 재능을 펼치고, 열정을 다해 자신의 분야에서 최고가 될 수 있도록 이끌어주어야 한다.

② 부족한 2%를 채우는 감각

미래 인재의 또 다른 조건은 통찰력을 가진 직관, 순간의 지혜로운 사고가 가능한 사람이다. 단편적인 지식을 넘어 기발한 아이디어, 모든 상황에 꼭 들어맞는 묘수, 혜안을 지니고 있어야 한다. 이는 다시 말해 노력과 성실성만으로는 채워지지 않는 그 무엇, 남들이 지니고 있지 않은 부족한 2%를 채우는 감각이기도 하다. 이 감각이 열린 사람은 한 사람이 아니라 수많은 사람들을 먹여 살린다. 따라서 이 감각은 미래 사회 인재가 되기 위한 중요한 조건이다.

조금 더디가는 것처럼 보여도 우리의 교육이 진정한 인재를 양성하는 방향으로 바뀌어야 한다. 백 년, 이백 년 후 대한민국의 위상은 이러한 인재를 얼마나 보유하고 있느냐에 따라 달라질 것이기 때문이다.

그래서 그 작은 시작을 비록 미약하지만 소수의 아이들에게서부터 시작해본다. 빛^{viit}을 받는 가운데 아이들이 근원에 대한 감사를 배우고 본래의 순수한 심성으로 되돌아가는 모습, 동심과 함께 상상력과 창의력이 되살아나는 과정에서 미래에 대한 희망을 발견한다. 훗날 이 아이들이 부모가 되어 아이들을 낳고 또 그 아이들이 빛^{viit}과 함께 자신의 위치에서 최선을 다할 때 과연 그 세상은 어떠한 모습으로 바뀔까.

그 빛나는 미래를 준비하는 '청소년 창의 학교'는 미래 사회가 꼭 필요로 하는 인재의 산실이 될 것이다. 총명의 힘, 빛^{viit}과 함께 아이들을 보듬고 미래의 인재를 키워내는 진정한 교육자와 부모님 그리고 우주마음이 한 마음이 되어 만드는 아주 특별한 학교이다.

지금 그 출발점에서 뿌리는 씨앗은 비록 작은 수에 지나지 않지만, 이 씨앗이 훗날 큰 나무와 울창한 숲으로 변해 세상을 정화할 그날을 선명히 그려본다. 그때가 되면 빛^{viit}이 지금 우리와 함께하고 있는 이유 또한 환히 드러나게 될 것이다.

이제 보다 많은 어린 생명들이 빛^{viit}과 함께 세상의 어둠을 헤치고 밝은 세상을 만들어나가기를 바라며 이 힘을 펼쳐 보낸다. 더불어 이 글을 통해 특별히 미래의 희망인 어린아이들은 물론 아직 세상에 태어나지 않은 미래의 주역, 새 생명들에게도 무한한 축복과 함께 총명과 창의의 힘, 빛^{viit}을 보낸다.

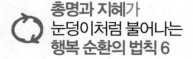

총명과 지혜가 눈덩이처럼 불어나는 행복 순환의 법칙 6

1 부모의 지나친 욕심으로 자녀의 동심이 멍들어가고 있지는 않는지, 아이들의 목소리에 귀 기울이는 여유를 가져라.

2 '감사'는 총명과 지혜를 담는 내면의 그릇을 키워준다. 단, 지금의 나를 존재하게 하는 근원에 대한 감사여야 한다.

3 빛명상을 통해 아이들은 마음의 안정, 행동 습관 변화, 학습능력 및 적성, 소질의 계발과 같은 다양한 변화를 보인다. 그리고 이 모든 것이 모여 아이의 운명 자체가 전환된다.

4 상상력과 창의력은 미래 인재의 가장 큰 조건이다. 이는 지식이 아닌 동심에서 출발한다. 아이들의 동심에 숨어 있는 무한한 잠재력을 빛명상을 통해 끌어올려보라.

5 통찰력, 부족한 2%를 채우는 지혜로운 사고는 미래 인재의 또 다른 조건이다. 꾸준한 빛명상을 통해 아이들의 직관력, 지혜를 향상시켜라.

물성변화를 통한 환경 정화 에너지

정정근(박사, 친환경기술이전연구소 소장)

나는 우주에너지(보이지 않는 빛^{viit})에 대한 연구를 하는 사람이다. 우주에너지를 개발하여 물, 흙, 식물과 동물 등에 실험한 결과, 물은 사람에게 가장 적합한 물(ph7.4)로 변하였고, 식물에서는 농약·중금속 등이 불검출되고, 축산물은 항생제·중금속 등이 불검출되었다.

남산에 친환경기술이전연구소를 설립하여 농·축·수산업에 우주에너지를 접목시키는 일을 하던 중 지인의 소개로 우연히 빛^{viit}을 행하는 분이 우리 연구소를 방문할 것이라는 얘기를 들었다. 그때 나는 기 수련 단체를 운영하거나 정신세계의 어떤 특정 분야를 통하여 초월적인 능력이 있는 사람 정도로 생각했고 별다른 기대 없이 정광호 빛선생님을 맞이하게 되었다. 하지만 우주에너지에 대한 대화를 나누면서 그에 대한 나의 생각은 달라졌다. 그의 빛^{viit}이 전 세계 어느 학자도 감히 상상도 하지 못할 엄청난 에너지임을 알게 된 것이다.

우주에너지를 연구하는 많은 학자들을 만나 대화를 해봤지만, 빛선생님처럼 우주에너지에 대한 확실한 이론과 열정을 가진 분은 처음이었다. 그와의 대화는 과학에 한평생을 바쳐온 나에게는 놀라움 그 자체였다. 나는 빛^{viit}으로 인간의 마음을 정화하는 것은 물론 육체의 아픔도 건강하게 하는 동시에 환경오염까지도 우주의 빛^{viit}, 초광력으로 되살릴 수 있다는 것을 알게 되었다.

또한 원적외선 실험 측정 기구를 통하여 빛^{viit}이 물성을 변화시키고, 치유능력이 있으며, 생명에는 신선한 에너지를 넣어주고, 독을 제거하는 놀라운 에너지임을 알게 되었다. 원적외선도 이러한 능력이 있다지만 빛^{viit}과는 차원이 다르다고 할 수 있겠다. 우리는 보이는 빛에 대한 것은 인정하지만 보이지 않는 빛^{viit}은 생각지 않으려고 한다. 빛^{viit}은 우리의 생각을 초월하는 보이지 않는 무한의 힘이다. 아직도 우주 에너지의 잠재성에 대해 의심하는 사람들이 많을지도 모르겠다. 그러나 선진국들에서는 이러한 보이지 않는 우주에너지에 대해 많은 투자를 하여 연구하고 있는 만큼 빛선생님이 행하시는 빛[viii]이 하루라도 빨리 전 인류에 적용되기를 바란다.

PART 04

맞이하라,
풍요로운 결과가
주어질 것이다

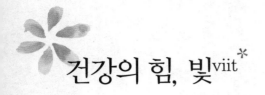

건강의 힘, 빛^{viit*}

**원래의
건강한 상태로
되돌아가라**

급성 A형 간염으로 입원한 유화수 씨의 상태는 합병증인 급성 신부전증으로 더욱 악화되었다. 평소 건강을 자랑하던 유 씨는 급작스럽게 다가온 위기의 순간을 이렇게 기록하고 있다.

걸어서 입원했는데 입원 10일쯤 되어서는 제대로 걷지도 못하게 되었습니다. 소변을 보지 못해 응급 혈액투석까지 받았지만 병세는 나아지지 않았습니다. 황달수치가 일반인의 20배 가까이 올라 온몸이 노랗게 되었고 복수로 인한 호흡곤란, 구토, 혈압으로 인한 두통 등 온몸이 성한 곳이 없었습니다. 자꾸 악화만 되어가는 내 모습에 고개만 갸우뚱하는 의사 선생님의 모습은 제 마음을 더욱 불안하게 만들었습니다.
이런 최악의 상황을 전해 들으신 빛선생님께서 특별히 전화를 통해 대구에서 서울에 있는 저에게 빛^{viit}을 보내주셨습니다. 그 순간 무언가 모르게 몸이 편안해지고 급박하던 위기에서 벗어나는 느낌을 받았습니다. 이후 꾸준히 빛선생님이 시키시는 대로 매일 초광력수를 마시고 빛명상을 하였습니다.

그러기를 몇 번 반복하자 점점 악화만 되어가던 제 상태가 급속도로 누그러들기 시작했습니다. 빛[viii]을 받은 지 2-3일 후부터 전혀 나오지 않았던 소변도 갑자기 양이 늘어나기 시작하면서 온몸의 부기도 빠지고 몸에 있는 독소도 빠져서 혈액투석도 중단하게 되었습니다.

결국 조직검사를 통해서 신장에는 아무런 손상이 없이 깨끗이 완쾌되었음을 확인할 수 있었습니다. 퇴원 후에도 꾸준히 빛명상을 하면서 정상 컨디션으로 회복할 수 있었고, 늘 불안했던 마음도 편해지고 안정을 찾게 되었습니다.

(유화수, 설치미술작가)

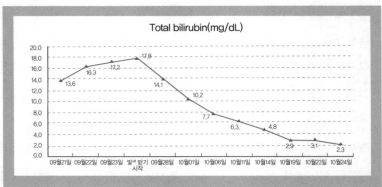

Total bilirubin(mg/dL)

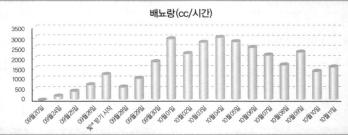

배뇨량(cc/시간)

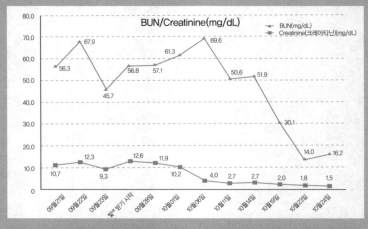

BUN/Creatinine(mg/dL)

급성 A형 간염의 합병증으로 급성 신부전증 증세가 나타난 환자의 상태가
빛[viii]을 받은 후 빠르게 정상으로 회복되었다.

이처럼 빛[viii]과 함께 잃어버린 건강을 되찾은 수많은 사례를 통해 빛[viii]이 건강의 힘임을 알 수 있다. 다양한 이유로 아프거나 불편했던 부분이 빛[viii]을 받은 후 편안해지거나 통증이 멈추고 이내 원래의 건강한 상태로 되돌아가는 것이다.

박종원 씨를 만났던 1998년 여름, 부부는 스테이크 한 접시를 앞에 놓고 감격에 겨운 표정을 지었다.

"메이오 클리닉의 제 주치의는 한국에 가서 샴페인을 터트리라고 했습니다."

사실 이분을 멀리 수화기 너머로 처음 만났을 때 그는 위암 판정을 받고 한국으로 나올 수도 없는 상황이었다. 오랜 이민 생활 끝에 IBM 부사장의 위치에까지 오르며 성공가도에 올랐지만 정상의 자리에서 만난 것은 위암 판정이었다. 미국 최고의 병원이라는 메이오 클리닉은 박 씨가 일 년, 길어야 이 년 정도 살 수 있으리라 시한부 선고를 했다. 그는 마지막 희망을 잡는 절실한 마음으로 빛[viii]을 청했다.

수차례 빛[viii]을 전해주던 어느 날, 문득 느낌이 들었다. 그 느낌을 아무 망설임 없이 있는 그대로 이야기해주었다.

"암세포가 모두 한곳에 모여 있어 수술하기 좋은 위치가 될 것입니다."

그리고 얼마 후, 암세포 절제 수술을 받은 박 씨는 기쁨에 가득 찬 목소리로 다시 전화를 걸어왔다.

"선생님 말씀대로였습니다. 의사 선생님이 제게 정말 행운이라고 몇 번이나 감탄을 하더군요."

성공적인 수술이었지만, 위장의 80%를 절제하는 대수술이었다. 체력이 떨어진 것은 물론 재발이 되지 않도록 하는 것이 더 큰 문제였다. 이후 박종원 씨는 의사와 가족의 만류를 뒤로한 채 한국행 비행기에 몸을 실었다.

그렇게 한국을 찾아온 그는 아예 대구에 숙소를 잡아놓고 매일 빛^{viii}을 받기 시작했다. 그렇게 그는 한 달가량 빛^{viii}을 받았다.

이후 미국으로 돌아간 박종원 씨는 꾸준히 잊지 않고 빛명상을 지속했다. 그렇게 5년이 지나 다시 병원을 찾았을 때 의사들은 박 씨가 살아 있다는 것만으로도 놀라움을 금치 못했다. 그의 위장을 검사해본 주치의는 더욱 놀라며 박 씨에게 축하 인사를 건넸다.

"축하합니다! 당신의 위암은 완치되었습니다. 샴페인은 한국에 가서 터트리십시오. 이 결과는 빛^{viii}이라는 힘을 통한 것이지 의학적 치료를 통해서 나은 것은 아니었습니다."

기쁜 소식을 안고 찾아온 박 씨 부부를 최고급 레스토랑으로 초대했다. 그날의 메뉴는 스테이크였다.

"세상에…."

박종원 씨와 그의 부인 모두 스테이크 접시를 앞에 두고 감격의 눈물을 글썽였다.

"정말 맛있습니다."

그의 새로운 탄생을 축하하는 만찬이었다.

얼마 전 빛명상 정기 회합 시간에 한 분이 상기된 얼굴로 회원들 앞에 섰다. 그리고 정성스럽게 쓴 편지를 읽기 시작했다. 김윤희 씨의 편지를 지면에 그대로 옮긴다.

평소에 아랫배가 묵직하고 불편함이 많아서 병원진단을 받아 봐야겠다고 생각하던 중에 정기적으로 건강관리 공단에서 나오는 건강진단표가 나와서 이번에 마음먹고 건강진단을 하기로 하였습니다. 2012년 9월 병원 검진 날짜를 받아 검사를 실시하였는데 그 결과는 많이 충격이었습니다. 목에는 갑상선 암과 자궁에는 큰 혹과 그 밖에 많은 크고 작은 혹들, 잇몸은 풍치 등 저의 몸속에는 많은 문제가 생겨 있었습니다. 자칫하면 죽음도 생각해 봐야 되지 않을까 싶었습니다.

오랫동안 빛viii과 함께 하면서 빛viii이 모든 것을 해 줄 것이라고 생각하고 저의 몸을 잘 관리 하지 않은 것에 대한 죄송함이 들었습니다. 이 많은 문제들을 어떻게 풀어 가야 할지 좀 막막하였습니다. 그래서 빛명상을 하면서 지혜로운 결정을 할 수 있게 우주마음에 도와 달라고 청하였습니다. 또한 "죄송합니다."라는 마음으로 빛명상을 하였습니다.

다시금 꾸준히 빛viii과 교류하는 와중에 제일 먼저 자궁근종 제거 수술을 진행하였으며 무사히 잘 마쳤습니다. 모두 제거한 근종들은 암세포가 있는지 하나하나 확인하였는데 모두가 다행히 깨끗하다는 결과를 받았으며 수술한 지 4일 만에 퇴원하고 집에서 휴식을 취하였습니다.

이 모든 문제 앞에서 조금도 마음의 평정을 잃지 않고 덤덤하게 하나하나 빛viii과 함께 해결할 수 있었던 것 같습니다. 지금은 그 모든 산과 어두운 동굴 속을 지나 따사로운 햇살을 받으며 주위에 아름다운 풍경을 바라보며 다시 살아있는 생명이 얼마나 좋고 행복한지 생각하고 평지를 걸어가는 것 같은 자신이 느껴집니다. 이처럼 빛[viii]은 항상 위기상황에서 저에게 훨씬 단단하고 튼튼한 동아줄이자 마음의 버팀목입니다.

(김윤희, 영어강사)

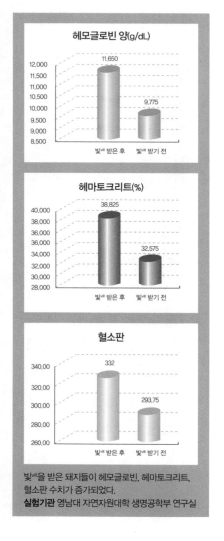

헤모글로빈 양(g/dL)

빛[viii]을 받은 돼지들이 헤모글로빈, 헤마토크리트, 혈소판 수치가 증가되었다.
실험기관 영남대 자연자원대학 생명공학부 연구실

꾸준한 빛[viii]과의 교류와 빛명상은 앞의 사례들처럼 심신정화에 탁월한 결과를 보여준다. 이러한 사례들을 뒷받침해주는 연구결과가 있다.

영남대 자연자원대학 연구실에서 돼지들을 상대로 1주일에 한 번, 한 달 동안 빛[viii]을 받게 하고 그 변화를 관찰했다. 그 결과 헤모글로빈과 헤마토크리트, 혈소판 등의 수치가 일반 돼지에 비해 상승하는 결과가 나타났다. 일반적으로 돼지는 빈혈에 쉽게 걸리기 때문에 돼지 농가에서 빈혈 예방접종은 필수적이다. 그런데 빛[viii]을 받은 돼지들은 따로 빈혈 예방접종이 필요 없을 정도로 건강해진 것이다.

요즘 많은 학자들이 숲에서 삼림욕을 하거나 크게 웃을 때 그리고 명상을 할 때 세로토닌과 같은 행복 호르몬이 나와 기분이 좋아지고 자가 치유력이 상승되며 NK세포(자가살상세포)가 활성화된다는 보고를 내놓고 있다.

자연에서 오는 보이지 않는 에너지는 무궁무진한 잠재력을 지니고 있다. 인간이 자신의 건강을 의학에만 의존할 것이 아니라 이러한 자연의 에너지를 적극 활용할 때 더욱 건강하고 활기찬 삶을 살아갈 수 있다는 사실이 속속 밝혀지고 있다.

이러한 자연의 에너지를 초월하여 우리의 생명과 직결된 힘이 바로 빛[viii]이다. 따라서 빛[viii]을 지속적으로 받게 되면 건강과 관련해 다양한 효과, 때로는 기적이라고 불릴 만한 변화들이 나타나게 된다. 급성 A형 간염과 급성 신장염으로 생명이 위험했던 유화수 씨, 말기 위암에서 벗어난 박종원 씨, 갑상선 암에서 벗어난 김윤희 씨, 그리고 지면상 싣지 못한 수많은 사례들이 빛[viii]이 지닌 심신 정화 작용을 입증해주고 있다.

병의 인연(因緣)

병은 단순한 확률이나 우연에 의해 생기는 것이 아니라 반드시 그에 상응하는 원인을 통해 생긴다. 지난 세월 수많은 사람들을 지켜보면서 그 원인이 크게 인(因)과 연(緣)으로 나누어짐을 알 수 있었다.

인(因)이란 우리 몸의 유전자(DNA) 안에 기록된 선천적 정보이다. 이를 사주팔자라고 보는 사람도 있고, 조상들이 쌓은 마음의 짐을 받아서 태어났다고 말할 수도 있다. 다시 말해 인은 선천적인 것, 유전적 영향이며 흔히 유전 질환, 난치성 정신질환, 신경성 장애 등이 이에 속한다.

예방의학의 단계는 흔히 다음의 세 가지로 구분된다.

- **1차적 예방** 발병 전에 체력을 강화시켜 질병을 예방한다.
- **2차적 예방** 발병 초기에 알아내어 병이 중증으로 진행되는 것을 예방한다.
- **3차적 예방** 이미 발병하였을 때 후유증을 예방하고 장애가 오지 않도록 예방한다.

이와 같이 예방의학의 개념은 질병이 발생하기 이전부터 발병 후 재활에 이르기까지 광범위하게 적용된다. 발병하여 아플 때에 치료하는 것보다 질병을 예방하는 것이 바람직하며 경제적이다. 따라서 더 나은 삶의 질을 위해 예방의학의 의미가 강조되고 있다.

빛명상은 이러한 예방의학적 차원에서 볼 때 발병 전, 발병 초기, 발병 후 모두에 걸쳐 건강을 유지하고 병의 진행을 억제하며 후유증을 예방하는 효과가 있다. 빛명상이 생활습관으로 자리 잡으면 오염물질에 둘러싸인 우리의 몸과 마음을 보호하고 삶을 보다 활기차고 건강하게 살아갈 수 있다. 따라서 빛명상은 매우 효과적인 예방의학적 건강유지 방법이라 할 수 있다.

1 심장질환, AIDS, 암, 불임 같은 만성병을 예방, 완화, 통제한다.

2 산소의 소비량이 줄어들며, 심장 박동수가 떨어지고, 알파파 및 세타파(취침 직전 보이는 편안한 뇌파)가 나오면서 불안감이 감소하여 심리적 안정을 되찾는다.

3 전립선암의 전이를 늦추고, 건선(피부병) 치료에 효과적이며, 독감 예방주사 후 훨씬 많은 항체를 생성토록 함으로써 면역체계를 건강하게 한다.

4 항 유방암 면역세포 형성, 혈압저하, 성기능 강화에 효능이 있다.

5 비만, 고혈압, 당뇨병, 심장병, 지방간 등 생활습관병의 예방과 치유에 효과가 있다.

6 생리통, 부종, 안면홍조 등 자율신경계 이상을 개선시킨다.

7 갑상선호르몬과 성장호르몬 등 호르몬 체계의 균형이 회복된다.

8 노인들의 만성 통증과 고혈압, 우울증 등이 완화된다.

9 면역을 담당하는 T림프구의 수가 증가하며, NK세포(자연살상세포) 수가 증대된다.

연(緣)이란 후천적 원인을 가리키는 것으로 환경오염에 의한 병, 심한 스트레스 혹은 먹는 음식에서 오는 병 등이 대부분 연에 따른 것이다. 즉, 연은 후천적인 것으로 작게는 감기 증세에서 크게는 암이나 에이즈와 같은 병도 포함한다.

지난날 많은 사람들을 지켜본 결과 병의 인과 연이 각각 작용하기도 하지만 대부분의 경우 이 두 가지가 복합적인 영향을 주고 있음을 알 수 있었다. 특히 치명적인 병일수록 병의 인이 깊게 작용했다. 인은 곧 나의 마음, 나아가 내 안에 담겨 있는 부모님과 선조들의 마음까지도 연결되어 있는 부분이다. 따라서 병이 들었을 때 어떠한 마음가짐을 가지는가는 무척 중요한 문제다.

인천의 한 초등학교에 발령을 받아 5년째 근무하던 어느 봄, 알 수 없는 두통이 시작되었습니다. 동네병원에 가니 편두통약을 지어주었습니다. 하지만 두통은 쉽게 나아지지 않았고 며칠을 앓은 후 찾아간 종합병원에서 뇌출혈 진단을 받았습니다. 출혈이 진행되어 개두 수술을 했습니다. 다행히 수술은 잘 되었습니다.

하지만 그해 병원에서 보낸 봄의 아픈 기억은 그맘때가 되면 매년 찾아와 알 수 없는 우울과 두려움이 기억되고, 정신적인 후유증도 찾아 왔습니다. '난 행복한 사람이야!' 최면을 걸고 모든 시련 이겨냈으니 행복을 전하는 사람이 되자!' 했지만, 잘 되지 않았습니다.

그러던 저에게 운명의 전환점이 왔습니다. 언니가 빛^{viit}을 권하였고 빛^{viit}만남과 빛명상을 하면서 감사의 4월이 시작되었습니다. 빛명상을 하며 조금씩 빛^{viit}의 힘을 느끼기 시작했습니다. 가랑비에 옷 젖듯 조금씩 달라지고 있는 저를 느꼈습니다. 병원을 쇼핑하듯 다니던 제가 웬만해서는 병원에 가지 않습니다. 만나는 사람마다 얼굴이 좋아졌다 합니다. 늘 불안과 두려움에 가득했던 얼굴이 편해졌다는 거겠지요? 감사하고 감사합니다.

(하수민, 교사)

하수민 씨는 젊은 날 뇌출혈 수술 이후 갖가지 증세에 시달려야 했다. 의사도 수술이 잘 되어서 이제 병원에 오지 않아도 된다 했지만, 해마다 봄이 되면 그때의 아픈 기억으로 갖가지 병을 겪어야 했다. 그러던 중 빛[viii]을 만나고 매일 아침에 일어나서 빛명상, 잠자기 전 빛명상, 그리고 감사 잊지 않기를 실천하게 되면서 자기 자신의 마음을 들여다볼 수 있었고 그토록 간절히 원했던 건강과 행복을 되찾았다.

몸과 마음이 정화되어 부드럽고 편한 마음으로 가르치던 아이들을 대하니 짜증스럽고 불만이 많던 아이도 좋아졌다는 학부모님들의 반응까지 있어 교사로서 보람 있는 삶을 살고 있다.

빛[viii]은 가장 먼저 우리의 마음을 정화한다. 마음이 정화되면 어떤 약품이나 수술로도 제거되지 않는 병의 인연이 정화, 소멸된다. 그 결과 원래의 건강한 상태를 되찾게 되는 것이다.

병의 인연이 깊지 않다면 정화하기도 쉽다. 과로로 인한 피로감, 생활에서 오는 스트레스 정도는 빛명상 수준으로도 해소된다. 하지만 생명을 다투는 위중한 병은 그만큼 병의 인연도 깊다. 따라서 정화하는 데도 그만큼 많은 에너지를 필요로 한다. 이러한 경우 여유로운 마음을 가지고 오랜 시간 꾸준히 빛[viii]과 함께하다보면 어느새 자신도 모르게 변화가 나타나기 시작한다.

만약 오랜 육체의 질병으로 고통받는 분이 있다면 조급히 병을 고치겠다는 욕심을 앞세우기보다는 한번쯤 내 병의 인연이 무엇인지 조용히 돌이켜보는 시간을 가져 볼 것을 권한다. 육체의 병을 불러일으킨 보이지 않는 내면의 어두움을 들여다보는 것이다. 때로는 그 어두움이 부모와 선조들로부터 내려오는 선천적인 부분일 수도 있다. 그럴 때에는 억울해하기보다는 그분들의 어두워진 마음까지도 후손인 내가 대신해서 반성한다고 생각하면 건강이 호전된다.

더불어 이 병을 빛[viii]으로 정화할 수 있는 것에 감사한 마음을 가져보라. 그러면 그 마음에 이 힘이 더욱 잘 스며들어 행복한 결과로 연결된다. 이것이 건강을 부르는 마음가짐이며 이를 통해 병든 내 마음은 물론 세포들이 건강의 힘, 빛[viii]을 받아 되살아난다.

몸속 오염 물질을 정화하는 초광력수

초광력수란 우리가 마실 수 있는 물에 빛[viii]을 봉입한 것이다. 물은 인체에서 가장 큰 비중을 차지하고 있는 물질인데, 이 물에 빛[viii]을 봉입해 마시게 하니 매우 놀라운 인체 정화 효과가 나타났다.

초광력수의 개발은 일본의 한 기도인(氣道人)과의 만남이 계기가 되었다. 이 기도인은 한때 일본에서 크게 이름을 떨치고 우리나라에도 기팔찌와 기반지와 같은 기 봉입 물품을 수출하면서 큰 인기를 누렸다. 그런데 우연히 이 도인과 전혀 의도하지 않은 대결에 휘말리게 되면서 이 기도인의 행동을 자세히 지켜본 적이 있다.

그중 한 가지 인상 깊은 것이 유독성분인 페놀을 넣은 물에 기를 주입하여 독한 냄새를 날려버리는 모습이었다. 기도인은 수십 명에 이르는 자신의 제자들과 함께 '옴—' 하는 소리와 함께 한참을 땀을 뻘뻘 흘리며 페놀이 담긴 물에 기를 주입했다. 그리고 십여 분이 흐른 후 그가 자신 있게 내민 물에서는 과연 페놀 냄새가 더 이상 나지 않았다.

하지만 내가 그 물을 입에 대려 하자 기도인이 깜짝 놀라며 나를 제지했다. 냄새만 날렸을 뿐 유독성분은 아직 남아 있다는 것이다. 대신 '당신도 이렇게 할 수 있느냐'며 나에게 대결을 요구하였다.

한 번도 해보지 않은 일이었지만 문득 가능하겠다는 느낌이 들었다. 그래서 페놀 병을 통째로 들어 물그릇에 모두 부어버렸다. 그리고 빛[viii]을 봉입했다. 늘 그렇듯이 빛[viii]을 봉입하는 데는 아주 빠른 찰나의 시간밖에 걸리지 않는다. 이 빛[viii]은 태양광보다도 더 빠른 우주근원의 에너지이기에 오랜 시간을 필요로 하지 않기 때문이다.

"자, 이제 이 물에 들어 있던 페놀 성분이 모두 사라졌습니다."

나는 이렇게 말하며 그 물을 그릇째 들이켰다. 이 광경을 지켜본 일본 기도인의 눈이 휘둥그레졌다.

"마셔보시지요."

내가 물그릇을 내밀자 그는 우선 코로 냄새를 확인하더니 이윽고 입을 갖다 대고 물맛을 보기 시작했다. 이후 물을 한 모금 들이켠 기도인은 다시 한 번 깜짝 놀라더니 내 앞에 고개를 푹 숙였다.

"센세이, 고멩구다사이.(선생님, 죄송합니다.)"

자신의 패배와 결례를 깨끗이 승복하는 순간이었다.

이 일이 있은 후 다시 한국에 돌아와서 곰곰이 생각에 잠겼다. 빛[viii]을 물에 봉입해서 페놀과 같은 유독성분까지 모두 날려버릴 수 있을 정도라면, 우리가 마시는 깨끗한 물에 빛[viii]을 봉입하면 얼마나 좋겠는가.

이후 1996년 7월 6일, 800여 명이 모인 동대구 관광호텔 시연회에서 3개 방송사의 공개 검증 하에 독주의 알코올 성분을 정화해 사라지게 하고 이외에도 화장실에서 받아 온 수돗물의 독한 소독약 냄새는 물론 유해성분을 빛[viii]으로 정화하는 실험을 하였다. 이 사실이 TBC 8시 30분 저녁 종합뉴스에 보도되면서 초광력수가 세상에 알려지게 되었다.

몸에 묻은 더러움은 목욕을 해서 쉽게 털어버릴 수 있다. 하지만 그 오염 물질이 우리의 몸속, 장기 곳곳에 숨어들면 정화하기가 무척 힘들어진다. 우리 신체에는 스스로를 정화하는 자정능력이 있어 오염 물질이 들어와도 스스로 정화해낼 수 있다. 하지만 요즘처럼 오염이 심각한 환경에서는 스스로 정화할 수 있는 수준 이상의 오염 물질이 우리 몸속으로 들어가고 있다. 건강을 지키기가 그만큼 힘든 환경이 된 것이다.

특히 조류독감이나 신종플루, 멜라민에 이어 석면 파동과 같이 심각한 먹을거리 오염이 문제다. 갖가지 편의상의 이유로 외식 문화가 깊이 자리한 요즘 이미 우리 모두의 몸속에 치명적인 오염 물질, 발암 물질, 갖가지 병의 원인이 되는 것들이 다 들어와 있는 상태라고 보아야 한다. 이때 초광력수는 스스로 정화해내기도 힘든 신체 구석구석의 오염 물질을 씻어내주는 역할을 한다.

규칙적이지 못하던 제가 빛[viii]을 만나고 나서부터 아침에 일어나면 제일 먼저 빛명상을 하고 초광력수를 마시기 시작했습니다. 초광력수는 제가 앓고 있던 아토피를 많이 호전시켜주었습니다. 그 결과 짜증이 줄고 마음이 아주 편해져서 학업을 주말에도 쉬지 않고 계속 할 수 있게 되었습니다.

(이성택, 학생)

저에게는 이제 태어난 지 5개월 된 아이가 있습니다. 요즘은 예방접종이 잦아 매주 주사를 맞다시피 하여 아이가 잘 견딜 수 있을까 걱정되었습니다. 아이가 주사를 맞고 오는 날이면 항상 힘들어 하고 열이 조금 나기도 해서, 그럴 때마다 초광력수를 섞어 분유를 먹이니 아이가 잘 이겨내고 아직까지 한 번 아픈 적이 없습니다.

(신경철, 직장인)

유행성 결막염에 걸려서 눈이 너무 따갑고 아팠습니다. 초광력수를 눈에 넣으니 시원하기도 하고 아프지 않았습니다. 계속 초광력수를 넣으니 눈병이 호전되었습니다.

(류희성, 회사원)

저녁 먹은 것이 급체했는지 속이 메스껍고 가슴은 너무나 답답하여 억지로 트림도 해보려 해도 안 되어 너무나 고통스러웠습니다. 급히 초광력수를 한 잔 다 마셨는데 잠시 후 급체한 것이 올라오면서 토하고 어느 순간 몸이 가벼워지면서 속도 편안해지기 시작했습니다.

(이예주, 가수)

이외에도 초광력수를 마신 사람들의 즉각적인 반응은 다음과 같다.

- 맛이 감미롭고 목 넘김이 부드럽다.
- 뒷맛이 상쾌하다.
- 알싸한 향기가 난다.
- 일반 생수 맛과 차이가 난다.

또한 초광력수를 마시고 난 후 신체의 변화에 대해서는 다음과 같은 사례들이 있다.

- 마음이 편안해졌다.
- 소화불량, 위장장애 등이 초광력수를 꾸준히 마시는 가운데 편안해졌다.
- 피부 질환, 무좀 등에 초광력수를 발랐더니 깨끗해졌다.
- 잠자리가 편안해졌다.
- 생리통이나 변비, 장이 거북한 증세 등이 호전되었다.
- 몸에 통증이 있던 부분이 편안해졌다.

초광력수를 마신 직후 속이 메스껍거나 설사를 하는 등의 명현반응을 보이다가 이후 몸 안이 깨끗하게 정화되고 편안해졌다는 반응도 있었다.

또한 어린 아이들이 초광력수를 즐겨 마시고 자주 찾는 것을 볼 수 있으며, 젖먹이의 경우 초광력수에 분유를 타주면 잘 먹지만 일반 물에 타주면 보채며 잘 먹지 않는다는 반응도 접하게 된다.

무엇보다도 초광력수의 가장 큰 장점은 몸속에 오랜 시간 쌓여 있던 오염물질이 각종 성인병으로 발전하기 전에 그 때 그 때 정화해주는 역할을 하는 정화작용에 있을 것이다.

**의식불명의
그랜드 마스터를
일으켜 세우다**

2000년, ATA 미국태권도협회의 초대 회장인 이행웅 회장을 만났을 때의 일이다. 이 회장은 미국 전역에 태권도를 퍼뜨린 미국의 태권도 대부로, 아칸소주 주지사 시절의 클린턴 전 미국 대통령에게 직접 태권도를 가르친 사부로 더 유명하다. 또한 이 회장은 태권도를 통해 가난했던 아칸소 주의 지역경제를 일으킨 인물로서 이 지역 사람들의 사랑을 한 몸에 받고 있었다. 이러한 분이 말기 암에 걸려 죽음을 눈앞에 두고 있었으니 측근들은 어떻게든 이 회장의 생명을 연장시켜보고자 했던 것이다. 그러던 중 우연히 주립도서관에 비치된 책『행복을 나눠주는 남자』를 통해 빛[viii]에 대해 알게 되었다.

미국에 도착하자마자 바로 이 회장의 병실로 달려가 빛[viii]을 주었다. 다음 날, 아직 동도 트지 않은 이른 새벽에 누군가가 다급히 내 방문을 두드리기 시작했다. 의식불명 상태에 빠져 있던 이 회장이 깨어났다는 것이다. 하지만 아직 말을 하지 못하기에 즉석에서 초광력수를 만들어 이 회장의 입에 흘려 넣게 했다. 초광력수를 삼키는 이 회장을 보며 옆에 있던 한 사람이 말했다. 북한에서 공수해 온 귀한 산삼도 달여서 먹여보았지만 그

2000년 아칸소 주정부가 수여한 종신 명예대사증(왼쪽)과 리틀록 시의 명예시민증(오른쪽).
이는 의과학의 한계를 넘어 존재하는 초월적인 힘으로서의 빛[viii]을 공식 인정한다는 의미이기도 하다.

조차 거부하였던 이 회장이 어떻게 이 물은 그리도 잘 먹는지 신기하다는
것이었다.

이후 이행웅 회장은 말기 암의 상태에서도 의식을 또렷이 되찾아 살아
생전 자신의 일을 정리할 마지막 시간을 가지게 되었다. 이 일이 알려지면
서 많은 아칸소 주민들에게 빛명상 방법을 전하는 계기를 가질 수 있었다.

이 모든 과정을 옆에서 지켜본 현지 의료진들은 빛[viii]이라고 하는 신비
로운 힘과 이 힘이 봉입된 초광력수에 지대한 관심을 나타내었다. 결국 이
일을 계기로 미 아칸소 주의 종신 명예대사증과 주도(州都)인 리틀록 시의
종신 명예시민증을 수여받게 되었다. 이 일은 단순히 개인적 차원의 명예
이기보다는 빛[viii]이 과학을 초월하는 대안의 힘 혹은 대체의학의 힘으로
국제적 차원에서 공식 인정을 받았다는 점에서 더 큰 의미가 있었다.

이처럼 초광력수는 심신을 정화하고 치유하는 힘이 있으며 그 어떤 물
과도 비교할 수 없는 독특한 특성과 효력이 있다. 항간에 심층수, 해저수,
빙하수 등등 다양한 종류의 고급 물이 나와 있지만, 초광력수에는 일반 물

들이 흉내 내지 못하는 고유의 특성, 즉 모든 생명을 창조한 우주 원천의 에너지가 담겨 있어 더욱 특별하게 다가온다.

정화수(井華水)의 발견

"얘야, 그때가 되면 세상 사람들의 병든 몸과 마음을 치유할 수 있는 큰 집을 하나 지어라."

어린 시절, 도경께서 내게 남긴 말씀이다. 당시 사람들에게 빛[viii]을 전하며 늘 셋집을 전전하는 형편이었지만, 늘 이 말을 되새기며 전국 방방곡곡 적당한 장소를 찾아 헤매 다니곤 했다.

그렇게 오랜 시간을 찾아다닌 끝에 드디어 2000년, 팔공산 자락에 무지개가 드리워진 한 아름다운 터를 구하게 되었다. 이후 그 터를 '빛[viii]의 터'라 이름 짓고 정성스럽게 가꾸기 시작했다.

그런데 이 터에 한 가지 아쉬운 것이 있었으니, 많은 사람들이 충분히 사용할 수 있는 물이 부족하다는 점이었다. 기존에 있던 작은 우물로는 아무래도 부족하였다.

그러던 어느 날이었다. 깊은 새벽 혼자만의 시간에 매우 깊은 고요함에 잠겼는데 눈앞에 어떤 장면이 나타났다. 하늘에서 별똥별이 내려오는가 싶더니 이윽고 그 별이 눈앞에 떨어졌다. 그러더니 그곳에서 아주 맑고 깨끗한 물이 콸콸 쏟아져나오는 것이 아닌가!

마치 현실에서 만난 듯 매우 생생한 이 장면을 보고 깜짝 놀라며 눈을 번쩍 떴다. 조금 전에 본 그 광경이 매우 강렬해서 머릿속에서 지워지지 않았다. 자리에서 일어나 빛명상 중에 본 그 장소로 나가보았다. 그런데 이번에는 더욱 신기한 일이 일어났다. 조금 전 빛명상 중에 본 것과 똑같이 실제로 하늘에서 별똥별이 떨어지더니 저만치 앞쪽에 툭, 소리를 내며 떨어지는 것이었다.

무척 놀라서 별이 떨어진 곳으로 달려가보았더니 작은 돌멩이와도 같은 운석 조각이 있었다. 분명 이 돌이 떨어진 곳을 파면 물이 쏟아져나오겠다는 확신이 들었다.

다음 날, 날이 밝기를 기다려 지하수 개발업자를 불렀다. 그런데 그는 내 요구에 난색을 표하며 손을 내저었다. 수맥이 전혀 잡히지 않아 우물을 팔 자리가 아니라는 것이었다. 물이 나오지 않아도 내가 책임질 테니 일단 시키는 대로 해달라고 설득했다. 그렇게 땅을 파기 시작해 약 150미터 정도의 황토층을 파내려갔을 때 옥(玉)층 아래에서 물줄기가 뿜어져 나오기 시작했다. 지하수 개발업자는 분명 수맥이 전혀 잡히지 않았는데 어떻게 이처럼 많은 지하수가 매장되어 있는지 신기하다며 놀라움을 감추지 못했다. 어떠한 원리를 통해서 이러한 일이 가능한지는 나 역시 잘 알지 못하겠다. 다만 무에서 유를 만들어내는 우주마음의 힘, 빛viii이 함께했기에 가능한 일이었다.

이 물에 과거 허준이 동의보감에서 물의 종류를 33가지로 나누었을 때 그중 가장 순수한 자연의 정기가 어린 물에 붙였던 이름인 '정화수(井華水)'라는 명칭을 붙였다. 이 정화수는 단순히 식수에 빛viii을 봉입한 초광력수 이상으로 빛viii의 터에서 직접 솟아오르는 청정한 물에 빛viii이 담겨 있는 물이다. 머지않아 이 물이 긴요하게 쓰이며 인류가 처한 큰 어려움을 극복하는 데 도움을 주리라는 느낌을 받았다.

이러한 일련의 과정을 겪으면서 이 모든 일이 과연 어느 한 사람의 계획이나 의도로 가능하겠는가, 하는 생각을 다시 한 번 하게 된다. 끝을 알 수 없는 거대한 우주, 보이지 않는 근원의 우주마음을 떠올리게 하는 일들이었다.

생명의 물,
침향수(沈香水)

침향(沈香)*은 향 중의 향으로 몸을 따뜻하게 데워주고 기운의 순환을 촉진하는 약재이다. 동의보감에서는 "침향은 여러 가지 기운을 돕는데 위로는 머리끝까지 가고, 아래로는 발밑까지 가기 때문에 다른 약제의 기운을 도와준다"라고 했다. 또한 풍수(바람이 폐에 들어가 생기는 기침)나 독종(독한 종기)**을 낫게 하고 정신을 맑게 하며, 냉풍으로 인한 마비, 토사곽란(구토와 설사로 배가 심하게 아픈 증상), 쥐가 나는 것을 낫게 한다고 알려져 있다.

인체에 유해한 파장이나 초미세먼지가 인체에 침투할 경우, 현대 의과학으로는 마땅한 대응책이 없는 실정이다. 그러나 침향에 빛viii을 봉입한 침향수는 인체 장기는 물론 뇌 속에까지 들어가서 유해 파장을 정화하여 건강 회복을 돕는다.

침향수의 강력한 정화 작용을 활용하여 피부에 바르는 오일 형태로도 만들어 피부 정화에 가장 적합한 '향균성 에센셜 오일'을 개발, 발명 특허를 받아두었다. 향후 초미세먼지 등이 인체 장기뿐만 아니라 피부에도 악영향을 미칠 것을 고려해 만든 특허 제품이다. 피부에 가장 민감한 시대에 피부 질환으로 고민하는 현대인에게 필수품이 될 것으로 기대한다.

---

* 침향은 물에 가라앉는 향이란 뜻으로 베트남에서 자라는 Aquilaria Crassna 종의 나무에서 얻는다. 외부에 상처가 나면 이를 수액이 서서히 덮어 막을 형성한다. 이를 수지현상이라 부르는데, 수지부분이 오랜 시간이 지나면서 숙성된 결정체가 바로 침향이다. 침향의 효과가 점점 알려지자 여러 한약재를 섞거나 첨가제를 넣는 등 폐해 또한 발생되고 있어 국제침향협회의 공식 인증을 통해 안전한 유통 경로를 반드시 확인해야 한다.

** '풍수와 독종'은 바이러스 등에 의한 감기와 염증 질환을 말한다.

피부가 민감하고 몇 달 전까지 심한 트러블이 났었기에, 피부에 무언가 바를 때 신중에 신중을 기하는 저입니다. 빛[viii]이 봉입된 이 '항균성 에센셜 오일'은 뿌릴 때마다 기분 좋아지는 상쾌한 향이 마음을 안정시켜주고, 세안 후 얼굴에 바르고 나면 피부가 보들보들해집니다.

(박소영, 회사원)

가려움이 잦은 편인데 '항균성 에센셜 오일'을 발랐더니 가려움이 금방 사라져 버렸습니다.

(이경주, 주부)

실내가 건조한 편이라 자주 보습 로션을 바르는데 '항균성 에센셜 오일'을 바르고부터는 보습 로션이 필요 없을 정도로 피부가 좋아집니다.

(정복희, 직장인)

얼굴에 여드름이 조금 나서 '항균성 에센셜 오일'을 한 번 발랐더니 얼굴이 맑고 깨끗해졌어요.

(신지원, 대학생)

'조용한 살인자'라고 불리는 초미세먼지, 오염파 등이 겹쳐 인류에게 닥칠 어려움이 생각보다 그 시점이 점점 빨라지고 있어 침향수 개발 또한 앞당기게 되었다. 구제역 등 가축 매몰이나 폐수로 인한 지하수 오염 또한 심각한 상황에서 이제 더 이상 깨끗한 물을 음용하기 어려운 시대에서 침향

항균성 에센셜 오일 특허증   UCS침향수(UCS Agarwood Water) 상표등록증

수는 종자씨와 같다. 아무리 배를 주려도 농부는 종자씨만은 남겨둔다. 다음 세상을 위해.

힘든 세상을 구원하는 것은 침향수 자체가 아니라 거기에 봉입된 빛[viii]이다. 빛[viii]을 이해하지 못하는 이들에겐 추상적일 수 있으므로, 침향수라는 구체적인 물품을 통해 빛[viii]의 현존을 알리고 심신 정화에 도움을 주시고자 하는 우주마음의 배려이다.

항염차(抗炎茶), 비채담 황토삼백초

초광력수, 정화수, 침향수와 더불어 또 하나 우주마음으로부터 받은 귀한 선물이 있다. 바로 '비채담 황토삼백초'라고 불리는 차(茶)다. 이 차는 국내에서 식품 최초로 "항염 성분이 있는 생약 조성물"로 특허를 받은 '항염차(抗炎茶)'

이기도 하다.

그런데 이 비채담 황토삼백초를 개발하게 된 데에는 한 가지 사연이 있다. 하루는 회원들과 함께 산행을 하는데 이상하게 머리가 지끈거리며 속도 메슥거리는 것이었다. 일행들을 먼저 올려 보내며 나는 잠시 쉬었다가 뒤에 올라가겠다고 했다. 그리고 근처 나무에 기대 있을 때 어디선가 바람결에 실려 향긋한 풀 향기가 전해왔다. 그리고 그 향기와 함께 머리를 짓누르던 두통이 사라지는 것이 아닌가.

참으로 신기하다 생각하며 주위를 둘러보는데, 멀리 풀 한 무더기를 강한 빛줄기가 찬찬히 내리비추고 있는 것이 눈에 들어왔다. 얼른 다가가 그 풀 한 포기를 뽑아 자세히 살펴보니 얼마 전 우주마음의 느낌에 따라 빛명상 중에 보았던 하얀 바탕의 잎새풀과 모양이 똑같았다. 분명 이 풀에 무언가 특별한 우주마음의 뜻이 담겨 있겠다는 확신이 들었다.

이후 이 풀을 경북대학교 벤처 IDR Labs에 의뢰한 결과 한반도 전역에 자생하던 토종 식물이며 뛰어난 약용성분이 있어 우리 조상들에게 널리 사랑받아온 풀이라는 것을 알 수 있었다. 하지만 일제 식민지 시대에 일본인들이 이 풀을 '독구다미', 즉 인체에 유해한 독소를 없애는 풀이라 하여 씨를 말리다시피 하면서 그 수가 급격히 줄어들고 말았다.

이 풀에 어성초, 택란 등 인

항염차 '비채담 황토삼백초'는 식품으로서는 최초로 항염성분을 인정받았으며 갈수록 심각해지는 환경오염과 신종질병으로부터 건강을 지킬 수 있게 해주는 우주마음의 선물이다.

체에 유익한 약초들을 적절한 비율로 배합하고 거기에 빛[viii]을 봉입하였더니 인삼에서도 확인할 수 없었던 항염성분이 나타나는 놀라운 결과가 나왔다. 그렇게 해서 비채담 황토삼백초는 식품으로서는 국내 최초로 항염효과를 인정받아 발명특허를 받게 되었다.

"참 행운아입니다. 오른쪽 가슴에 생긴 지 얼마 안 된 암 덩어리가 있는데 오늘 바로 빛[viii]을 통해 사라졌습니다."

저는 빛선생님의 이 말씀에 깜짝 놀라지 않을 수 없었습니다. 사실 아이들 문제로 스트레스를 받다보니 어느 날부터 오른쪽 가슴에 통증이 생기기 시작했고, 이러다 말겠지 하였지만 1-2개월 사이에 점점 증상이 심해져 병원을 찾아 검사를 받았습니다. 그 결과 오른쪽 가슴에 3mm 정도의 혹이 있는데 12월에 가서 조직검사를 해보자는 말을 들었던 것입니다.

빛선생님께서는 12월까지 방치해두었다면 그동안에 암으로 커져 고치기 힘들었을 텐데 이렇게 미리 빛[viii]을 받았으니 괜찮을 것이라 하시더군요. 그리고 초광력수와 비채담 황토삼백초를 꾸준히 마시라고 하셨습니다. 다음 날 다시 병원을 찾아가 검사한 결과 3mm의 혹이 정말 깨끗하게 사라지고 없어졌다는 것이었습니다! 더불어 불안하던 통증도 사라지고 아주 편안해졌습니다.

(윤경애, 교사)

암을 비롯한 많은 병들이 염증 단계에서 출발한다. 따라서 이 비채담 황토삼백초를 지속적으로 마시면 몸 안의 세포가 암과 같은 치명적 상태로

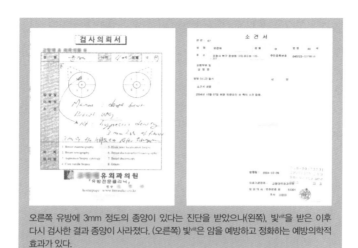

오른쪽 유방에 3mm 정도의 종양이 있다는 진단을 받았으나(왼쪽), 빛VIII을 받은 이후 다시 검사한 결과 종양이 사라졌다. (오른쪽) 빛VIII은 암을 예방하고 정화하는 예방의학적 효과가 있다.

발전하기 전 단계에서 미리 정화, 예방하는 효과가 있다. 이후 한 대학 연구실에서는 이 풀에서 AI(조류 인플루엔자)를 치료하는 물질을 발견, 발명특허를 받기도 했다.

**병들어가는
지구와 인류의 미래**

건강은 잃은 후 다시 되찾는 것보다는 건강할 때 지키는 것이 더 쉽다. 그런데 그 건강을 지키고 돌보는 일이 점점 어려워지고 있다. 의학이 빠르게 발달하고 있지만 어쩌면 병은 그보다 더 빠른 속도로 진화를 거듭하고 있는지도 모른다. 2009년 봄, 세상을 위협한 신종플루가 불과 몇 달 만에 변종된 모습으로 나타났듯 과학이 한 걸음 발전하면 병 또한 새로운 변종을 낳고 변화된 환경에 재빨리 적응해버린다. 뿐만 아니라 과거 성인병과 같이 나이 든 사람들에게서 나타나던 병들이 이제는 나이를 가리지 않고 무차별적으로 침범해

들어오니 무엇보다도 우리 아이들과 청소년들의 건강이 걱정이다.

혼자만의 깊은 고요함 속에서 앞으로 수많은 사람들을 공포에 몰아넣게 될 병이 가까이 다가왔음을 느낄 때가 있다. 그 병은 바이러스가 아니라 파장을 통해 전달되기에 휴대전화로도 전달될 정도로 치명적인 위력을 지니고 있다. 이는 이미 1999년 『초광력, 빛으로 오는 우주의 힘』이라는 책 가운데 '영생도 종말도 없는 자연법칙'이라는 대목에서 밝힌 바 있다.

이러한 병이 생겨나게 된 데에는 여러 가지 원인이 있겠지만 무엇보다도 우리의 병든 마음, 겸손할 줄도 감사할 줄도 모르는 어두운 마음이 그 시작일 것이다. 그러니 본래 우주마음이 부여한 맑고 밝은 마음, 어린이의 마음으로 되돌아가 빛[viii]을 만나고 치명적인 병의 위협에서 스스로를 지키고 병을 예방할 필요가 있다.

이러한 이야기를 하는 까닭은 많은 사람들에게 불안을 조장하거나 위협하고자 하는 의도가 아니고, 어려움을 대비하게 하고자 함이다. 1986년 큰 빛[viii]과 만난 이후 수많은 빛[viii]의 현상에서 이 내용이 전해져오기에 다만 있는 그대로 세상에 이야기하여 현존의 빛[viii]과 함께 어려움을 준비하고 큰 병을 예방하고자 하는 것이 우주마음의 의도다.

우주마음은 어머니의 마음과 같이 우리 인간에게 끝없는 자애의 손길을 뻗쳐 빛[viii]을 보내주고 있다. 소수의 사람들이 아닌 더 많은 사람들, 우리나라뿐만 아닌 전 세계의 사람들, 나아가 함께 이 지구에서 살아가고 있는 전 생명과 대대손손 후손들이 이 우주 근원의 빛[viii]과 함께 건강하고 행복한 삶을 살아갈 수 있어야 한다. 그것이야말로 이 빛[viii]이 우리와 함께하고 있는 가장 큰 이유다.

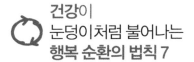

건강이
눈덩이처럼 불어나는
행복 순환의 법칙 7

1 빛[viii]은 생명과 건강을 되돌려주는 우주 원천의 에너지다. 이 힘을 통해 건강을 지키고 병이 있는 부분은 원래의 건강한 상태로 되돌아가는 행복을 경험해보라.

2 빛명상은 예방의학적 효과를 지니며 발병 전, 발병 초기, 발병 후 모든 과정에 걸쳐 건강을 유지하고 병의 진행을 억제하며 후유증을 예방하는 효과가 있다.

3 모든 병에는 그 인연(원인)이 존재한다. 빛[viii]은 가장 먼저 우리의 마음을 정화함으로써 병의 원인을 제거, 정화하여 건강을 되찾게 해준다.

4 초광력수는 음용할 수 있는 물에 빛[viii]을 봉입해 만든 것이다. 초광력수는 인체 내 오염·발암 물질, 여러 가지 병의 원인을 각종 병으로 발전하기 전에 미리 정화해 건강을 유지할 수 있게 해준다.

5 식품으로서는 최초로 항염 성분을 인정받은 비채담 황토 삼백초는 병이 암으로 발전되기 이전 염증 단계에서 억제해주는 역할을 한다. 암을 비롯한 각종 성인병의 위협으로부터 건강을 보호할 수 있는 우주마음의 특별한 선물이다.

안전과 예방의 힘, 빛viit *

**거부할 수 없는
운명의 굴레**

우리는 삶을 살아가는 동안 수많은 선택의 기로에
서게 된다. 이 길을 건널까 말까, 이 물건을 살까 말
까, 그 직장에 다닐까 말까, 이 남자 혹은 이 여자와
결혼을 할까 말까 등등. 그런데 그러한 선택이 겉으로는 우리 내면의 자유
의지에 따른 것처럼 보여도 실상은 보이지 않는 큰 흐름의 영향을 받고 있
는 경우가 대부분이다. 그 흐름이란 '나'라는 존재가 생기기 이전에 무수한
인과관계의 연결고리에 따라 만들어진 것으로 누구나 좋든 싫든 영향을 받
게 되어 있다.

흔히 운명 혹은 숙명이라 부르는 이 흐름이 좋은 방향으로 풀려나갈 때
는 괜찮지만 그러지 않을 때에는 직접적인 실수나 잘못 없이도 실패나 불
운으로 다가온다. 또한 많은 이들이 이러한 운명 앞에 후회, 좌절하고 남
을 원망하며 때로는 모든 것을 자포자기한 채 더욱더 깊은 수렁으로 빠져
들어간다.

지난 세월 수많은 사람들의 삶을 통해 이 운명의 흐름이 사람의 삶에 얼
마나 큰 영향을 미치는지 지켜보아왔다. 아무리 능력이 있고 재능이 있어도
단 한 순간, 도저히 피할 수 없었던 그 사건으로 말미암아 인생 전체가 송두

리째 뒤엉켜버리는 것이다. 윤정이의 경우도 그러했다.

　매년 재야의 종소리가 울릴 때면 제일 먼저 새해 첫인사를 하는 예쁜 아이. 하지만 이 아이와 처음 만났던 그날을 생각하면 지금도 마음 한쪽이 짠해온다. 자신의 운명이 왜 그래야 하는지 이유도 모른 채 어린 마음이 절망 속에 갇혀 있었다.

　늘 전교 1등을 놓치지 않을 만큼 공부에 재능이 있었던 윤정이의 꿈을 단 한순간 허무하게 날린 것은 예기치 못한 사고였다. 국내 최고 명문대에 합격해 2년이 지난 어느 날, 집을 나선 아이의 걸음이 질주해온 트럭에 부딪혀 허공으로 튕겨나간 것이다. 고이 키워 올린 아이의 꿈 그리고 온 가족의 희망이 산산조각 나는 순간이었다.

　이후 윤정이는 하반신 마비 판정을 받았다. 아이는 물론 가족 모두가 이루 말할 수 없이 깊은 절망에 빠졌고 특히 윤정이는 극심한 우울증에 시달렸다. 그리고 어느 날부터인가 아이가 이상한 행동을 하기 시작했다. 엄마가 자리를 비운 틈에 자꾸만 침대에서 떨어져 바닥으로 몸을 굴렸던 것이다.

　"이런 몸으로 대체 뭘 하겠어요. 차라리 죽는 게 나아요."

　하반신이 마비된 윤정이는 그렇게 해서라도 현실을 회피하고 싶었다. 온몸이 멍투성이가 되도록 그러한 행동을 그치지 않았다.

　그러던 어느 날 침대 밑으로 몸을 굴린 윤정이의 눈에 구석에 틀어박힌 책 한 권이 눈에 들어왔다. 처음에는 읽을 생각조차 하지 않고 내팽개쳤던 그 책이 그날따라 윤정이의 마음을 움직였다. 책을 모두 읽고 난 아이는 사고 이후 한 번도 보여준 적 없는 밝은 얼굴로 엄마에게 말했다.

"엄마, 나 이 책에 나오는 선생님 좀 꼭 만나게 해줘."

그렇게 해서 나와 윤정이의 만남이 이루어졌다.

"저도 빛[viii]을 받으면 책에 나온 사람들처럼 될 수 있겠지요? 병원에서는 제 다리를 잘라야 할지도 모른다고 했어요. 제발 다리를 자르지 않게 해주세요."

아이는 나를 보자 기다렸다는 듯 말문을 열고 가슴속 이야기를 뱉어냈다.

"최대한 좋은 결과가 있도록 우주마음에 간절히 청해보자."

그날은 무엇보다도 다친 다리만큼이나 깊은 상처를 입은 아이의 마음이 치유되기를 바라며 빛[viii]을 주었다.

몇 개월 후 윤정이를 다시 만났다. 늘 누워만 있던 아이가 이제 휠체어를 타고 웃고 있었다.

"빛[viii] 덕택에 다리를 자르지 않게 되고 이렇게 휠체어도 탈 수 있게 되었어요. 정말 감사합니다. 이제 용기를 내어 더 열심히 살아갈게요."

미소 띤 윤정이의 얼굴이 환하게 빛났다.

상희 역시 윤정이만큼이나 안타까운 사정으로 내 기억 속에 남아 있다.

"선생님, 제 딸 좀 죽이주이소!"

어느 날 다짜고짜 딸부터 죽여달라는 전화에 고개가 갸웃했다. 살려달라, 도와달라는 소리는 많이 들어도 죽여달라는 말은 난생처음이었기 때문이다.

주소를 물어물어 찾아간 곳은 한 산동네 문간방이었다. 겨우 발을 뻗고 누울 정도의 작고 옹색한 방에 딸을 죽여달라던 어머니와 딸 상희가 살고 있었다.

그런데 상희를 보니 어머니의 심정이 이해가 갔다. 과연 저 몸으로 숨이 붙어 있을까 싶게 뼈만 남은 앙상한 몸이 커다란 산소통에 의존해 겨우 숨이 붙어 있는 정도였다.

"저 산소호흡기만 떼면 상희도 저도 편해집니더. 제발 좀 도와주시소."

어머니는 딸이 저 지경이 된 것은 하필 그날 자신이 집을 비운 탓이라며 다시 눈물을 쏟았다.

"상희가 늦게까지 학원에 갔다가 밤 12시 넘어 집에 돌아오기 때문에 평소에는 늘 마중을 나갔습니더. 그런데 하필 그날 제가 볼일이 있어 마중을 못 나갔지예."

아이는 밤새 돌아오지 않았고, 날이 밝고 나서야 골목 한구석에 만신창이가 되어 있는 아이를 겨우 찾아냈다. 이 일이 있은 후 아이는 물론 가족 전체가 풍비박산이 났다. 상희는 아무리 치료를 해도 좀처럼 차도를 보이지 않았다.

결국 그렇게 몇 년이 지나는 사이 병원비로 생계가 막막해진 남편은 돈을 벌어오겠다며 집을 나가 돌아오지 않았고, 상희의 동생들도 결국 가출을 해 연락이 끊겨져버렸다. 어머니 역시 지칠 대로 지쳐 모든 것을 놓아버리고 싶은 상태였지만 차마 딸아이를 포기할 수 없어 겨우 살아가고 있었다.

일단 온 방안에 주렁주렁 붙어 있는 각종 부적이며 비방을 떼어냈다. 그리고 물에 빛[viii]을 봉입해 초광력수를 만든 후 그 물로 아이의 입술을 적셔 주게 했다. 의식이 있는지 없는지 산소호흡기를 달고 겨우 숨만 쉬고 있는 아이에게 빛[viii]을 주었다. 이 힘을 통해 그날의 모든 아픈 상처, 기억들을 씻어내고 원래의 건강한 상태로 되돌아갈 수 있도록 했다.

"상희야, 이제 빛[viii]을 받고 일어나라. 지난 기억은 모두 잊고 새롭게 태어나라."

그렇게 상희를 만나고 돌아온 지 며칠이 지났다. 아이의 어머니로부터 다시 전화가 왔다. 지난번 딸을 죽여달라던 애절한 목소리가 이제는 기쁨으로 들떠 있었다.

"아이가 눈을 떴습니더!"

두어 번 아이를 더 찾아가 빛[viii]을 주는 가운데 상희는 더 이상 산소호흡기가 필요 없을 정도로 호전되었다. '내가 누구인지 알아보겠니?' 하고 물으니 상희가 눈을 한 번 깜빡하고 가느다란 손으로 내 손가락을 약하게 쥐었다. 아이가 살아나고 있었던 것이다.

이후 상희가 몸을 일으켜세울 수 있을 정도가 되자 나에게 말했다.

"아주 어둡고 몽롱한 구름에 싸여 있었어요. 그런데 어디선가 밝은 빛이 저를 감싸더니 '깨어나라'고 했어요. 빛선생님 목소리였어요."

몇 년 후.

부산국제신문사 강당에서 열린 공개강연회가 끝난 뒤 한 젊은 부부가 찾아왔다.

"저 상희예요. 알아보시겠어요?"

매우 젊고 아름다운 여인이었다. 도저히 내 기억 속의 상희라고 볼 수 없는 건강하고 밝은 모습이었다.

"빛선생님께서 부산에 오신다기에 반가워 이렇게 달려왔어요. 덕분에 이렇게 건강해지고 얼마 전 결혼도 했답니다."

이윽고 상희가 무언가를 내밀었다.

"항상 성모님을 좋아하셨잖아요. 여기 작은 성모님요! 그리고 운동화만 신고 다니시던 모습이 맘에 걸려 구두 한 켤레 사드리는 것이 제 바람이었어요."

종교적 의미 이전에 세상의 모든 생명을 창조한 어머니와 같은 존재로서의 우주마음, 모든 것을 품는 여성성을 지닌 근원의 존재로서 성모님을 무척 좋아했다. 상희는 그 사실을 어떻게 알았는지 작은 성모상과 함께 구두 티켓 하나를 내밀었다. 아름다운 부부의 앞날에 행복이 가득하길 바라며 다시금 빛viii을 가득 불어넣어주었다.

소 잃기 전에 외양간을 점검하라

윤정이와 상희처럼 한순간 밀어닥친 불의의 사고로 인생 전체가 뒤흔들리는 경우를 종종 마주치게 된다. 아, 여전히 우리 주변에는 제2의 윤정이, 제3의 상희와 같은 이들이 얼마나 많은가! 사고가 일어나고 난 후에야 비로소 발버둥을 쳐보지만 한번 엎질러진 물을 주워 담기란 참 쉽지 않은 일이다.

이러한 위기의 순간에 그 위기를 모면하게 하는 힘은 우리의 삶에 반드시 필요하다. 또한 가능하다면 최선의 방법은 위기가 다가오기 전 미리 예방하는 것이다. 소를 잃기 전에 미리 외양간을 튼튼히 점검해두는 것이다.

평소 저축을 해두면 필요한 순간에 그 돈을 꺼내어 쓸 수 있듯 위기가 닥치기 전 미리 빛[viii]으로 내면의 에너지를 충전해놓으면 위기의 순간 그 무엇보다도 든든한 힘으로 작용한다. 지금 소개할 정아의 경우가 그러하다.

그날 정아는 학교를 마치고 친구들과 함께 집으로 돌아오던 길이었다. 그런데 건널목을 지나다가 그만 질주해오는 트럭에 치이고 만 것이다. 트럭은 순식간에 정아를 덮쳤고 아이의 몸은 멀리 공중을 날아 바닥에 나동그라졌다. 눈 깜짝할 사이에 일어난 일이었다.

그런데 바로 그 순간, 정아 옆에 있던 친구가 너무 놀란 나머지 '초광력!' 하고 크게 소리쳤다. 평소 정아가 늘 이야기하곤 했던 그 단어를 친구는 분명히 기억하고 있었던 것이다.

트럭 기사와 주변 사람들 모두 깜짝 놀라 정아의 곁으로 몰려들었다. 그런데 놀랍게도 정아가 부스스 자리에서 일어났다. 더욱 신기한 것은 트럭에 치여 몇 미터를 날아갔다고는 생각할 수 없을 정도로 온몸이 멀쩡했던 것이다.

정아는 그 사건을 이렇게 기억한다.

"트럭에 치이는 순간 친구가 '초광력'이라고 외치는 말을 들으며 순간 제가 제 몸 밖으로 튀어나갔어요. 눈을 떠보니 제가 공중에 높이 떠 땅바닥에 쓰러져 있는 제 모습을 보고 있는 것이었습니다.

'분명 난 여기 있는데 어떻게 저기 쓰러져 있는 내 모습이 보이는 걸까?'

그 순간 어렸을 적부터 제가 잘못했던 일들이 마치 영화의 필름처럼 한 순간에 보이기 시작했습니다. '아, 이제 내가 죽는 거구나…' 하며 뒤를 도는 순간, 갑자기 엄청나게 환한 빛이 눈앞을 가득 메웠습니다. 그리고 누군가의 음성, 남자도 여자도 아닌 편안한 음성이 들렸습니다.

'너는 아직 때가 아니다. 돌아가서 남은 생을 착하게 살아라.'

이 음성을 듣고 눈을 떴습니다."

이 신비스러운 체험과 함께 정아는 트럭에 치이고도 아무런 상처를 입지 않는 기적을 경험하게 된 것이다. 이후 정아는 건강한 모습으로 원하던 대학에 합격하여 즐겁게 대학생활을 하고 있다.

부산의 한 학생, 은영이의 경우도 유사하다. 어느 날 무심코 그 학생이 지나가는데 알 수 없는 그림자가 아이 주위를 감돌고 있기에 빛[viii]을 주며 미리 주의를 주었다. 가족들 또한 가능한 한 아이에게 조심을 하도록 했다. 하지만 위기는 전혀 예상치 못한 엉뚱한 곳에서 다가왔다.

당시 갓 대학에 들어간 은영이는 용돈을 벌기 위해 매일 아르바이트를 했다. 사건은 그날도 늦은 밤까지 일하던 아이가 근처 편의점으로 심부름을 갔을 때 일어났다.

편의점이 있는 골목길에 접어들었을 때 누군가가 뒤에서 은영이의 눈을 가리고 목을 팔로 감싸 안았다. 은영이는 처음엔 그저 아는 사람의 장난인 줄 알고 크게 반항을 하지 않았다. 그런데 그 팔이 점점 자신의 목을 강하게 죄어오는 것을 느끼며 그제야 큰일 났다는 생각을 하게 되었다.

괴한은 목을 강하게 옭아맨 채 은영이를 구석진 곳으로 끌고 갔고 큰 소리를 내면 가만두지 않겠다고 협박을 했다. 아이는 극도로 당황한 상태였지만 얼마 전 내가 주의를 주었던 일과 함께 순간적으로 빛^{viii}이 생각났다. 동시에 은영이의 머릿속에는 위기를 모면할 수 있는 방법이 번뜩 떠올랐다.

"저기 경찰이 아까 아저씨 모습 다 봤어요! 곧 경찰들이 올 거예요."

순간의 기지가 발휘된 것이다. 그 말을 들은 괴한이 아이의 말을 듣고 움찔하더니 갑자기 아이의 목을 놓고 멀리 줄행랑을 쳤다. 괴한 스스로 두려움을 느껴 도망친 것이다. 하마터면 앞서 상희의 경우처럼 심각한 사고로 이어질 수 있는 상황이었지만 은영이는 그렇게 해서 위기를 무사히 넘기게 되었다.

죽음을 비켜 간 사람들

내 운명 속의 어떤 알 수 없는 원인으로 묶여 있는 매듭, 거기에 나와 연관된 상대방의 매듭까지 함께 엮여들게 되면 도저히 풀 수 없는 엉킨 실타래처럼 치명적인 사고, 질병, 불운이 위기가 되어 다가온다. 일단 그 복잡한 실타래에 걸려들고 나면 엉킨 실뭉치를 잘라내는 수밖에 방법이 없다. 그만큼 돌이킬 수 없는 상처와 아픔을 감내해야 하는 것이다.

그런데 앞서 교통사고를 당하고도 생명을 건진 정아와 괴한의 납치에서도 무사했던 은영이의 이야기는 그러한 위기의 순간 빛^{viii}이 얼마나 큰 위력을 발휘할 수 있는지를 보여준다. 언제 어떻게 다가올지 모르는 불의의 사고 앞에 평소 내면에 축적해둔 빛^{viii}이 그 어려움을 모면할 수 있는 힘이 되어주는 것이다.

누구든 살면서 마주치게 되는 위기를 빛viii을 통해 좀 더 효과적으로 대비하고 예방하는 방법을 고심하던 중 만들어낸 것이 바로 '초광력씰(칩)', '초광력봉'과 같은 빛viii 봉입물품이다. 쉽게 설명하면 이들은 빛viii 이동저장장치 또는 빛viii과 교류할 수 있는 역할을 하는 안테나. 원하는 장소에 부착하기 좋은 씰이나 칩, 몸에 소지하기 쉬운 형태의 물건에 빛 에너지를 봉입해두면 필요한 순간 우주근원의 힘, 빛viii이 어떤 위력을 발휘한다.

이 빛viii 봉입물품의 위력을 느낄 수 있는 사례들은 무수히 많다. 대표적인 경우로 1995년 4월 대구 상인동 가스폭발사건이 떠오른다. 그날 예기치 못한 사고로 학교와 일터로 가기 위해 아침이면 늘 그곳을 지나던 무고한 생명들이 목숨을 잃었다. 참으로 비극적인 사고였다. 그런데 당시 회원들 중에도 등굣길과 출근길에 그 곳을 지나가는 사람들이 서너 명 있었다.

"그날따라 아이가 초광력봉을 유난히 찾았습니다. 꼭 그걸 가지고 학교에 가야 한다면서요."

당시 효성 초등학교 4학년이던 딸을 둔 이병성 씨는 초광력봉을 찾는 아이 때문에 한동안 실랑이를 벌였다. 그날따라 유난히 고집을 피우는 딸아이 때문에 출근 시간에 늦었는데도 초광력봉을 찾아 온 방안을 뒤져야 했던 것이다.

그렇게 해서 뒤늦게 아이를 차에 태우고 출근길에 올랐다. 평소보다 10여 분 정도 늦은 시각이었기에 마음이 급했다. 그렇게 늘 아침마다 지나던 상인동 지하철 공사장 부분을 앞에 두고 갑자기 '꽝!' 하고 천지를 찢어놓을 듯한 굉음이 들려왔다. 사방에 먼지가 자욱하고 비명과 고함소리가 들렸다. 평온하던 아침 출근길이 삽시간에 아비규환의 장소로 바뀐 것이다.

이 씨는 지하철 공사 구간에서 대형 가스폭발이 있었다는 소식을 듣고 그제야 상황을 이해하게 되었다. 평소처럼 그곳을 지나다 억울하게 목숨을 잃은 많은 시민과 학생들의 영정사진 앞에서 가족들이 오열하는 모습을 보며 어쩌면 자신의 사진도 그 속에 있었겠구나, 하는 생각에 눈물을 흘렸다.

"한 치 앞을 알 수 없는 것이 삶인가 봅니다. 이렇게 살아있을 수 있다는 것 자체로도 얼마나 감사한지요."

그런데 더욱 신기한 것은 이와 유사한 체험을 한 사람이 이병성 씨 한 사람이 아니라는 사실이다. 이상하게 그날은 그 길이 아닌 다른 길로 가고 싶었다든가, 평소보다 빨리 혹은 늦게 그 길을 지나느라 사고를 비켜 간 사람들의 체험이 이어졌다. 물론 그들의 옷 속에, 지갑에 혹은 자동차 핸들에는 초광력씰, 초광력봉이 있었다. 과연 이 모든 것을 단지 우연이라고 할 수 있을까? 분명한 것은 그날 이 모든 사람들에게 누구도 부인할 수 없는 기막힌 행운이 함께했다는 사실이다.

교통사고를 막아준
천상의 브러시
1986년 큰 빛[viii]을 만난 바로 그날의 일이다. 일행들과 함께 산을 내려온 후 구마고속도로를 타고 다시 대구로 되돌아가던 길이었다. 주말이라 고속도로에 차들이 가득한 가운데 갑자기 폭우가 퍼붓기 시작해 도로도 무척 미끄러웠다. 거기에 설상가상으로 윈도 브러시가 말을 듣지 않았다. 순간 앞이 제대로 보이지 않아 무척 위험한 상황이 되었다. 그렇다고 고속도로 한가운데

서 차를 멈춰 세울 수도, 앞이 보이지 않는 상태로 무작정 나갈 수도 없었다.

차에 타고 있던 일행 모두는 순간 무척 긴장한 채 방법을 찾기 시작했다. 이때 내 옆에 있던 총무가 다급한 목소리로 내게 말했다.

"어떻게 좀 해보십시오!"

그 역시 낮에 산 정상에서 있었던 놀라운 빛^{viii}의 현상을 목격한 터였다. 그러니 이러한 위기를 벗어날 수 있도록 어떤 특별한 힘이라도 발휘해보라는 것이다.

나 또한 그날 진퇴양난의 상황에서 고개를 끄덕이며 조금 전 만났던 그 크고 환한 빛^{viii}을 생각했다. 그리고 조용히 우주마음에 청했다.

"제가 만났던 그 큰 빛^{viii}이 허상이 아닌 진실이라면 이 위기를 모면할 수 있게 해주십시오."

그러자 그 생각과 동시에 이 위기를 무사히 넘길 수 있다는 우주마음의 느낌이 들었다. 고장 난 윈도 브러시를 대신 할 천상의 브러시가 내려온다는 것이다.

그 생각과 동시에 눈앞에서 놀라운 일이 벌어졌다. 차창에 떨어진 빗물이 저절로 양 옆으로 비켜가며 시야가 환히 트인 것이다. 마치 보이지 않는 투명 브러시로 빗물을 갈라내기라도 하듯 정말 놀라운 장면이었다. 이 광경을 본 일행들도 놀라 입을 다물지 못했다.

이 일로 그날 낮에 만난 빛^{viii}에 대해 다시 한번 확신할 수 있었음은 물론 운전 중에 닥치게 되는 위기의 순간을 빛^{viii}을 통해 무사히 넘길 수 있겠다는 힌트 또한 얻게 되었다.

이후 초광력씰을 만들어 자동차 핸들에 붙이게 했는데, 그 결과 교통

사고에서 무사히 벗어날 수 있었다는 체험들이 다양하게 보고되고 있다.
  양진혁 씨의 사례가 대표적인 경우이다.

저는 경차로 밤에 장거리 운행을 많이 합니다. 그래서 사고에 대한 위
험 요인이 많습니다. 제 차 핸들에 차량용 빛씰을 부착하고 나서 저는
여러 번 큰 교통사고를 면했던 기적을 체험했습니다.
첫 번째, 칠곡IC 터널 바로 앞에서 제 차를 앞서 가던 5톤 트럭이 도
로에 어떤 검은 물체를 밟고 가다 갑자기 펑크가 나서 그 검은 물체가
뒤따르던 제 차 쪽으로 날라왔었는데 신기하게도 그것이 제 차의 정면
을 겨냥해서 튀어오르지 않고 차 밑부분과 부딪치며 튕겨나갔고 앞서
가던 펑크가 난 과적차도 옆으로 쓰러지지 않고 천천히 속도를 줄인
덕분에 연쇄 추돌이 일어나지 않았습니다.
두 번째, 비가 오는 밤에 운전하고 있었는데 많은 비 때문에 차선이 잘
안 보이고 특히 야맹증인 저에게 그날은 엄청 힘든 운전이였습니다. 속
으로 '큰일 났다 대구에서 마산까지 먼 길을 이 상황에 어떻게 안전하
게 갈 수 있을까?'라고 생각하던 찰나 신기하게도 차량 뒷편이 환하게
불이 켜진 흰색 냉동탑차들이 여러번 창원에서 대구로 가는 고속도로
에서 제 차 앞에 나타나서 내서 IC까지 안내자가 되어 주었습니다.
마지막으로 지난 2월 제주도를 여행 갔을 때 지난밤 눈이 많이 내렸지
만 메인도로와 해안도로 쪽에 눈이 다 녹아서 안심하고 렌터카를 운전
했습니다. 마지막 일정인 게스트하우스에 가기 위해 내비가 안내하는
작은 시골길로 운행을 하던 중 빙판에 내리막길에서 올라오는 차를 피

하려다가 360도 회전하면서 큰 도랑에 빠졌었는데, 차량에 흠도 하나 나지 않았습니다. 사고 난 시각이 저녁 5시쯤이었고 체감온도 영하 5도였던 터라 보험을 부른다고 해서 여기 레카차가 오겠나 라고 생각하던 찰나 신기하게 레카차가 와서 차를 도랑에서 빼내주었고 눈이 묻지 않은 안전한 곳까지 견인해 주었습니다.

(양진혁, 교사)

운전병으로 군복무를 할 때 조효욱 씨는 세 차례나 반복해서 자동차 사고의 위험에 처하게 되었다. 문제는 자신의 나이만큼이나 오래된 트럭으로 세 차례나 장거리 화물 운송 임무를 맡게 되면서 발생했다. 운송 임무 전날 그는 왠지 불안한 마음에 빛명상을 한 후 잠이 들었다.

첫 번째 운송 때였다. 한참 고속도로를 달리고 있는데 트럭의 브레이크가 말을 듣지 않았다. 앞차와 부딪칠 수도 있는 위급한 순간 조 군은 여러 차례 '빛[viii]'을 되뇌었다. 자동차는 간신히 멈춰 섰고 사고를 면할 수 있었다. 그 후에도 트럭은 다시 오르막 경사길에서 뒤로 미끄러지며 뒤차와 부딪칠 뻔한 위기를 모면하였다.

이후 그는 두 번째 운송 때는 앞바퀴에 대못이 박혀 있는 것을 우연히 발견하여 조치를 취했고, 세 번째 운송 때는 바퀴에 바람이 빠져 있는 것을 사전에 알아내 큰 사고로 이어질 수 있는 위험을 미연에 방지할 수 있었다.

다른 차량들은 아무런 이상이 없는데 유독 자신의 경우만 이렇게 반복해서 사고 위기를 넘긴 조 씨는 만약 빛[viii]과 함께 하지 않았더라면 과연 어땠을까, 하는 생각을 하게 되었다고 말한다.

제가 사고가 날 운이었는지 아니었는지는 몰라도 유독 제가 몰고 갈 차량에서만 이상 징후가 발견되었습니다. 첫 번째, 두 번째, 세 번째 모두 대형사고로 이어질 수 있는 아찔한 순간, 위험 요소였습니다.

제가 빛[viii]과 함께하는 군인이 아니었다면 아마 뉴스에 나왔을 수도 있지 않나 하는 생각이 듭니다. 많은 분들이 빛[viii]과 함께하면 어려움도 가볍게 넘긴다고 하셨는데 이번 일들이 꼭 그랬던 것 같습니다.

(조효욱, 직장인)

강원도 여행길에서 한계령을 지나던 박재영 씨 부부는 그만 눈길에 승용차가 미끄러지면서 도로를 이탈해 낭떠러지로 떨어지고 말았다.

승용차가 절벽을 구르기 시작하며 생사가 오가던 그 순간, 박 씨의 머리에 떠오른 것은 빛[viii]이었다. 박재영 씨는 핸들에 붙여진 초광력씰을 바라보며 '초광력!'이라고 큰 소리로 외쳤고, 잠시 후 자동차가 기적적으로 나무 둥치에 걸려 잠시 멈춰 서게 되었다.

자동차가 아슬아슬하게 절벽에 걸려 있는 사이 박 씨 부부는 얼른 차에서 빠져나왔다. 그리고 이들 부부가 빠져나오자마자 차는 다시 절벽 아래로 굴러떨어졌다. 결국 자동차는 형체를 알아볼 수 없을 정도로 손상을 입게 되었다. 아찔한 죽음의 위기를 빛[viii]과 함께 넘긴 것이다.

기막힌 행운의 주인공들 그리고 당신 차례

이러한 놀라운 이야기들은 지난 이십 년간 일어난 모든 일에 비하면 빙산의 일각에 불과하다. 우연같기도 하지만 단지 우연이라고만은 말할 수 없는 필연의 이야기들. 분명 인간의 머리로 판단할 수 없는 초월적 힘은 우연과 같은 필연 혹은 기대하지 않았던 행운의 형태로 다가오곤 하였다.

인간의 힘이 닿지 않는 영역에 관여된 일에 대해 '운(運)이 좋다'는 말을 하곤 한다. 빛[viii]과 함께하는 가운데 확률상 극히 희귀한 일들, 기막히게 운이 좋은 행운의 주인공들이 자꾸만 늘어가고 있다. 그렇게 해가 거듭함에 따라 우리는 그 행운조차 만들어내는 신비의 힘, 위기를 예방하고 안전을 불러오는 힘, 빛[viii]과 함께하고 있음에 감사하게 된다. 이 책을 읽고 있는 당신 또한 안전과 위기 예방의 힘, 빛[viii]과 함께 행운의 주인공이 되어보라.

안전과 예방을 통한 행복이 눈덩이처럼 불어나는 행복 순환의 법칙 8

1 운명의 흐름 중에 피해 갈 수 없는 매듭이 있게 마련이다. 이는 치명적인 사고, 질병, 불운의 위기가 되어 삶을 고통스럽게 한다. 이 시기를 대비하여 어려움을 가볍게 뛰어넘을 수 있는 에너지, 빛[viii]을 미리 충전해두라.

2 빛[viii]은 위기를 뛰어넘어 당신의 운명이 전혀 다른 방향으로 전개될 수 있도록 도와주는 '강력한 운명 전환의 힘'이다.

웰다잉(well-dying)을 위한 힘, 빛^{viit}

죽음이 두려운 이유

생불(生佛)로 추앙될 만큼 높은 법력으로 세상의 존경을 한 몸에 받았던 한 큰스님이 입적을 눈앞에 두고 있었다.

"죽으면 어디로 갑니까? 빛^{viit}선생님은 아십니까?"

스님이 내게 물었다.

"그 질문에 대한 답은 큰스님께서 더 잘 아시지 않는지요?"

"죽어본 적이 없으니 죽음 뒤에 갈 길 또한 모르겠습니다."

죽음에 대한 두려움은 큰스님조차 피해 갈 수 없었던 걸까? 평생 누구에게도 고백한 적 없던 두려움이 죽음을 눈앞에 두고 흘러나온 것이다.

한 정신세계 단체의 지도자였던 '무불 선사'의 경우도 그러했다. 그는 '내가 곧 우주고 우주가 곧 나'인 경지에 올랐다며 수많은 제자를 두고 부와 명예를 동시에 누렸던 유명한 도인이었다. 그러나 그는 제자의 배신과 치명적인 병마 앞에서 지난날 자신의 교만함에 뼈아픈 눈물을 흘리며 죽음을 맞이하게 되었다.

"이렇게 죽기에는 아직 해야 할 일이 많이 남아 있습니다. 부디 저를 좀 살려주십시오."

평생 구도에 몸 바쳤다는 성직자와 도인들도 이처럼 죽음을 두려워하는데 일반인들은 말해 무엇 할까. 영원할 것 같았던 삶이 어느덧 그 마지막에 이르렀을 때 비로소 죽음을 생각하고 두려움에 떤다. 이 두려움이야말로 평온한 죽음을 가로막는 가장 큰 장애물이다.

죽음은 자연의 흐름이며 이 흐름에서 비켜갈 수 있는 사람은 아무도 없다. 이 자연스러운 현상 앞에 너무도 많은 이들이 불안함과 두려움을 느낀다. 반면 동물들은 생에 대한 본능은 있지만 죽음 자체를 두려워하지는 않는다고 한다. 왜 이런 차이가 생길까? 그것은 바로 우리 안에 있는 '빛마음' 때문이다.

인간의 육체 안에는 동물과는 달리 우주의 마음을 닮은 내 안의 진정한 나, 빛마음(마음, 정신 혹은 종교에서 말하는 영혼)이 깃들어 있다. 인간 생명의 탄생이 육체와 이 빛마음의 결합이었다면 죽음은 육체와 빛마음이 분리되는 순간이다.

죽음과 함께 잠시 전까지 '나'인 줄 알았던 육체는 이제 시체라 불린다. 그 시체는 사람들 곁을 떠나 자연으로 돌아간다. 그렇다면 그 육체 안에 담겨 있던 진정한 나, 빛마음은 어디로 가게 될까? 물질이 아니기에 썩지 않고 또 다른 육체를 찾아 들어갈 수도 없다. 그 돌아갈 길을 안다면 죽음이 두렵거나 무서울 이유가 없지만 이를 알지 못하면 죽음 후의 갈 길이 무섭기만 하다. 마치 길 모르는 어린아이가 부모의 손을 놓친 것처럼 어디로 가야 할지 막막하기만 한 것이다. 그것은 곧 죽음에 대한 공포, 웰다잉을 가로막는 가장 큰 장애물이 된다.

**죽음 이후
우리의 마음은
어디로 가는가?**

내 안의 진정한 나, 빛마음이 원래 온 곳은 바로 우주마음이다. 따라서 그 빛마음이 죽음 후 되돌아가야 할 곳 또한 마음의 고향, 우주마음이다. 이를 알고 있는 사람은 두려움과 불안 없이 평온한 죽음을 맞이할 수 있다.

이는 어떤 철학적 이론이나 종교적인 믿음을 바탕으로 한 주장이 아니라 많은 실제적 사례를 통해서도 우리가 알 수 있는 사실이다. 지금 소개하고자 하는 두 사람의 죽음을 통해 그 사실을 확인해볼 수 있다.

평소 사람을 좋아하고 활동적인 삶을 살아왔던 한수우 씨는 오십대 초반 뜻하지 않게 직장암 판정을 받았다. 늘 한창이라고 생각했던 그에게 암이란 한 번도 생각해본 적 없는 남의 일에 불과했다. 그런데 그 남의 일이 현실로 다가온 것이다. 다행히 처음에는 고통스러운 항암치료를 거쳐 암도 이겨낸 듯했다. 하지만 얼마 지나지 않아 암 세포가 다시 임파선으로 전이되었다는 말을 듣고 한 씨와 그의 가족들은 더욱 깊은 절망에 빠졌다.

처음 한수우 씨를 만났을 때 그는 큰 두려움에 휩싸여 있었다. 어떻게 해서든 살고 싶다는 생각이 간절했고 완강히 죽음을 거부하고 있었다. 부부에게 빛[viii]을 주며 이분의 건강이 최대한 맑게 정화되고 통증 또한 줄어 고통스럽지 않기를 청하였다. 그때 문득 이분의 생명이 몇 년 더 연장되리라는 느낌이 왔다.

이후 한 씨는 꾸준히 빛[viii]을 받는 가운데 건강이 급속도로 회복되었고 정상적인 생활을 할 수 있을 정도가 되었다. 그렇게 몇 년이 흘렀다. 그사이 그는 단순히 건강을 위해서가 아니라 삶의 진정한 의미를 찾고 행복해지기 위해 빛[viii]과 함께하고 있었다. 아내는 물론 자녀들과 친지들, 가까운 이웃들이 함께 빛명상을 하였다.

그러던 어느 날, 가벼운 감기증세처럼 나빠진 한 씨의 몸 상태가 걷잡을 수 없이 악화되기 시작했다. 이후 그는 순식간에 처음 빛[viii]을 만났을 때의 상태로 되돌아갔다. 문득 시간을 돌이켜보니 처음 우주마음의 느낌과 같이 몇 년의 시간이 지나 있었다.

그러나 한 씨의 마음이 지난번 죽음을 앞두었던 때와는 달랐다. 그때는 갑작스런 죽음 앞에 어쩔 줄 몰라 당황하고 불안해하던 모습이었다면 이제는 평온하고 담담한 마음으로 죽음을 받아들이고 삶을 마감할 준비를 시작한 것이다.

"이제 제가 돌아가야 할 길이 어디인지 알기에 마음이 정말 가볍습니다. 이렇게나마 빛마음을 알고 죽는 것이 정말 다행이고 감사합니다만, 빛[viii]을 좀 더 일찍 알아 후회 없는 삶을 살았더라면 하는 아쉬움도 남습니다. 부디 제 아내와 아들, 딸들이 훗날 저와 같은 후회를 하지 않도록 의미 있는 삶을 살고 진정한 복을 짓기를 바랄 뿐입니다."

그것이 한 씨가 사람들 앞에서 남긴 마지막 말이자 유언이었다. 이후 그의 몸 상태는 더욱 악화되었지만 말기 암이었음에도 고통이 전혀 없었다. 도리어 정신은 더욱 또렷해져갔다. 일절 음식을 먹지 않고 오로지 빛[viii]이 봉입된 초광력수만 찾았으며, 이따금씩 어린아이와 같은 모습으로 아내의 손을 꼭 쥐고 '고향의 봄'과 같은 동요를 불렀다. 그리고 오래지 않아 한수우 씨는 평온한 상태에서 조용히 세상을 떠났다.

그가 세상을 떠난 바로 그 시각, 빛[viii]의 터에 있던 나에게 한 영혼이 찾아왔다. 작은 빛방울 혹은 눈사람처럼 보였는데, 직감적으로 그것이 한수우 씨의 빛마음임을 알 수 있었다. 육신으로부터 벗어났기 때문에 나이, 직업, 세상에서의 모든 틀에 얽매이지 않는 순수한 빛마음 그 자체, 어린 아이와도 같은 상태였다.

"어서 빛[viii]으로 돌아가라."

이윽고 그 빛마음이 내게 인사하더니 태양빛에 실려온 환한 풍선 같은 모습의 빛[viii]에 휩싸여 두둥실 사라졌다.

수년 전에도 이와 유사한 일이 있었다.

처음 윤희를 보았을 때 일곱 살이나 된 아이가 늘 엄마 등에만 붙어 있어 이상하다고 생각했다. 알고 보니 아이에게 원인을 알 수 없는 병으로 걷지 못하는 장애가 있었다. 이후 아이가 몇 차례 빛[viii]을 받고 걸음을 뗄 수 있게 되었다. 가족들은 아이가 곧 정상으로 회복되기라도 할 것처럼 기뻐했고 다시금 희망을 품기 시작했다.

그러나 안타깝게도 실상은 그렇지 않았다. 조금씩 걷게 되었지만 병에서 완전히 벗어난 것은 아니었기 때문이다. 아이의 명이 너무 짧았다. 하루는 아이의 어머니를 불러 지나친 기대는 하지 말고 언젠가 넘어가야 할 일을 조용히 준비하는 것이 좋겠다고 일러주었다.

아이 어머니가 울먹이는 표정으로 돌아간 지 얼마 안 되어 윤희가 쓰러지고 말았다. 소식을 듣고 달려가 보았을 때는 이미 아이가 의식을 잃은 상태였다. 그런데 윤희가 무의식중에도 무언가를 꼭 쥐고 놓지 않고 있었다.

"아이가 끝까지 빛선생님을 찾았어요. 그리고 이 초광력봉을 손에 쥐고는 놓지를 않네요."

그것은 윤희가 늘 빛[viii]과 함께할 수 있도록 만들어준 작은 빛봉입 물품이었다. 그런데 윤희는 마지막 순간까지 그것을 꼭 쥐고 아무리 해도 손을 펴지 않고 있었다. 어린것이 얼마나 간절했으면 정신을 잃고도 초광력봉을 놓지 못할까 싶어 마음이 짠했다.

"윤희야, 이제 괜찮으니 손 편안하게 펴라."

그러자 신기하게도 그때껏 꼭 쥐어져 있던 아이의 손이 스르르 풀렸다. 어머니가 이 모습을 보고 눈물을 흘리며 말했다.

"병원에서는 더 이상 손쓸 방법이 없다고 집으로 돌아가라고 하는데 무서워서 집에 못 가겠어요. 혹시 아이가 길에서 어떻게 되기라도 하면 어떡해요? 객사를 시킬 수는 없잖아요."

"괜찮습니다. 집으로 돌아갈 때까지는 큰일 없을 테니 안심하고 집으로 돌아가십시오. 가서 아이를 편안하게 해주십시오."

그렇게 아이를 보내고 나 또한 4시에 열리는 회원 모임에 늦지 않게끔 되돌아왔다. 그런데 모임을 시작하고 얼마 지나지 않아 볕이 들지 않는 북창으로 선명한 빛 한 줄기가 새어 들어왔다. 이상하다는 생각으로 그 빛줄기를 바라보고 있자니 무언가 작은 빛방울과 같은 것이 그 빛줄기를 쪼르륵 타고 들어오는 것이었다. 순간, 알 수 있었다.

"윤희 왔니?"

작은 빛방울이 마치 대답이라도 하듯 흔들렸다.

"그래, 이제 빛[viii]으로 되돌아가라."

그러자 창문 틈으로 들어왔던 작은 빛방울이 다시 한 번 흔들리더니 이

내 점점 멀어져갔다. 이 광경을 본 회원들이 놀라 입을 다물지 못했다.

일주일 후 윤희 어머니가 회원들의 정기 회합시간에 찾아와 그날의 일을 이야기해주었다.

"아이와 함께 집으로 돌아간 후 주체할 수 없이 잠이 쏟아져 한동안 윤희도 저도 잠에 빠져들었습니다. 그리고 제가 깨어났을 때 아이는 이미 세상을 떠나고 난 후였어요. 아이는 제 품에서 잠들 듯 편안한 모습으로 세상을 떠났습니다."

그 시간이 4시가 조금 넘었다고 했다. 그날 회합 시간에 창문 틈으로 빛줄기가 들어온 바로 그 시간이었다.

많은 사람들이 죽음 이후의 세상을 궁금해하지만, 그 세상은 산 사람의 귀와 눈으로 확인할 수 있는 대상이 아니다. 때문에 아예 죽음 이후의 세상이 존재하지 않는 것으로 치부하는 사람도 많다. 하지만 과연 그럴까? 누군가가 세상을 떠났을 때 우리가 흔히 '고인의 명복(冥福)을 빈다'는 말을 한다. 명복이란 무엇인가? 죽음 후 정말 아무것도 남지 않는다면 왜 우리는 죽은 사람의 명복을 빌어주는 것일까?

죽음 이후의 세상은 살아서 자신이 가졌던 생각, 관념을 따라간다. 즉, 살아있을 때 죽음 후 자신이 어디로 갈지 알고 있었다면 마치 잘 아는 길을 찾아가듯 갈 길을 찾아간다. 만약 열심히 믿는 종교가 있었다면 종교 교리에 따라, 생각이 있다면 자신의 생각에 따라 가게 될 것이다. 그것조차 없다면 갈 길을 몰라 방황하는 어린아이와도 같다. 갈팡질팡 어디로 갈지 몰라 서성거리다 길을 잃고 만다.

하지만 빛[viii]과 함께 평온한 죽음을 맞이한 두 사람의 사례와 같이 죽음 이후 우리의 마음이 가야 할 곳을 알고 있다면 풍요롭고 행복한 죽음, 웰다잉(well-dying)이 가능해진다. 가야 할 길을 알기에 그 길이 전혀 두렵거나 고통스럽지 않다.

웰다잉 그 이후의 나

죽음 후 나의 마음이 어디로 가는가의 문제는 의지나 생각 혹은 이론으로 해결 되지 않는다. 쉽게 말해 죽음 이후의 일은 우리 마음의 밝기에 따라 자동적으로 분류가 된다. 물에 돌멩이를 넣으면 무거운 돌이 가장 아래에 가라앉듯 그 누구도 피해 갈 수 없고 속일 수 없는 불변의 섭리다.

그러므로 살아가는 동안 자신의 마음을 밝고 가볍게 만들어줄 에너지를 많이 비축해두어야 한다. 그 복(福)이 죽음 후 그 마음을 밝은 곳으로 이끄는 밝은 힘을 불러들이기 때문이다. 반면 그러지 못했다면 그 마음도 어두운 곳으로 갈 수밖에 없다.

비참하게 떠도는 억울하고 한스러운 영혼들. 밝은 곳으로 가고자 애타게 기다리지만 살아생전 충분한 복을 짓지도, 그들을 띄워 보내줄 힘도 만나지 못해 어둡게 머물러 있는 경우를 종종 보게 된다. 그러한 마음들의 고통은 살아서 겪는 고통에 비할 바가 못된다.

수년 전 터키 여행 중 카파토키아(Cappadocia)라고 하는 곳을 방문한 적이 있다. 이곳은 이천 년 전 초기 그리스도교인들이 로마군과 회교도인들을 피해 만든 지하 교회로서 어두운 땅속 동굴에 있다. 언젠가 좋은 시절이 오면 종교의 자유를 얻게 되리라 믿었던 수많은 사람들이 결국 시간의 흐름을 이기지 못하고 세상을 떠났다. 이천 년이 지난 지금 그들의 신념은 이 야기 속에 묻힌 옛이야기가 되었고, 다만 비둘기 집처럼 구멍이 빠끔빠끔 한 지하 동굴만이 세상에 남아 그들의 흔적을 전해준다. 이제 후세 사람들 은 그들의 억울한 마음보다는 단순한 관광명소 혹은 순례여행지로 그곳을 찾을 뿐이다.

지하 동굴로 들어서자 그 장소에 머물러 있는 수많은 길 잃은 마음들, 한스럽고 어두운 마음들이 느껴졌다. 지난 이천 년간 갈 곳을 몰라 방황하 던 억울함이 얽히고설켜 그곳에 뭉쳐 있었다. 죽어도 떠날 길을 모르니 살 아서 육신이 머물렀던 그곳에 마음도 함께 머물러 있었다. 그러나 아무도 그 마음을 알아주지 못하고 그들을 띄워 보낼 힘도 없다. 마치 작은 반딧불 처럼 반짝이는 작은 존재들이었다.

우주마음을 생각하며 빛^{viii}을 펼쳤다. 그러자 주위를 가득 메우고 있던 어두운 마음들이 밝은 빛^{viii}에 휩싸여 태양 너머로 사라졌다.

십 수년 전 감포 바닷가의 한 어촌 마을에 머무른 적이 있었다. 마을 이 곳저곳을 둘러보다가 노송 한 그루가 멋스럽게 드리워진 절벽이 눈에 들어 왔다. 풍광이 너무 좋아 한걸음에 달려가려는데 동네 노인 한 분이 나를 말 렸다.

"저곳은 귀신이 나오는 절벽이라 동네 사람은 아무도 가지 않는다네. 경 치가 좋다고 덤벼들었다가 화를 입은 사람이 한두 명이 아니네. 그러니 공 연한 일 하지 말고 조심하는 게 좋을걸세."

노인의 말에 따르면 밤이 되면 그 절벽 부근에서 파도 소리와 함께 통곡 소리가 나고 때로는 불의의 사고도 일어나 해마다 꼭 한두 명은 그곳에서 목숨을 잃는다는 것이다. 그래서 동네 사람들 모두 그 근처에는 얼씬도 않는다고 했다.

조용히 그곳으로 가 고요함에 잠겼다. 그러자 일본 식민지 시대에 그곳에서 억울하게 목숨을 잃은 수많은 사람들의 한스러운 마음이 아직 그곳을 떠돌고 있음이 느껴졌다.

빛[viii]을 환히 펼쳐 보내며 생각했다. 이 억울한 마음들 모두 빛[viii]과 함께 씻겨나가기를, 다시금 밝은 마음으로 정화되기를 우주마음께 청하였다. 이윽고 환한 빛무리가 내려오더니 어두운 마음들이 정화되어 마치 풍선과도 같은 모양의 빛[viii]에 휩싸여 멀리 떠나갔다. 이후 파도 소리와 함께 묻혀 오던 통곡소리는 사라졌고 더 이상 사고가 일어나지 않았다. 그리고 아름다운 경치만큼이나 좋은 기운을 전해주는 명소로 바뀌었다.

복을 주는 조상, 화를 주는 조상

죽은 사람의 마음은 단지 육체가 없을 뿐 산 사람과 똑같다. 우리는 누군가에게 은혜를 입으면 감사를 표하고 답례를 한다. 반면 괴롭거나 힘이 들 때는 가까운 가족에게 그 고통을 호소하고 도움을 달라고 청한다. 죽은 사람의 마음도 마찬가지다. 돌아가신 선조가 밝고 좋은 곳으로 갔다면 후손을 도와 잘되게 도와준다. 흔히들 '조상이 돌봤다'는 표현이 바로 이에 해당한다. 반면 그 마음이 어둡고 불편하다면 그 고통을 살아 있는 후손들에게 전달한다. 이런 경우 후손은 알 수 없는 우환이나 어려움, 고난을 겪게 된다. 일이 될 듯 될 듯하다가 이루어지지 않고, 무언가 모를 답답함 혹은 원인을 알 수 없는 병으로 고통받기도 한다.

따라서 나의 뿌리가 되는 부모님과 할아버지, 할머니들은 비록 돌아가셨지만 이분들과 나는 보이지 않는 끈으로 계속 연결되어 있다고 보면 된다. 육체가 사라져도 그 안에 담겨 있던 마음은 영원히 죽지 않고 존재한다. 그리고 그 돌아간 마음이 살아 있는 후손들과 계속해서 파장을 주고받는 것이다. 부모의 마음이 편하지 않으면 자식의 마음 또한 편할 수 없고, 자식이 편하지 않은데 부모라고 해서 마음이 좋을 리 없는 이치와 같다. 다시 말해 돌아가신 선조들의 마음은 우리의 현실과 직접적으로 맞닿아 에너지를 주고받는 밀접한 관계에 있는 것이다.

뿌리가 건강해야 가지와 잎사귀도 건강하다. 과학이 아무리 발전하고 물질문명이 높은 수준에 이르렀다 해도 이 근본의 우주 섭리는 결코 바뀌지 않는다. 우리 조상들이 설, 추석과 같은 큰 명절, 그리고 그분의 기일까지 합쳐 최소 일 년에 세 번은 돌아가신 조상을 생각하고 그분들께 감사하는 시간을 갖는 풍습을 만들었던 이유가 바로 여기에 있다.

그러나 요즘 세태를 보면 많은 사람들이 설날과 추석이 지닌 본래의 아름다운 뜻을 잃어버리고 이를 장기 휴가나 해외여행의 기회쯤으로 여기는 듯하다. 입시생을 둔 가정에서는 아예 자녀가 명절을 쇠지 않고 공부하는 것을 당연시한다. 상황이 이렇다 보니 우리 후손들이 설, 추석은 연중 휴가 정도로, 제사는 무의미한 관습 정도로 인식한다고 해도 놀랄 일이 아니다. 그리고 그러한 후손을 둔 선조는 외롭고 허무한 영혼이 되어 결국 후손들에게도 좋지 않은 영향을 주게 될 것이다.

매년 잊지 않고 일 년에 두 번, 설과 추석에 돌아가신 선조들의 마음을 빛^{viii}으로 정화하는 시간을 가지는 이유가 바로 여기에 있다. 살아 있는 사람들이 빛^{viii}을 받으면 마음이 정화되듯 돌아가신 분들의 마음도 빛^{viii}을 받으면 밝고 가벼워진다. 그리고 그 결과 그 후손들의 삶 또한 밝고 행복하게 바뀐다. 빛^{viii}으로 선조들의 마음을 정화하는 과정에서 반짝이는 반딧불과 같은 모습의 선조들의 마음을 보았다는 경우도 있고, 때로는 얼굴을 알 수 없는 할머니 할아버지들이 큰절을 하고 사라지는 꿈, 이전에는 때가 묻어 시커먼 옷을 입고 계시던 분이 이제는 환하고 깨끗한 옷을 입고 나타나시는 꿈을 꾸는 경우도 있다.

하지만 더욱 중요한 것은 그 과정을 통해 현실이 바뀐다는 점이다. 뿌리가 건강해지면서 시들었던 잎사귀에도 생기가 도는 것이다. 무언가 모르게 어렵고 풀리지 않던 일이 수월하게 진행되고, 이유를 알 수 없이 고통스러웠던 몸이 건강해지기도 한다. 간절하게 바라던 일이 이루어지거나 마음이 편안하고 개운해지며, 친척과 가족 간에 화합하는 것도 모두 선조 정화를 통해 우리가 얻게 되는 혜택이다.

죽음을 통해 찾아가는 영원한 삶의 의미

태어남, 삶 그리고 죽음. 이것은 그 누구도 거부할 수 없는 우주의 큰 흐름이다. 들풀이나 곤충과 같은 미물에서 인간 그리고 은하계의 무수한 별들에 이르기까지 우주의 모든 생명은 태어나고, 살고, 죽는 과정을 거친다.

그림의 삼각형은 빛^{viii}을 펼칠 때마다 내 손바닥에 나타나는 형태를 그대로 옮긴 것인데, 단순한 도안이나 상징물이 아니라 실제 이 힘과 함께하는 특별한 심벌 마크다.

삼각형의 세 개의 변은 각각 태어남, 삶, 죽음을 뜻하며 어느 한 쪽으로도 치우침 없이 서로 동등하게 맞물려 이어진다. 다시 말해 태어남, 삶, 죽음 중 어느 하나도 더 중요하거나 혹은 덜 중요하지 않으며, 우주는 이 세 가지가 완벽하게 균형을 이루는 섭리 속에 존

빛VIII을 펼칠 때 손바닥에 나타나는 삼각형. 각 면은 태어남, 삶, 죽음을 의미하고 이 세 가지는 동등하게 맞물려 이어지며 균형을 이룬다.*

재하는 것이다. 그리고 이 삼각형 안에 우주를 뜻하는 큰 원이 존재하고 그 안에 우주로부터 본성을 물려받은 '진정한 나', 빛마음을 의미하는 작은 원이 들어 있다. 삼각형 안에 이 원이 들어 있는 것은 우주의 모든 생명 가운데 그 무엇도 태어나고, 살고, 죽는 이 우주의 흐름에서 예외가 될 수 없음을 의미한다.

즉, 수를 헤아릴 수 없는 선조 할아버지 할머니들의 삶을 바탕으로 하나밖에 없는 소중한 내 생명이 탄생했고, 바로 나는 지금 이 순간 그 소중한 삶을 살고 있는 것이다. 생명은 유한하며 어느 시점이 되어 한계에 이르렀을 때 죽음을 통해 또 다른 시작으로 이어지게 된다.

죽음은 육체를 '나'에게서 떠나보내는 과정일 뿐 끝이 아니다. 많은 사람들이 내 몸이 '나'인 줄 알고 열심히 먹이고 입히고 가꾸고 치장하지만, 이 육체조차 때가 되면 '나'와 분리해 떠나보내야 한다. 마치 애벌레가 허물을

---

* 이 마크는 국내외 고유상표등록이 되어 있으며 본회의 허가 없이 임의로 도용 할 수 없다.
  한국 특허 제372693호, 제43305호 / 일본 특허 제4530401호 / 미국 특허 제43305호

벗고 매미가 되듯 내가 한동안 머물러 있었던 몸을 벗어나 또 다른 영역, 비물질의 세계로 넘어간다.

죽음의 의미를 알면 현재 내가 살고 있는 삶의 의미 또한 분명해질 것이다. 어떻게 사는 삶이 의미 있는지, 죽어서 허무하고 한스럽지 않은 삶이란 무엇인지, 영원한 행복으로 이어지는 길이 어디에 있는지 알 수 있다.

또한 우리는 죽음을 통해 예수나 부처와 같은 성자들께서 사랑과 자비를 나누거나 베풀 때는 '왼손이 한 일을 오른손조차 모르게' 할 것이며, 대가를 바라지 않고 베푸는 '무주상보시(無住相布施)'를 하라고 한 의미를 알게 된다. 즉, 죽음 이후에도 나를 밝은 곳으로 이끌어줄 진정한 내면의 복은 남에게 과시하거나 드러냄 없이 순수하게 지을 때 쌓이기에 진정한 복을 지어야 하는 것이다.

빛[viii]은 내 안의 나, 진정한 내가 유래한 바로 그곳에서 오는 힘이다. 따라서 이 힘과 함께하는 죽음은 내 마음의 고향, 어머니의 품으로 되돌아가는 것과 같다. 태어나 성장하고 노화되는 일이 인간의 의지가 아닌 자연의 흐름에 따른 것이듯 죽음 또한 삶의 연장선상에 있는 것이지 결코 고통이나 두려움의 대상이 아니다. 따라서 빛[viii]과 함께하는 죽음이야말로 이론이나 생각에 그치는 것이 아니라 실제적인 힘을 통해 현실에서 직접 체험하는 웰다잉(well-dying)이다.

웰다잉을 통한
행복이 눈덩이처럼 불어나는
행복 순환의 법칙 9

1 죽음이란 내 안의 진정한 나, 빛마음과 육체가 분리되는 순간이다.

2 육체는 유한하여 그 한계에 이르면 소멸되지만 빛마음은 영원히 사라지지 않기에 죽음 후 원래 고향인 우주마음으로 되돌아가야 한다. 이때 되돌아가야 할 길을 알지 못하면 죽음이 두렵고 고통스럽게 된다.

3 빛[viii]은 우리의 빛마음이 원래 온 길로 다시 되돌아갈 수 있도록 이끌어주기에 평온하고 행복한 웰다잉(well-dying)을 가능하게 하는 힘이다.

4 우리의 마음은 부모님과 선조들의 마음과 연결되어 있기에 선조들의 마음이 편안해야 후손의 삶도 행복하고 결실이 있다. 따라서 설, 추석에는 진심으로 선조들에게 감사하는 시간을 가져라.

5 빛[viii]은 돌아간 선조들의 마음을 정화하여 후손의 삶이 더욱 풍요로운 결실을 맺을 수 있도록 해준다.

가정화합의 힘, 빛viit*

**이혼의 문턱에
서서**

그녀는 이혼 직전에 있었다. 트럭 운전사인 남편은 틈만 나면 노름과 포커로 방탕한 생활을 일삼았고 일주일에 한 번 얼굴 보기가 힘들었다. 그녀는 결혼한 지 삼 년이 지나도록 아이를 갖지 못했고 변비에 우울증, 두통까지 겹쳐 심신이 무척 괴로운 상태였다. 게다가 까다로운 시부모님으로 인해 결혼생활이 듣도 보도 못한 지옥처럼 느껴지기까지 했다. 시간이 흐를수록 부부 사이는 악화되기만 했고 하루에도 수십 번씩 남편과 헤어질 결심을 하게 되었다. 사정이 이렇다보니 얼굴은 기미와 짜증으로 가득 찼고 한눈에 보아도 병색이 완연했다.

빛viit을 찾아왔을 때 그녀는 이미 이혼 서류까지 다 떼놓고 도장 찍는 일만 남겨둔 상황이었다. 하지만 그녀의 마음 깊숙이 실낱같은 희망이 고개를 들었다. 비록 금이 간 가정이지만 되돌릴 수 있는 방법이 있을지도 모른다는 마지막 바람. 그것이 그녀와 빛viit을 이어준 끈이었다.

사실 이혼한다고 해결될 일도 아니었다. 어쩌면 그것이 두 사람의 만남의 한계이자 운명이었을지도 모른다. 그러나 그 한계와 운명조차 뛰어넘는 특별한 우주의 힘이 그녀를 감싸 안았다.

30초 정도가 지났을까. 그녀가 흐느끼기 시작했다. 빛viii을 받으면서 자신도 모르게 눈물이 쏟아지고 원망스럽기만 하던 마음에 변화가 왔다. 그녀는 지나간 모든 일을 용서하고 새롭게 시작해보고 싶은 진심도 우러났다고 말했다.

이후 그녀는 지속적으로 빛viii을 받는 가운데 차츰 변화가 나타나기 시작했다. 우선 기미로 뒤덮여 있던 얼굴이 밝아졌고 건강도 좋아졌다. 무엇보다도 마음속에 가득 차 있던 분노에서 벗어나 편안하게 자신을 되돌아볼 수 있게 되었다. 그리고 몇 달 후 기적과 같은 일이 일어났다. 남편이 도박에서 손을 씻고 가정으로 돌아온 것이다. 그녀가 그토록 간절히 원했던 일이 현실로 바뀌어 있었다.

지금 이 순간에도 많은 부부들이 갈등을 겪고 이혼할 마음을 먹고 있을 것이다. 세 쌍 중 한 쌍은 이혼을 하고, 이혼증가율이 OECD 국가 중 최고라는 통계는 단순히 숫자가 아닌 심각한 경고로 다가온다. 부부의 위기는 가정의 위기와 직결된다. 한국의 가정이 위기에 직면해 있는 것이다.

화목한 가정을 위해

가정의 화목 없이는 행복한 삶을 이야기할 수 없다. 하지만 화목한 가정을 이룬다는 것이 말처럼 쉽지만은 않은 것 같다. 화목한 가정을 이루기 위한 조건이 여러 가지이기 때문이다. 경제적 부, 건강, 사회적인 성공과 안정, 총명한 자녀에 이르기까지 어느 것 하나라도 부족하면 곧 가정의 화목이 깨어지는 원인이 될 수 있다.

IMF 금융 위기와 같은 경제 불황기에 이혼이 더 많이 늘어난다는 통계에서 알 수 있듯 경제적 문제는 가정의 해체와 직접적인 연관관계가 있다. 또한 가족 구성원 중 한 명이 병에 걸려 건강을 잃는다면, 혹은 속 썩이는 자식이 있다면 어떨까? 나 자신이 아무리 돈이 많고 사회적 명예가 높아도 웃음은 줄어들고 가족들 간의 충돌도 잦아질 수밖에 없다.

빛viit과 함께하는 과정에서 부부 사이가 더 가까워졌고 가정에 웃음꽃이 가득 피었다는 편지들을 참 많이 받게 된다. 그것은 바로 가정의 화합을 깨뜨리고 있던 문제점들이 빛viit을 통해 해소되었기 때문이다. 또한 빛viit을 받은 후 경제적으로 풍요로워지고, 간절히 원하는 바를 이루게 되고, 건강해지고, 마음이 여유로워지는 과정에서 가족 관계가 더욱 돈독해졌다는 사례를 접하게 된다.

빛명상을 한 이후로 자신을 객관적으로 돌아보기 때문에, 내가 먼저 적극적으로 화해를 시도하고 저의 잘못도 쉽게 인정을 합니다. 항상 제가 먼저 화해하려고만 노력했었는데 이제는 남편도 자신이 먼저 화해를 시도하기도 하고 화해에 적극적으로 호응해주어 먼저 사과를 하기도 합니다. 시간이 갈수록 문제가 해결되는 시간이 짧아진다는 것을 느끼게 됩니다. 2~3일만에 화해를 하고 나니 우울하였던 마음이 다시 편안해지고 안정을 되찾았습니다. 자신의 마음에 따라 행복할 수도 불행할 수도 있다는 것을 다시 한 번 실감하였습니다.

(황인경, 주부)

당시 중3이었던 막내딸이 학원 공부를 끝내고 집으로 오던 중 마주 오던 승용차에 치여 두개골 절반이 넘게 깨지는 큰 사고를 당했습니다. 피투성이가 된 채 누워 있는 딸아이를 보며 저는 빛[viii]을 애타게 찾았고, 빛명상을 하며 우주마음에 간절히 청하고 또 청했습니다. 눈을 떠보니 아이의 관자놀이에 빛분이 나타나 있었고, 저는 직감적으로 딸아이가 괜찮으리라 안심했습니다.

이후 중환자실에서 생사를 헤매던 딸아이는 빛[viii]을 받고 기적적으로 깨어났습니다. 또한 회복도 남들보다 훨씬 빨라 주위의 부러움을 샀습니다.

그런데 사고 후유증인지 아이의 성격이 무척 까칠하게 변했고 곧잘 제 엄마에게 대들고 화를 내곤 했습니다. 그럴 때마다 아이가 변한 것이 제 잘못인 양 가슴이 아파 늘 딸을 생각하며 빛명상을 했습니다.

하루는 빛명상 본원, 빛[viii]의 터에 다녀왔는데 아픈 후로 제가 집에 와도 거들떠보지도 않던 딸아이가 컴퓨터를 하다 말고 뛰어나와서 '아빠 오셨어요?'라고 하면서 미소를 지어주더군요. 이후 아이의 성격이 조금씩 부드러워지기 시작해 지금은 아주 많이 좋아졌습니다. 이러한 아이의 변화와 함께 잃어버렸던 가정의 행복도 조금씩 되찾게 되었습니다.

(성윤경, 엔지니어)

건강이 좋지 않았던 남편은 모든 것을 짜증스러워했습니다. 사소한 일에도 짜증을 내고 그냥 지나칠 수 있는 얘기에도 민감하게 반응했습니다. 하루하루 서로 다투는 날이 늘어갔고, 저는 남편의 한마디 말에도 서운한 마음이 커지곤 했습니다.

그러던 중 빛^{viit}을 알게 된 남편은 건강과 함께 마음의 평온함도 되찾게 되었습니다. 마음이 평온하니 어둡기만 하던 남편 얼굴이 조금씩 펴져 갔습니다. 언제부터인가 남편의 입꼬리가 올라가더니 웃기 시작했습니다. 빛명상을 하는 횟수가 늘어나면서 남편의 웃는 얼굴이 점점 하회탈을 닮아가기까지 했습니다.

그런 남편과 마찬가지로 저 또한 빛^{viit}을 받으면서 점차 마음이 편해졌습니다. 그리고 언제부터인가 우리 부부 사이가 따뜻해져 있었습니다.

(전귀순, 회사원)

온 가족이 함께 만드는 행복

캄캄한 방에 촛불 한 자루를 켜면 비록 어둡기는 해도 앞이 보이고 갈 길을 찾아갈 수 있다. 그리고 촛불이 두 자루, 세 자루 늘어나게 되면 점차 어둠은 환한 밝음으로 바뀐다.

빛^{viit}과 함께 화목한 가정을 이루는 것도 이와 같은 원리다. 혼자 빛^{viit}을 받아 밝아지는 것보다는 부부가 함께 빛^{viit}을 받으면 효과가 두 배가 된다. 거기에 자녀들, 부모님, 친지들과 함께하면 어떻게 될까? 그 속도와 변화의 폭은 상상 이상으로 풍요롭다.

20여 년 전 남편과 결혼을 결심한 결정적인 계기는 대화가 가능하겠다는 점입니다. 그런데 결혼을 하고보니 대화는커녕 대화의 기본이 되는 공감조차 하지 못하는 것 같았습니다. 주말 부부로 지내다 보니 남편은

일요일에 집에 오면 마음 편하게 쉬려고 하는데 저는 또 집안일을 해야
되니 자연히 청소며 빨래 널기 등 잡다한 일을 시키게 되고 그러면 사
람 괴롭힌다는 식으로 반응하는 남편이 고울 리가 없었습니다.

가족 모두가 빛명상 회원이 되고 나서도 예민하게 싸우다가, 일 년 전
부터 문득 깨닫게 되었습니다. 어느 시점부터 남편이 일요일마다 내가
요구하지 않아도 아주 자연스럽게 당연한 듯 방 청소며 화장실 청소,
빨래 널기를 스스로 하고 있다는 것을요. 심지어 딸들 교복 블라우스까
지 손빨래해서 다림질 합니다. 어떨 때는 집안일을 전혀 안하고 빈둥거
리며 누워있어 보기도 하는데 아무 소리 안하고 혼자 묵묵히 합니다.
신기한 일입니다. 그 계기가 무얼까? 곰곰이 생각해보니 바로 '빛viii'이
었습니다. 바로 남편의 변화로 인해 가정이 화목해지는 계기가 된 것이
우주마음이 주신 큰 선물임을 알게 되었습니다.

(김종희, 교사)

가족이란 한 배를 탄 운명공동체다. 나의 행복이 곧 내 가족의 행복이
되기도 하고, 가족의 고통이 곧 나의 고통으로 옮겨오기도 한다. 때문에
혼자 빛viii을 받기보다는 부부가, 가족이 함께 빛viii을 받으면 그 어떤 외
부의 위험 요소에도 흔들리지 않는 탄탄한 행복의 구조를 이루게 된다.

**대한민국의 가정이
되살아나야 한다**

갈수록 살기 힘들어지는 세상이라고도 하고, 그 세
상 속 한 개인의 작은 힘으로 무슨 변화가 가능하겠
냐며 자포자기하는 사람들도 있다. 하지만 아무리

높은 산도 한 걸음에서 시작해 정상에 오르고, 세상에 길이 남을 명작도 점 하나를 찍는 것에서 시작한다. 작은 변화들이 모여서 큰 변화를 이루고 그것이 세상 전체를 밝혀나갈 수 있다.

이 책 전반에 걸쳐 빛viii을 통해 얼마나 많은 개개인의 변화가 있었는지를 이야기했다. 하지만 지난 세월 그러한 변화가 그저 한 사람의 행복에 그치는 것이 아니라 수많은 사람들의 행복으로 이어지고, 또한 그 주변의 가족과 이웃들로 흘러들어가 더 크고 풍성한 행복으로 확대되어가는 것을 지켜본 경우가 더 많았다. 그 모습에 바로 우리 사회가, 국가가, 나아가 세상 전체가 바뀔 수 있는 잠재력이 함께하고 있었다.

어렵고 힘든 시기일수록 먼저 희망과 꿈을 가져야 한다. 이미 빛viii과 함께 절망에서 기적을 일구어낸 수많은 선례들이 있기에 그 희망이 더 이상 허황되고 막막하게만 느껴지지는 않는다. 너와 나, 우리 모두가 경험하고 느낄 수 있는 실현 가능한 꿈인 것이다.

그 시작이 가장 먼저 우리 대한민국의 가정에서 이루어져야 한다. 가족이 한마음이 되면 아무리 힘든 위기도 이겨낼 수 있다. 한계와 어려움을 넘어설 수 있는 힘, 빛viii이 함께하기 때문이다. 대한민국 가정이 바뀌면 우리 사회와 국가 전체가 변한다. 그리고 그 변화가 세상 곳곳으로 퍼져나가 어두워져가는 지구를 환히 밝힐 것이다. 이것이 바로 빛viii이 우리와 함께하는 이유이자 30년간 세상에 빛viii을 나누어온 목적이기도 하다.

가정화합이 눈덩이처럼 불어나는 행복 순환의 법칙 10

1 가정은 모든 행복의 시작이자 완성이다. 가정이 깨어지지 않게 지키고 가정의 화합을 위해 노력하는 것은 행복한 삶으로 가는 가장 빠른 지름길이다.

2 빛[viii]은 가정에 닥친 위기를 극복하게 도와준다. 빛명상을 통해 경제적 풍요, 건강, 위기 모면 등 다양한 위험 요인을 정화하면 가정에 행복이 깃들게 된다.

3 혼자가 아니라 가족들과 함께 빛명상을 하면 위기에도 흔들리지 않는 탄탄한 행복의 구조를 만들 수 있다.

4 어두워져가는 세상을 밝히는 힘이 먼저 우리 가정에서 나와야 한다. 대한민국의 가정이 바뀌면 그 변화가 사회와 국가, 세상으로 넓어진다.

스트레스 해소와 집중력 및 능률 향상의 혜택

배재욱(변호사, 전 청와대 사정비서관)

김영삼 대통령 정부 시절 청와대 사정비서관 직책을 맡았던 나는 막중한 업무와 피로가 누적된 가운데 항상 긴장된 생활을 하였고, 언제부터인가 만성피로와 불면증에 시달리기도 했다. 이런 내 사정을 잘 아는 가까운 지인 한 분이 책 한 권을 선물해주며 말했다.

"비서관님, 주무실 때 이 책을 머리맡에 놓아보십시오. 아마도 편안하게 잠을 주무시게 될 것입니다. 저도 하루에 겨우 몇 시간, 그조차도 제대로 자지 못해 고통스러웠는데 한 일간지 기자가 준 이 책을 머리맡에 두고 잤더니 그렇게 편안할 수가 없었습니다."

만약 그 말이 사실이라면 참 신기한 일이 아닐 수 없었다. 『행복을 주는 남자』라는 그 책에는 빛viii이라는 신비로운 우주 최상의 에너지가 소개되어 있었고, 무엇보다도 꾸며낸 허구가 아닌 실명의 인물들이 등장하는 논픽션이라는 사실이 신뢰감을 주었다. 참 놀랍기도 하고 대단하다는 생각이 들어 언젠가 이 책의 저자인 정광호 빛선생님을 꼭 한 번 만나보고 싶다는 생각을 하게 되었다.

그리고 얼마 지나지 않아 한 모임에 정광호 빛선생님이 초청되어 온다고 하기에 그곳에서 처음으로 뵙게 되었다. 책에 기록된 내용으로 볼 때 정말 대단한 힘을 가지신 분이 분명한데, 정작 그분의 첫인상은 막연히 머릿속으로 그려보았던 기인 혹은 도인의 모습과는 완전히 다른 매우 겸손한 모습이었다. 정광호 빛선생님이 나에게 다가오시더니 '자, 큰 숨 한 번 쉬어보세요. 빛viii은 건강을 되찾게 해주는 힘입니다'라고 말씀하시며 내게 빛viii을 주셨고, 그 말씀을 듣는 순간 평소 불편하던 호흡이 정말 기적적으로 한순간에 편안해짐을 느낄 수 있었다.

그날 이후 오늘까지 빛선생님을 통해 빛viii을 받으면서 건강 걱정은 크게 하지 않게 되었다. 또한 빛명상을 통해 몸과 마음이 편안하고 가벼워지니 자연히 맡은 일의 능률이 크게 향상되었고, 계획하고 있던 일들 또한 무사히 추진되며 좋은 결과를 나타내었다.

특히 증거나 자료의 미숙으로 1심에서 억울하게 패한 큰 사건들을 종종 맡게 되는데, 이때 빛명상을 하고 나면 일에 대한 집중도가 높아지고 지혜로움이 생기곤 했다. 그 결과 2심에서는 기적적으로 승소를 이끌어내게 되어 변호를 맡긴 사람들의 억울함이 풀리고 그것을 기반으로 새로운 삶을 시작하는 데 도움을 드릴 수 있었다. 법조인의 한 사람으로서 가장 보람되고 행복한 순간이었다.

힘들고 복잡한 세상에서 법을 다루는 일을 하며 살아가고 있지만, 빛[viii]을 받는 순간만큼은 순수한 마음으로 돌아가 어린 시절의 동심을 되찾게 된다. 많은 분들이 이 진정한 행복과 건강 그리고 마음의 평화를 누리게 되면 법 없이도 살 수 있는 세상이 되지 않을까 하는 생각도 하곤 한다.

끝으로 정광호 빛선생님의 빛만남 23주년, 빛명상 설립 15주년을 기념하여 출간되는 저서에 이렇게 특별한 지면을 마련해주심에 감사드린다. 부디 더 많은 분들이 빛[viii]이라는 놀라운 현존의 힘을 직접 체험하시고 행복해지시기를 희망한다.

PART 05

눈덩이처럼
불어나는
행복 순환의 법칙

강력한 운명 전환의 힘,[*]
빛명상

빛명상의
탄생

1994년 본격적으로 사람들과 빛[viii]을 나누기 시작한지 얼마 되지 않아서의 일이다. 대규모 공개 강연회와 몇몇 언론 보도 덕택에 일 년치 예약이 꽉 찰 정도로 엄청난 수의 사람들이 몰려들었다. 공간은 좁은데 사람들은 몰려들고, 참 여러 가지로 난감했다.

그래도 찾아오는 사람들을 돌려보낼 수 없어 한 번에 열 사람씩 일렬로 세워 빛[viii]을 주었다. 빛[viii]은 찰나의 순간으로 전해지는 힘이기에 오랜 시간이나 힘든 수련 과정을 필요로 하지도 않고, 시공간과 장소의 구애를 받는 것도 아니며, 사람의 인원수 또한 제한이 없다. 따라서 그러한 방식 자체는 빛[viii]을 전하는 데 별 무리가 없었다.

빛[viii]을 받은 사람들의 반응은 다양했다. 대체로 손과 얼굴, 신체 곳곳에서 빛분이 터져 나온 것을 보고 신기해했으며, 때로는 마음속 응어리가 녹아내리는 듯 서럽게 눈물을 흘리기도 했다. 손바닥이 찌릿찌릿하며 전기가 오는 것 같다고도 했고, 온갖 꽃송이들을 모아놓은 듯 아름다운 향기를 맡았다는 사람도 있었다. 이외에도 불편했던 신체 부위가 편안해지거나, 눈앞에서 무언가 번쩍이며 섬광이 지나가는 것을 느꼈다는 등 다양한 변화들이 있었다. 그런데 문제는 그러한 사람들 틈에 섞여 있는 한 사람의 반응이었다. 다른 사람들과는 달리 자신은 별다른 변화를 느끼지 못하였는지 몹시 못마땅한 표정이었다.

"이거 뭐 이래? 6개월을 기다렸는데 고작 이렇게 끝이라고?"

그는 그것만으로는 분이 풀리지 않는지 방문까지 걷어차고 식식거리며 나가는 것이었다. 어이가 없는 한편 빛[viii]이 어떤 힘인지 잘 알지 못하면 그런 반응을 보일 수도 있겠구나, 하는 생각이 들었다. 그 일을 계기로 사람들에게 빛[viii]을 주는 것만큼이나 빛[viii]을 잘 받아들일 수 있도록 돕는 것도 중요하다는 생각을 하게 되었다.

이후 빛[viii]을 더 잘 받을 수 있도록 내면을 되돌아보는 준비 과정으로 탄생한 것이 바로 빛명상이다. 우선 빛명상은 생활하는 가운데 외부를 향해 있던 생각과 신체의 오감을 내면에 집중하는 것에서 시작한다. 내가 살아온 삶을 되돌아보고 지금의 내 마음이 어떠한 상태인지 점검한다.

명상의 효과는 국내외 많은 연구 결과에 의해 밝혀진 바 있다. 특히 명상은 뇌파를 안정화하여 심신을 편안하게 하며 스트레스를 해소하는 데 탁월한 효과가 있는 것으로 밝혀져 있다. 면역력을 강화하고 NK세포(자연살상세포) 수치를 높여 각종 암, 에이즈, 성인병 치료에도 도움을 준다. 이외에도 집중력 강화, 업무처리 능력 향상, 우울증 완화 등 명상이 지닌 다양한 혜택이 부각되면서 수천 년의 뿌리를 지닌 명상이 최근 삶의 질을 생각하는 웰빙 트렌드와 함께 재조명되고 있다.

빛명상은 이러한 명상의 차원에서 한 발 더 나아가 우주 근원의 현존 에

✻

빛명상의 반향

빛명상은 빛[viii]과 함께하는 명상이기 때문에 신체 일부분의 감각을 통해서도 그 에너지를 느낄 수 있다. 이를 빛[viii]을 통해 느끼게 되는 직접적인 반응, 즉 반향이라고 부르는데, 대표적인 빛명상의 반향은 다음과 같다.

- 빛분(금색, 은색, 붉은색, 청색, 투명한 색 등 다양한 색을 지니고 있는 반짝이는 가루와 같은 물질)이 나타난다.
- 손바닥 혹은 신체 일부분에 전기가 오는 듯 찌릿한 감각이 느껴진다.
- 들꽃향, 박하향을 합친 듯 아름답고 강렬한 향기를 맡는다.
- 이유를 알 수 없는 울음이 나며, 울음 후에는 마음속 응어리가 녹아내린 듯 후련하다.
- 카메라 플래시가 터지듯 강렬한 빛이 번쩍이며 지나간다.
- 바람이 온몸을 훑고 지나가는 듯한 느낌이 든다.
- 불편했던 신체 부분이 편안해지거나 통증이 줄어든다.
- 명현반응으로 불편했던 부분이 더 아프고 불편해진다. (이 반응은 일시적으로 나타났다가 이후 사라진다.)
- 물소리 혹은 바람소리와 같은 자연의 소리를 들었다.

Q 빛명상의 반향이 느껴지지 않는다면 잘못된 것인가요?

A 빛[viii]은 특별한 느낌 없이 고요한 가운데 함께하므로 빛명상의 반향이 나타나지 않았다고 하여 빛명상을 잘못했다거나 문제점이 있는 것은 결코 아닙니다. 다만 매일 반복해서 빛명상을 하다 보면 위와 같은 특별한 경험을 할 수 있습니다. 고요한 가운데 무언가 모르게 마음이 편안해지며 정서적으로 안정되는 경험을 했다면 그 역시 빛명상을 훌륭히 마친 것입니다.

너지 빛viii과 함께한다는 점에서 차별성이 있다. 빛viii은 우리가 명상을 하면서 접할 수 있는 모든 유해한 파장을 차단, 삭제하는 보호막 역할을 함과 동시에 내면의 성찰과 명상의 효과를 증폭시켜준다. 때문에 빛명상은 명상의 효과를 극대화하면서도 과도한 명상 수련자들에게 흔히 나타나는 일체의 부작용이 없다는 장점이 있다.

명상의 부작용은 이유를 알 수 없는 두통, 발열 현상, 감정 조절의 어려움, 허상이나 환시 체험 등 매우 다양하다. 부작용의 원인으로는 주로 올바른 스승에게서 제대로 된 지도를 받지 못한 채 자신이 받아들인 에너지가 좋은지도 나쁜지도 모르고 과도하게 장시간 수련에 집중하는 데 있다. 명상 수련자들은 흔히 인체 내 에너지의 문을 열고 에너지를 끌어당기는 훈련을 한다. 이때 열린 에너지 문으로 좋은 에너지가 들어오면 좋겠지만 그 반대의 경우라면 참으로 위험천만한 상황이 아닐 수 없다. 자신이 통제할 수 없을 만큼 강한 탁기의 유입으로 도리어 심신이 피폐해지기 때문이다.

많은 명상 수련자들이 본래 자신의 의도와는 달리 이러한 고통에 시달리는 것을 지켜보면서 명상의 장점은 고스란히 가져오되 부작용은 전혀 없는 명상법이 절실히 필요함을 느끼게 되었다. 빛명상은 그러한 문제에 대한 아주 좋은 해결책이다.

빛명상을 할 때 빛viii과 교류하는 방법은 빛봉입물(광력씰, 초광력씰, 초광력봉) 혹은 인터넷 빛명상 프로그램을 이용하는 것이다. 이를 통해 빛명상은 시간과 공간의 제약 없이 자신이 원하는 장소, 시간에 자유롭게 할 수 있다는 장점도 더해진다.

하루 일과를 시작하기 전 5분 또는 잠들기 전 5분 빛명상으로 당신의 미래를 바꾸어 보라. 빛[viii]과 함께 다양한 현실의 변화를 체험하고 나아가 강력한 운명전환의 힘을 당신의 내면에 충전할 수 있게 될 것이다.

**확신과 긍정,
순수의 주파수를
맞추라**

빛[viii]을 잘 받기 위한 자세를 소개하자면 다음과 같다. 우선 바닥이나 의자에 편안히 앉는다. 허리는 곧게 펴고 두 눈은 살짝 감는다. 이후 양손을 어깨 너비로 벌리고 살짝 들어 올려 손바닥이 하늘을 향하게 한다. 이렇게 하면 손에 느껴지는 빛[viii]을 더 쉽게 느낄 수 있다.

하지만 이러한 몸가짐보다 더 중요한 것은 마음가짐이다. 아무리 좋은 자세를 취하고 있어도 머릿속으로 다른 생각을 하거나 내면에 집중하지 못하면 소용이 없다. 빛[viii]은 눈에 보이지 않는 무형의 에너지이기에 같은 장소에서 동일한 자세로 빛명상을 해도 그 마음가짐이 어떠한가에 따라 내면에 빛[viii]이 흡수되는 정도가 다르다.

하루는 약 십여 명이 모인 자리에서 빛[viii]을 준 일이 있다. 그 장면을 사진으로 찍었더니 신비로운 현상이 나와 있었다. 빛[viii]은 눈에 보이지 않는 무형의 힘이지만 이따금 밝은 기둥과 같은 형태로 사진에 나타나곤 하는데, 이날 찍은 사진에도 그와 같은 현상이 나타난 것이다. 사진 속에서 나는 뒷줄에 앉은 사람들 앞을 지나며 빛[viii]을 펼치고 있는데 사진 속 빛줄기들은 모두 앞줄에 앉은 어린이와 한 아주머니 쪽을 향해 뻗어나가고 있었다.

이날 사진의 왼쪽 앞에서 찬란한 두 개의 빛줄기를 받은 아주머니에게 그날의 경험은 무엇보다도 대단한 일이었다. 평소 지팡이 없이는 걸음이 힘들 정도로 다리가 불편했던 그녀가 지팡이에 의지하지 않고 일어설 수 있을 만큼 호전되는 기적을 체험한 것이다.

왜 빛^{viii}은 그 많은 사람들 중 유독 그 아주머니를 향했을까? 그리고 그녀에게 그러한 기적이 일어날 수 있었던 이유는 무엇일까?

그것은 바로 그녀의 내면에 자리하고 있는 확신이었다. 걷고 싶다는 간절한 바람, 빛^{viii}을 받으면 걸을 수 있다는 긍정과 확신. 자신의 바람이 빛^{viii}을 통해 이루어지리라는 데 일절 부정과 의심을 하지 않은 그 마음이 마치 강한 자석과도 같이 빛^{viii}을 끌어당긴 것이다.

확신은 빛^{viii}을 담는 당신의 내면을 더욱 크고 견고하게 만들어준다. 소원을 이루고자 한다면 그 소원이 이미 이루어졌다고 생각하고 빛명상을 하라. 심지어 소원이 이루어진 것에 대해 감사하라. 돈을 갈구한다면 이미 부자가 되었다고 생각하고 부자가 된 것에 감사하라. 중요한 계약이 이루어지기를 원한다면 이미 상대방이 나와 계약하기로 마음먹었고 그 계약이 체결되었다고 생각하고 행동하면 된다. 이미 당신이 원하는 바가 모두 이루어진 듯 말하고 행동하라. 그리고 그 성공에 대해 감사하라. 당신의 확신이 강하면 강할수록, 의심과 부정이 적으면 적을수록 더 많은 빛^{viii}이 당신의 내면에 담긴다. 그리고 그 힘이 꿈을 현실로 바꾸어주는 것이다.

그러니 겉으로 어떤 그럴듯한 포즈를 취하거나 말로만 빛^{viii}을 청하는 것은 큰 의미가 없다. 부정과 불신, 의심이 가득 담긴 마음은 마치 자석의 양극처럼 빛^{viii}을 밀어낸다. 엉뚱한 라디오 주파수를 맞추어놓고 원하는 음악이 나오기를 바라는 것과 같다.

우주마음이 우리에게 빛[viii]을 보낼 때 그것은 '순수' 의 상태다. 그 안에는 어떤 계산이나 의심, 부정이 없다. 가장 귀한 것을 아낌없이 자식에게 주는 어머니의 마음과도 같다.

그러니 마음의 문을 활짝 열고 빛[viii]을 갈구하라! 어린아이같이 아무런 의심 없이, 무한한 긍정의 상태로 간절히 이 힘을 청하는 것이다. 바로 그 순간, 당신의 내면에 빛[viii]이 가득 담긴다. 그 힘은 불가능을 가능하게 하고 소원을 이루어준다. 또한 내면을 정화하고 풍요로운 당신을 만든다.

근원에 대한 감사

"어떻게 해야 순수의 마음을 가질 수 있습니까?"

빛명상을 잘하기 위해 어린이 마음, 순수한 마음으로 돌아가라고 말씀드리면 많은 분들이 이러한 질문을 한다. 사실 말처럼 쉽지 않은 것이 순수다. 그래서 순수의 마음에 최대한 가까이 다가가기 위해 먼저 '근원에 대한 감사'를 올리라고 말씀드린다. 이때 말하는 근원이란 지금의 나를 만든 보이지 않는 모든 밑바탕, 뿌리를 말한다.

내 안의 진정한 나, 빛마음의 고향인 '우주마음' 이 그 첫 번째 근원이 될 것이며, 지금 이 순간 호흡할 수 있고 내가 살아 움직일 수 있게 해주는 '자연' 이 두 번째 근원이다. 특히 우리가 너무 당연하게 여기고 그 고마움을 잊고 살아가는 빛, 공기, 물에 대한 감사는 늘 반복해서 되새겨야 한다. 마지막으로 지금의 육체를 만들어주신 '부모님과 선조' 의 존재와 은혜 또한 잊어서는 안 될 근원이다.

이 '근원에 대한 감사' 는 우리의 마음을 겸허하게 한다. 무언가를 담고자 한다면 그만큼 비워낼 수도 있어야 하는데, 그 비움의 방법이 바로 근원에 대해 감사를 드리는 것이다.

많은 사람들이 욕심과 탐욕, 이기심으로 가득 차 있는 상태로 소원을 청한다. 하지만 그러한 마음은 마치 잡동사니로 꽉 찬 서랍과도 같다. 더 이상 새로운 물건이 들어갈 공간이 없는 것이다. 불필요한 것, 쌓아두면 짐만 되는 무거운 것들을 훌훌 털어내고 비워내야 한다. 그래야 또다시 새로운 것이 들어설 수 있는 여유가 생긴다.

내 생명 존재 자체에 대한 감사를 통해 마음속 가득 자리 잡고 있는 어둡고 부정적인 생각을 털어내보자. 이 감사를 통해 우리는 지금 이렇게 살아 숨 쉬고 있다는 것 자체가 기적이며, 무한한 우주마음의 섭리에 의한 것임을 알게 된다. 나를 둘러싼 수많은 것들이 온통 감사해야 할 일이기에 불평과 욕심보다는 진심으로 겸손해야 한다는 것을 인식하게 된다.

고요히 내 주위를 되돌아보고 근원에 대한 감사를 되새겨보라. 마음 가득 피어오르는 진정한 풍요로움을 느껴보라. 물질이 많아서가 아니라 욕심 없는 겸허한 마음이기에 더 밝고 산뜻한 상태로 내면을 가꾸라. 바로 그때 당신은 새로운 소원을 이룰 수 있는 내면의 조건을 갖춘 것이다.

힘든 당신과 세상을 위한 빛명상

때로는 이러한 모든 설명이 필요없을 만큼 있는 그대로 빛^{viii}을 잘 받아들이고 내면화하는 이들이 있으니, 바로 우리 어린이들이다. 빛명상은 어떤 특정한 규율과 방식에 얽매이기보다는 누구나 자신의 마음속에 존재하는 순수한 빛마음을 통해 근원의 빛^{viii}과 만나는 것이다. 그러니 어렵게 생각하기 보다는 자신의 어린 시절, 순수했던 그 마음을 곰곰이 되돌아보며 우주의 마음에 한 발짝 다가서 보기를 권한다.

어린 시절, 아침이면 어김없이 떠올라 하늘을 밝히고 저녁노을과 함께 사라지는 태양의 모습, 어둑해진 하늘 위로 돋아나 반짝이는 별과 달의 모습에서 이 모든 하늘의 움직임을 관장하는 거대한 힘에 경이로움을 느끼곤 했다. 보이지는 않지만 엄격하게 유지되는 자연의 질서 중심에 있는 빛[viii]을 통해 하늘을 공경하는 경천(敬天)을 배웠으며, 훗날 이것이 빛명상의 으뜸가는 근간이 되었다.

초등학교에 다니던 시절, 먹을 것이 없어 배를 곯는 친구들에게 강냉이 빵을 내주고 추운 겨울 해어진 옷을 입고 벌벌 떠는 각설이 친구에게 입은 옷을 벗어주며 그렇게 나눌 수 있는 마음이 그 무엇보다 풍요롭고 행복함을 느꼈다. 그 외에도 무수한 일들을 통해 마음만이 아닌 몸으로 애인(愛人)을 실천할 때 그것이 보이지 않는 복으로 쌓여 큰 행복으로 돌아온다는 것을 경험하였고, 훗날 이것이 빛명상의 또 다른 근간이 되었다.

앞마당에 서 있던 감나무와 함께 놀고 마당 한구석에 피어난 나팔꽃, 채송화와 친구가 되면서 새소리, 바람소리, 물소리, 모든 자연의 소리가 마음의 복잡한 고민과 생각들을 씻어주니 그 모든 것에 감사하게 되었다. 그 소중한 경험을 통해 자연스레 애생(愛生)을 배우고, 훗날 이것 또한 빛명상의 중요한 밑바탕이 되었다.

종교의 엄격한 규율과 전례 속에서 약 이십 년간 복사 생활을 하며 하늘에 올리는 진심의 마음과 예를 표하는 과정이 얼마나 소중한지 알게 되었고, 아버지와 함께 거닐었던 사찰과 도경의 가르침을 통해 우리 민족 고유의 고귀한 정신과 그 안에 담긴 우주의 숨결을 배웠으니, 이 또한 빛명상 안에 녹아 숨 쉬고 있다.

답답하고 힘이 들 때면 바다를 바라보며 우렁이 각시 이야기를 생각하고 나 역시 그렇게 될 수 있기를 간절히 청하니 그 마음에 우주마음이 함께하여 위기를 이겨낼 수 있는 힘을 불어넣어 주었다. 또한 위급한 순간 빛[viii]을 생각하여 모면할 수 있게 해달라 부탁하였더니 그대로 이루어져 이것이 소원을 이루어주는 빛명상의 결과로 나타났다.

이 모든 과정이 막연한 생각이 아니라 실제 빛[viii]과 함께하는 과정에서 그리고 나 혼자만이 아니라 수많은 사람들의 체험으로 거듭 확인되면서 오늘날의 빛명상으로 자리 잡았다.

하루 중 언제든 고요히 혼자만의 시간을 만들어보자. 근원에 대한 감사와 함께 내 안의 빛마음으로 돌아가보자. 명상, 묵상, 기도도 좋고 빛명상이라면 더 좋다. 불과 몇 분에 지나지 않는 그 소중한 시간을 통해 진정한 삶의 의미, 생명의 즐거움, 써도 써도 소진되지 않는 무한의 풍요로움을 느껴보라. 한 번뿐인 이 땅의 삶을 마치고 육체를 벗어난 '내 안의 나'가 원래 온 그곳으로 되돌아갈 때 이 행복 순환의 에너지, 빛[viii]이 당신을 영원한 평안으로 안내해줄 것이다.

눈덩이처럼 불어나는*
행복 순환의 법칙

**소원이
이루어지지 않는
이유**

빛^{viii}은 현실 변화의 힘이다. 즉, 빛^{viii}은 상념이나 허상이 아닌 실제적 에너지이기 때문에 사람마다 시간과 정도의 차는 있지만 어떠한 형태로든 변화가 나타나게 되어 있다. 하지만 만약 원하는 바가 이루어지지 않는다면 다음의 네 가지 항목을 점검해보자.

① 내면을 관조하라

동일한 환경, 장소에서 똑같이 빛명상을 했지만 그 결과가 개인마다 다르게 나타나는 것을 보게 된다. 그 자리에서 즉석으로 변화가 나타나는 사람이 있는가 하면 어떤 사람은 몇 개월 혹은 몇 년이 걸리기도 한다. 이러한 차이는 바로 각기 생김새가 다르듯 사람들마다 내면의 상태가 다르기 때문이다.

간단한 예로, 직장도 없고 경제활동을 전혀 하지 않는 사람이 큰 부자가 되기를 바란다면 그 결과는 현재 활발한 경제활동을 하고 있는 사람보다 더 많은 시간을 필요로 할 것이다. 같은 씨앗도 메마른 황무지보다는 비옥하고 기름진 땅에 뿌릴 때 알도 굵고 수확량도 좋은 것과 같은 원리다. 즉,

그 사람의 내면이 어떠한 상태인지에 따라 현실로 나타나는 결과 또한 달라지게 된다.

만약 빛viii을 통해서 원하는 바가 이루어지지 않았다면 먼저 내면을 관조(觀照)해볼 것을 권한다. 관조란 나의 내면이 어떤 상태에 있는지 스스로 돌아보는 것이다. 이때 핵심은 되도록 나 자신으로부터 멀리 떨어져 나를 객관적으로 바라보는 것이다. 성별, 성격, 자라온 환경, 취향 등 나에 대한 정보를 모두 접어두고 마치 영화 속 주인공이나 친구, 이웃, 타인을 응시하듯 나를 바라보아야 한다.

일반적으로 사람들은 자신보다는 남에 대해 정확한 평가를 내리게 마련이다.

'저 사람은 저 부분만 고치면 더 좋아질 텐데.'

'아무개 씨는 무슨 무슨 단점이 있단 말이야.'

우리는 누가 그 방법을 가르쳐주지 않아도 그 사람의 특징이나 (특히) 단점을 정확히 지적해낸다. 이제 그 능력을 타인이 아닌 자신에게 적용해보면, 그것이 바로 관조의 시작이다.

먼저 다음과 같은 질문에 해당사항이 있는지 표시해보자.

- ☐ 병이 있는가? (병의 종류와 상태, 단순한 병인지 아니면 난치병 혹은 원인 모를 병인지에 따라 에너지 필요량은 크게 달라진다.)
- ☐ 마음에 근심이 있는가? 복잡한 인간관계, 원한관계, 선조들의 원한관계가 있는가?
- ☐ 지금 하고 있는 일(직업)이 싫어도 생계 때문에 어쩔 수 없이 하고 있는가?

□ 자식이나 부모 등 가족 간에 갈등이 있는가?

□ 경제적으로 힘든가?

□ 성격상 불만이 많고 쉽게 무기력해지는가?

□ 인스턴트 음식 혹은 외식을 자주 하는가?

□ 술, 담배를 많이 하는가? 사람을 많이 만나는가?

□ 전자제품을 많이 사용하고 있는가?

□ 장기간 생활하는 곳 혹은 중요한 위치에 수맥파장이나 전자제품이 많은가?

□ 조상의 묘터에 탈이 있는가?

□ 거주하고 있는 환경이 불쾌하다고 느껴지는가? 주거환경이 공해나 환경오염에 노출되어 있는가?

이 질문에 '네' 라고 표시한 개수가 많으면 많을수록 당신의 내면이 정화 에너지를 그만큼 많이 필요로 한다는 의미다. 그러한 경우 그렇지 않은 사람에 비해 원하는 결과를 얻는데 걸리는 시간이 더 길어지게 마련이다.

또한 앞선 질문 사항들은 관조의 시작일 뿐, 시간이 흐르면서 동일한 질문에 답이 달라지기도 하고, 상황에 따라 또 다른 질문이 필요하기도 하다. 그럴 때마다 끊임없이 자신을 되돌아보고 관조, 점검해보아야 한다.

② 현실적 노력을 병행하라

두 번째 점검 사항은 현실적 노력이다. 빛[viii]과 함께할 수 있는 최대한의 노력을 병행할 때 풍요로운 결과가 주어지며, 때로는 자신의 한계를 뛰어넘어 전례 없는 성과가 나타나기도 한다. 우주 근원의 힘이라지만 씨앗조차 뿌리지 않는 농부에게 큰 수확을 안겨주지는 않는다. 우주마음이 아무리 당신을 돕고자 해도 정작 본인이 그 손길을 뿌리치고 있으니 변화가 나타나지 않는 것이다. 그러니 막연히 결과만을 갈구하기 전에 한 번쯤 스스로에게 질문해보라.

"나는 오늘 내 꿈을 이루기 위해 무엇을 하였는가?"

그리고 그 꿈을 향해 내딛는 발걸음마다 우주 근원의 힘, 빛[viii]이 함께 하기를 청하라. 망설일 이유도 실패를 두려워할 이유가 없다. 이제 빛[viii]과 함께 '하면 된다'.

③ 자연의 순리와 선(善)에 부합하는 꿈을 청하라

다양한 사람들에게 다양한 부탁을 받곤 하지만 때로는 그 내용이 무척 당혹스러울 때가 있다. 하루는 오랜 세월 시어머님 병구완에 지친 한 며느리의 편지를 받았다. 이 아주머니는 끝도 없는 시어머님 간병이 너무도 고통스러우며 시어머님 또한 병마에 시달리는 삶이 행복하시지 않으니 차라리 시어머님이 빨리 돌아가시게 해달라는 것이었다.

또 한번은 평생을 대학 강단에서 보내셨다는 한 교수님의 부탁을 받았다. 그는 자신과 경쟁관계에 있거나 과거 자신에게 좋지 못한 일을 했던 상대 교수들이 모두 학교에서 퇴출되고 그들이 하는 일 또한 풀리지 않게 해달라고 부탁했다.

이외에도 투기성 주식으로 큰돈을 벌게 해달라든지 거액의 복권에 당첨되게 해달라며 빛^{viii}을 청하는 사람들도 있었다. 그들은 자신의 소원이 이루어져야만 하는 이유를 논리적으로 설명하기도 하고 큰 돈이 들어오면 좋은 일도 하고 누구를 위해 어떻게 쓰겠다는 등 나름대로 이유가 있었다.

하지만 이 모든 경우는 자연의 순리와 기본적인 선에 위배되기에 빛^{viii}으로 이룰 수 있는 소원이 아니다. 빛^{viii}은 지구의 자연을 포함한 온 우주의 질서를 만든 원천의 힘이기 때문에 어디까지나 그 자연스러운 흐름에 어긋나지 않는 한도 내에서, 또한 선의 범위에서 아름다운 결과가 나오도록 도와줄 뿐이다.

만약 빛^{viii}과 함께하는 가운데 원하는 바를 이루지 못했다면 혹시 자신의 소원이 과도한 탐욕이나 욕심은 아닌지, 이기적인 마음으로 남에게 피해를 주는 일은 아니었는지 한 번쯤 되돌아볼 일이다.

④ 우주마음은 언제나 최선의 방향으로 이끈다

전화위복(轉禍爲福), 새옹지마(塞翁之馬)라는 말이 있다. 인생의 길흉화복은 항상 바뀌어 들어오기 때문에 섣부르게 좋고 나쁨을 판단할 수 없다는 뜻이다. 그런데 이 고사에 꼭 들어맞는 경우가 있다.

1996년 당시 안기부 지부장이었던 성재경 씨에게 있었던 일이다. 이분은 자신의 지위를 전혀 내세우지 않는 겸손한 태도로 빛^{viii}을 받고 또한 이 힘을 세상에 알리는 데 드러나지 않게 크고 작은 도움을 주시기도 했다.

하루는 이분이 서울의 고위직으로 발령이 나기를 간절히 바라고 있음을 알게 되었다. 평소 이분에 대한 감사함이 있던 차 그 보답으로 빛^{viii}을 보내

드리며 이분의 청원이 이루어지기를 우주마음에 부탁드렸다.

하지만 성 지부장은 그 위치에 오를 가장 유력한 후보로 거론되었음에도 불구하고 결국 그 바람을 이루지 못했다. 무엇보다도 본인의 실망이 가장 컸겠지만 이분은 그저 '저의 불찰'이라며 웃을 뿐이었다. 나 역시 무척 안타까웠지만 이분의 청이 이루어지지 않았을 때는 이유가 있을 것이라는 짐작을 할 뿐이었다.

그로부터 약 6개월 후 그때 성재경 씨의 바람이 이루어지지 않은 이유를 알 수 있었다. 1997년 나라를 시끄럽게 한 이른바 한보사태가 터진 것이다. 수많은 공직자들이 처벌을 받고 자리에서 물러나야 했던 거대 금융 비리 사건이었다. 그런데 그 사태의 한가운데에 6개월 전 성재경 씨가 부임하기를 청했던 그 자리가 있었다. 성 지부장 대신 그 자리에 올랐던 사람은 징역을 선고받았다.

만약 성재경 씨가 그 지위에 올랐더라면 과연 어떠한 결과가 나왔을까? 그 비리의 규모와 전말을 보건대 한 개인의 의지로 막을 수 없는 큰 소용돌이에 휩쓸려 이분 또한 큰 곤욕을 치러야 했을 것임에 틀림없다. 그러니 성재경 씨는 그 자리에 오르지 못한 화가 도리어 복으로 변한 것이다.

이처럼 우리는 눈앞의 일을 놓고 판단하지만 우주마음은 인간이 미처 내다보지 못하는 부분까지 바라본다. 그러니 눈앞의 소원을 놓고 일희일비(一喜一悲)하기보다는 보다 길고 넓은 안목으로 빛[viii]이 삶의 전반에 미치는 영향을 바라보는 것이 현명하다.

**거래와
순환의 법칙**

하루는 왕이 신하들에게 명령했다.

"세상의 모든 지혜로운 책들을 모아 내가 한 눈에 알아볼 수 있도록 정리해오라."

왕의 명령을 받들고자 뛰어난 학자들이 모두 모여 고민했다. 우선 학자들은 뛰어난 지혜를 담고 있다는 책들을 모두 모아 오랜 시간에 걸쳐 요약했고, 드디어 그것을 한 권의 책으로 만들었다. 하지만 이 책을 받아 든 왕은 고개를 설레설레 저었다.

"너무 길지 않느냐. 더 줄여라!"

다시 오랜 시간을 들여 학자들은 책 한 권의 내용을 열 장의 종이로 요약하는 데 성공했다. 하지만 왕의 반응은 여전히 냉담했다.

"아니, 이것도 너무 길다. 더 줄여라!"

이번엔 열 장을 한 장으로 줄였다. 하지만 왕은 더 큰 목소리로 호통을 쳤다.

"더! 더 줄여라!"

결국 학자들은 세상의 지혜를 단 하나의 문장으로 압축했다. 그것을 본 왕이 비로소 흡족해하며 고개를 끄덕였다. 그 내용은 다음과 같았다.

"공짜는 없다."

우주의 저울은 비록 눈에 보이지 않지만 결코 어긋나는 법이 없다. 모든 결과물 뒤에는 그에 상응하는 원인이 있다. 마치 우연처럼 보이는 일도 알고 보면 그 일을 일어나게 한 보이지 않는 원인이 있게 마련이다.

빛[viii] 또한 그러한 우주 섭리의 중심에 있는 힘이다. 행운이 주어졌다면 행운을 불러들인 원인이, 기적이 일어났다면 그 기적을 일으킨 원인이 있다. 그러니 지금 이 순간, 당신의 마음속 간절한 소원이 빛[viii]을 통해 이루어지기를 원한다면, 과연 그 빛[viii]에 상응하는 어떤 원인을 내놓을 것인가, 한 번쯤 생각해보아야 한다.

그러니 소원을 이루고자 한다면 먼저 복을 지어야 한다. 나와 더불어 주위의 생명과 이웃들, 지구 전체를 함께 생각할 줄 아는 고차원의 의식을 가질 때, 또 그것을 행동으로 실천했을 때 우리 내면에 보이지 않는 복이 쌓이게 된다. 그 복은 빛[viii]과 함께하는 기적을, 부와 건강을, 명예와 지혜를 가져다준다.

빛[viii]과 함께하는 많은 분들이 눈앞의 한두 가지 소원을 이루는 차원이 아니라 진정 자신의 삶을 아름답고 행복하게 살아가고자 하는 큰마음으로 복을 짓고 행복을 담아가셨으면 좋겠다.

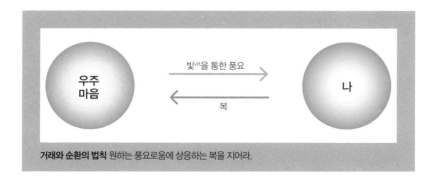

거래와 순환의 법칙 원하는 풍요로움에 상응하는 복을 지어라.

**행복 순환의
두 가지 원칙**

하루는 각각의 언어와 풍습을 지닌 많은 농부들이 한자리에 모였다. 그들은 각자 자신의 영농법이 더 좋다고 주장했다. 하지만 가장 좋은 영농법은 농산물을 수매하는 사람의 저울과 판단에 달려 있다.

복을 짓는 방법에 대해서도 저마다 생각이 다양하고 주장도 다르다. 하지만 그 판단은 그 복을 거둬들이는 우주의 질서에 달린 문제일 것이다. 따라서 나에게 행복으로 순환되어 돌아오는 진정한 복을 짓고자 한다면 다음의 두 가지 원칙에 대해 생각해볼 필요가 있다.

① 의식을 일깨우는 일은 가장 높은 수치의 복이다

흔히 복을 지으라고 하면 상대방의 물질적 빈곤을 채워주는 방법을 떠올린다. 물론 당장 잠잘 곳이 없어 추위에 떠는 사람에게는 집과 옷이 가장 필요할 것이며, 배를 곯고 있는 사람에게는 밥 한 끼가 절실할 것이다. 하지만 이미 의식주에 부족함이 없는 사람에게는 그러한 것들이 큰 의미가 없다.

이들에게 필요한 것은 의식 수준을 더 높이 끌어올려 한 번밖에 없는 소중한 삶을 진정 의미 있고 행복하게 가꾸어갈 수 있는 방법을 알려주는 일이다. 이것은 가장 높은 수치의 복을 짓는 일이다. 이는 생명을 창조한 우주마음이 가장 바라는 일이기 때문이다. 따라서 주위의 가족, 이웃, 친지들과 함께 빛[viii]을 나누는 일은 더 큰 수치의 복을 짓는 일이자 그 복을 통해 내가, 우리 가족이, 사회 전체가 더욱더 행복해지는 길이다. 이는 또한 행복이 꼬리에 꼬리를 물고 물결처럼 번져나가 더 큰 행복으로 순환해 돌아오게 만드는 방법이기도 하다.

② 남에게 드러낸 복은 교만으로 바뀐다

사회의 의식수준이 향상되면서 이웃과 사회를 위해 헌신하고 나누는 것을 미덕으로 생각하는 사람들도 늘어나고 있다. 그런데 안타까운 것은 상당수의 사람들이 어렵게 지은 복을 자신의 공명심을 높이는 데 다 써버린다는 사실이다. 어디에 얼마만큼의 돈을 기부하고 어떤 좋은 일을 했다는 사실이 세상에 알려짐과 동시에 그 복은 교만이 되어 날아간다. 진정 나의 내면을 풍요롭게 해주는 행복으로 완성되지 못한다. 애써 지은 복이 타인의 칭송을 받고 일시적인 명예가 올라가는 것으로 모두 상쇄되어 사라지는 것이다. 따라서 복을 지을 때는 결코 이름을 드러내거나 어떤 대가에 얽매이지 말고 묵묵히, 순수한 마음으로 행동하는 것에 만족할 뿐 그 이상의 대가를 기대하지 말아야 한다.

당신의 소원이* 시공간과 종교를 초월해 이루어진다

시공간의 제약은 인간의 한계에 불과하다

지구촌에서 미리내 마을의 견우성까지는 16.5광년 그리고 직녀성까지는 26.5광년이 걸린다. 견우나 직녀 또는 그 이웃들에게 빛[viii]을 보낸다고 하자.

이때 빛[viii]이 광속으로 간다면 무슨 일을 할 수 있겠는가.

그러면 광속보다 더 빠른 것이 무엇이며, 어떻게 빛[viii]을 주고받는가.

그것은 빛선생님과 우주마음과의 생각이다.

그러므로 빛[viii]은 빛의 속도보다 억만 배나 훨씬 더 빨리,

보내는 즉시, 가고 오는 것이다.

(이창은, 영남대 명예교수)

빛[viii]은 시간과 공간의 제약을 받지 않는다. 우주마음에서 오기 때문이다. 우주마음이란 우리가 살아가는 모든 것, 온 우주와 자연을 창조하고 살아 숨 쉬게 하는 근원이다. 그러니 우주의 눈으로 보았을 때 지구는 아주 작은 별에 불과하다. 우리가 '아주 멀다'고 생각하는 거리도 우주의 차원으로 보자면 지척에 불과할 것이다. 따라서 빛[viii]은 인간의 머리로 생각하는 시간과 공간의 제약을 뛰어넘어 생각하는 즉시 전달된다. 이는 다시 말해

우주마음이 우리의 소원을 이루어주고자 할 때 시간과 공간의 제약이 전혀 없다는 의미이기도 하다.

대구지방국세청의 박래훈 청장을 비롯한 몇몇 공직자들과 함께한 저녁 식사 자리에서 있었던 일이다. 이분들은 이미 당시 가깝게 교류하고 있던 성재경 안기부 지부장, 오영목 매일신문 편집국장, 김서영 경찰청 차장 등을 통해 빛[viii]에 대해 다양한 이야기를 전해 들은 상태였고, 말로만 듣던 힘을 눈앞에서 볼 수 있다는 사실에 기대에 차 있었다.

식사를 하던 중 한 분이 내게 물었다.

"빛선생님을 통해 받을 수 있다는 그 힘, 오늘 이 자리에 모인 저희들에게도 좀 주시면 안 됩니까?"

순간 박 청장이 내 대답을 가로챘다.

"빛[viii]을 꼭 눈 감고 받아야 하는 것은 아니지요. 이렇게 빛선생님과 함께 식사를 하면서 이미 다 받은 것이나 마찬가지 아닙니까?"

박 청장이 나를 쳐다보며 동의를 구했다.

"맞습니다. 꼭 어떤 행위나 자세와 관계없이 이렇게 눈과 눈이 마주치고 식사를 함께하는 가운데 여러분 몸속에 다 빛[viii]이 들어갔습니다."

내 말에 박 청장이 고개를 끄덕였다. 하지만 아무래도 몇몇 분은 그 대답을 이해할 수 없다는 표정이었다. 다만 전체 분위기에 해를 줄까 하여 더이상 질문을 하지 않을 뿐이었다.

다음 날 이른 시간 박래훈 청장이 급히 전화를 걸어왔다.

"꼭 보여드릴 것이 있습니다!"

무슨 일인지 박 청장은 몹시 서두르고 있었다. 이윽고 박 청장은 나를 보자마자 기다렸다는 듯 발 한쪽을 탁자 위로 올렸다.

"지난 밤 전화 드리고 싶은 것을 참느라 정말 혼났습니다."

그는 조심조심 양말을 벗더니 발목을 내게 보여주었다. 놀랍게도 양말 속 복숭아뼈 언저리에 빛분이 한 가득 내려앉아 있었다.

"어젯밤 옷을 갈아입다가 무심코 이 빛분을 보고 깜짝 놀랐습니다. 어제 빛선생님과 식사를 마치고 돌아와 옷을 갈아입으려는데 신기하게도 평소 시큰거리던 발목이 안 아픈 겁니다. 양말을 벗어보니 이렇게 빛분이 소복이 솟아 있었습니다. 대체 어떻게 이런 일이 있을 수 있습니까?"

그때 노크 소리가 들리더니 어제 함께 자리에 있었던 이현우 국장이 들어왔다.

"마침 잘 왔어요. 이 국장도 어서 와서 이것 좀 보세요."

빛분을 본 이 국장의 눈이 커졌다.

"사실 저도 어제 정말 신기한 일이 있었습니다. 어제 빛선생님을 뵈면서 저도 모르게 집사람 생각이 났거든요. 집사람이 오륙년 전부터 관절염을 앓았는데 요즘 더 심해져서 좋아하던 등산도 못 가고 있습니다. 그래서 제 아내도 빛^{viii}을 함께 받으면 얼마나 좋을까, 하고 생각했지요. 그런데 집에 돌아가니 아내가 참 이상한 말을 하지 뭡니까. 저녁을 먹고 난 후 갑자기 잠이 쏟아지듯 몰려와 살포시 잠이 들었는데, 비몽사몽간에 따뜻한 기운이 무릎을 감싸 안는 느낌이 들었다는 겁니다. 그리고는 일어나서 무릎을 움직이니 통증도 없어지고 무릎 움직이는 것도 평소보다 수월해졌답니다."

빛^{viii}은 시간과 공간을 초월해서 마음과 마음으로 전달된다. 이현우 국장이 아내를 생각한 순간 그 마음을 통해 빛viii이 전달되면서 생겨난 일이라고 이야기해주었다.

"정말 대단한 힘입니다. 이 힘을 저희들만 조용히 받기보다는 국세청 직원들도 다 함께하는 자리를 마련하면 참 좋겠습니다."

박래훈 청장의 제안으로 얼마 후 대구지방국세청 직원들을 대상으로 한 강연회가 마련되었다. 이것은 또한 이후 검찰청, 국방부 등 여타 공공 기관에 빛viii을 알리는 계기가 되기도 했다.

**태평양을 건너
나타난 빛분**

돼지를 대상으로 빛viii의 영향을 실험한 바 있는 여정수 영남대 교수가 하루는 내게 이렇게 물었다.

"제가 평소 친분이 있는 지인들과 미국으로 여행을 가게 되었는데 그곳에 계신 한국 교민들도 많이 만날 것 같습니다. 힘든 이민 생활을 하시는 그분들에게 빛viii을 전할 수 있으면 얼마나 좋겠습니까? 혹시 그분들도 빛viii을 받을 수 있는 방법이 없을까요?"

고개가 끄덕여졌다. 해서 정해진 시간에 빛viii을 보내줄 테니 그 시간에 교민들과 함께 빛명상을 하시게 했다.

이후 약속한 시간이 되자 여 교수가 전화를 걸어왔다. 사람들이 모두 모여 있으니 빛viii을 보내달라고 부탁했다. 이후 약 20분간 그곳에 계신 모든 분들의 마음이 편안해지고 하는 일이 풍요롭게 풀려나가도록 빛viii을 보냈다.

여정수 교수는 그 때의 일을 이렇게 기록하고 있다.

'자, 됐습니다' 하는 나의 말에 눈을 뜬 사람들의 시선이 온통 손바닥 위로 쏠렸다. 빛[viii]을 받을 때 여러 가지 직접적인 반향들이 나타나는데 그중 대표적인 현상이 반짝이는 '빛분'이라는 말을 들었기 때문이었다. 정말 말로만 듣고 책에서 읽기만 하였던 빛분이 손바닥 가득히 솟아 있었다. 그곳에 모인 30명 중 23명에게 이러한 빛분 현상이 나타나 사람들 모두 경이로움의 탄성을 질렀다. 대구에서 보낸 빛[viii]이 이역만리 타국까지 전해져 이처럼 신비로운 현상을 나타낸다는 사실이 상식과 머리로는 이해가 가지 않는다는 생각이 들었다.

(여정수, 영남대 생명공학부 교수)

당시 여 교수의 여행에 함께했던 일행 중에는 현재 법률 자문으로 도움을 주고 있는 김익환 변호사도 있었다. 이분은 오랜 종교생활에서 오는 고정관념과 평소의 상식으로 도저히 빛[viii]을 이해할 수 없어 마음에 의구심이 가득한 상태였다. 그래서 그는 아들을 시켜 사람들이 빛명상을 하고 있는 모습을 캠코더로 촬영하도록 했다. 혹시 어떤 인위적인 조작이 있다면 증거를 포착하겠다는 의도에서였다.

하지만 녹화된 영상 그 어디에도 인위적인 조작은 없었다. 그리고 빛명상을 마친 후 나타난 빛분을 보고 어린아이처럼 즐거워하는 사람들의 모습을 본 김 변호사의 생각도 바뀌었다. 빛[viii]이 자신의 고정관념이나 상식을 뛰어넘어 거리나 공간의 제약 없이 자유롭게 전달되는 힘이라는 사실을 눈앞에서 확인했기 때문이다.

이와 비슷한 일이 1996년 12월 SBS 〈금요베스트 10〉이라는 생방송 프로그램에서 재현된 적이 있다. 프로그램 의뢰를 받아 출연을 결정하고 방송 대본을 받아 드니 내용이 내 생각과는 큰 차이가 있었다. 근원의 빛[viii]에 대한 접근보다는 그저 빛분이라는 물질 자체를 눈요깃거리 또는 흥미 위주로 취급하고 있을 뿐이었다. 아무래도 이 힘을 주신 우주마음의 뜻과 일치되지 않아 마음이 썩 내키지 않았다.

이후 생방송 카메라에 불이 들어왔을 때 대본대로 해달라는 제작진의 주문을 뒤로하고 내가 원하는 방향대로 방송을 끌고 나가기 시작했다. 전혀 계획에 없던 즉석 빛명상을 시도한 것이다. 그 자리에 있던 방청객들은 물론 사회자와 패널로 나온 연예인 출연자들에게도 잠시 빛[viii]을 받아보라고 했다. 그리고 카메라를 향해서 '지금 이 화면을 보고 있는 전국의 시청자들도 집에서 조용히 빛[viii]을 받으면 빛분과 함께 여러 형태의 빛[viii]의 반향이 나올 것'이라고 말했다.

카메라는 이제 어쩔 수 없이 사람들이 빛명상을 하는 모습을 촬영하기 시작했다. 프로듀서나 작가들이 진땀 흘리는 모습이 눈에 들어왔지만 그렇다고 대본대로 사실을 왜곡할 수도 없으니 어쩔 수 없는 일이었다.

잠시 시간이 흐른 후 당시 사회자였던 한선교 씨가 방청객을 향해 "금가루(빛분)가 나온 사람이 있느냐"고 물었다. 그러자 여러 사람이 손을 들어 손에 나온 빛분을 카메라에 확인시켰다. 이외에도 패널로 나온 한 코미디언과 유명 천문학 박사도 자신의 손에 빛분이 나왔다며 너스레를 떨었다. 그 방송이 나가고 한동안 SBS 방송국에는 빛분이 나온 것은 물론 다양한 빛[viii]의 반향과 결과가 나타났다는 방청객들의 문의전화가 빗발쳐 방송국 업무가 마비될 지경이었다고 한다.

이 과정을 통해 빛[viii]이 TV와 같은 전자제품을 통한 파장으로도 전달된다는 사실을 인식하게 되었다. 그리고 이 경험은 인터넷 빛명상의 개발로 이어졌다. 직접 빛[viii]을 만날 수 없는 환경에 있는 사람들도 인터넷 접속을 통해 빛[viii]을 만나고 인터넷 빛명상을 가능하게 한 것이다.

빛[viii]은 시간과 공간을 초월하여, 그리고 텔레비전은 물론 인터넷 파장을 통해서도 전달되는 에너지다. 이 힘은 공간의 한계를 초월해 당신에게 다가간다. 그 빛[viii]과 더불어 당신의 간절한 바람도 시간과 공간의 한계를 뛰어넘어 현실로 이루어보라.

**세상 모든
물줄기는 바다로**
2003년, 팔공산 빛의 터를 가꾸던 중 수도관 공사를 위해 땅을 파다가 큰 돌과 맞부딪치게 되었다. 처음엔 작은 바위 정도로 생각했던 이 돌이 파 들어갈수록 넓고 깊게 묻혀 있어 젊은 장정 몇 명이 한동안 씨름하였다. 꺼내 놓고 보니 반듯하고 아름다운 모양이기에 정원석으로 쓰면 좋겠다는 생각도 들었다.

그런데 문득 어떤 느낌이 들어 고요에 잠겼다. 보통 돌이 아니었다. 고요함 속에서 이 돌에 담긴 보이지 않는 무언가가 느껴졌다. 발달한 문명도 글자도 없던 시절, 때 묻지 않은 순수한 마음으로 이 돌을 중심으로 오행 방위를 만들고 하늘을 경배하고 진실한 감사를 올리던 고대인들의 마음이 그 돌에 담겨 있었다. 후에 한 전문가를 통해 이 돌이 고대부족의 천제단인 고인돌과 오행석이라는 말을 들었다.

그 돌을 보며 생각했다. 글도 발달된 문명도 없던 시절, 옛 사람들은 어떻게 하늘을 경배하고 오행*의 이치를 이해하고 있었을까? 누구에게 배워서일까? 그렇다면 누가 맨 처음 그것을 일러주었을까?

아마도 그것은 누가 이론으로 만들어 가르친 것도 부추긴 것도 아니고 모두의 마음속에 있는 뿌리와 근원에 대한 본능, 알 수 없는 이끌림이었을 것이다. 내 안의 진정한 나, 빛마음이 존재하기에 옛 어머니들은 누가 가르쳐주지 않아도 맑은 정화수를 장독대 위에 떠놓고 일월성신(日月星辰)을 생각하고 천지신명(天地神明)을 우러렀다. 이것이 곧 세상의 모든 종교와 학문, 우주의 진리를 향한 모든 여정의 첫출발이 되었을 것이다.

비록 그 외형이나 표현 방식이 오랜 시간과 다양한 환경을 거치면서 차이를 보이지만 결국 그 뿌리는 하나다. 골짜기마다 흘러내리는 개천과 저마다 다른 평야를 끼고 도는 강줄기도 결국 맨 마지막에는 원래의 이름을 다 버리고, 네 물 내 물을 가리지 않고 '바다' 가 되는 것처럼 말이다. 이처럼 빛viii은 종교의 근본 핵심과 가장 깊이 맞닿아 있는 힘이기에 많은 성직자들이 빛viii을 통해 진리에 더 가까이 다가갈 수 있음에 감사하는 모습을 보게 된다. 김수환 추기경님, 자월 큰스님 역시 그러한 분들 중 한 분이었다.

큰스님의 진신사리

울산의 한 호텔에 있을 때였다. 하루는 무척이나 풍채가 좋으신 스님 한 분이 새벽부터 호텔로 찾아와 앞마당이며 로비를 쓸고 있었다. 참 이상한 일이다, 하고 지나쳤던 스님의 기이한 행동은 하루, 이틀, 사흘이 지나도록 멈추지

---

*우주 음양오행의 이치. 음양 그리고 목(木) 화(火) 토(土) 금(金) 수(水)의 원리

않았다. 가타부타 말도 없이 직원들보다 일찍 나와 빗자루질만 하시는 스님께 그 사연을 물어보게 했다.

"이곳에 계신 정 이사님을 뵙고자 하는데 무작정 찾아오는 것이 참으로 송구하여 이렇게 청소를 하였습니다."

이것이 스님의 대답이었다. 당시 이미 빛[viii]에 대한 소문이 주위에 퍼져 나를 만나러 오는 사람들이 꽤 있었고, 그중에는 자신의 지위와 명예를 앞세워 거만한 태도를 보이는 사람들도 많았다. 그럼에도 불구하고 큰스님은 누구보다 낮은 태도로 참으로 겸손하게 다가오시니 스님의 깊은 속사정이 더욱 궁금해졌다.

큰스님을 모셔 차 한 잔을 대접하고 이런저런 이야기를 나누려는데 호텔 커피숍 손님으로 오신 분들이 하나같이 스님께 합장을 하며 공손히 절을 하고 지나가는 것이 아닌가. 대체 이분이 누구시기에 이렇게 다들 절을 올리느냐고 물으니 '자월 큰스님을 모르시냐'며 도리어 그분들이 내게 의아하다는 듯 되물었다. 그제야 비로소 이분이 자월 큰스님임을 알 수 있었다.

자월 큰스님은 보통 스님들과는 달리 불교의 발생지인 스리랑카 현지에서 출가해 득도하시고 이후 국제적인 포교 활동은 물론 종정에 추대될 만큼 높은 법력을 인정받은 고승이셨다. 그러한 명성과 지위에도 불구하고 일개 평범한 사회인을 만나고자 몸소 마당 쓰는 일조차 마다하지 않으신 것이다.

찬찬히 그분을 살펴보는데, 문득 우주마음이 보여주는 장면 하나가 눈앞을 스쳐 지나갔다. 큰스님에게 간암이 있었다. 그것도 생명을 위협할 만큼 치명

적인 상태였다. 이 느낌을 있는 그대로 전하니 큰스님은 깜짝 놀라시며,

"실은 제가 병원에서 위암 말기 판정을 받았습니다."

하고 말씀하시는 것이었다.

"지금 우주마음의 느낌에 의하면 위보다 간이 더 급합니다. 한번 다시 검사를 받아보시지요."

이후 며칠이 흘러 자월 큰스님이 다시 찾아오셨다.

"말씀대로 간암이 위암보다 더 위중하다고 합니다. 이미 손쓸 시기도 놓쳤다 합니다."

큰스님은 이미 자신의 생명을 반쯤 포기한 듯했다.

"우주마음이 그러한 장면을 저에게 보여주셨을 때는 이유가 있을 것입니다. 희망을 갖고 우주마음에 청하십시오."

큰스님의 심신이 정화되기를 바라며 빛[viii]을 가득 안겨드렸다. 이후로도 한동안 자월 큰스님은 매일 아침 호텔로 출근해 빛[viii]을 받는 것으로 하루 일과를 시작하셨다. 그 과정에서도 그분은 행여나 내게 누를 끼칠까 염려하여 작은 부분까지 솔선수범하는 것을 잊지 않으셨다.

그렇게 시간이 흐르면서 큰스님은 살을 저미는 듯 고통스러운 말기 암의 통증에서 자유로워지며 차츰 기력을 회복해가셨다. 몸으로 느껴지던 아픔이 사라지니 얼굴색도 밝고 환하게 바뀌었고, 어느새 큰스님 스스로도 자신이 병자라는 사실을 잊게 되었다.

"병원에 갔더니 의사가 아직 살아있었느냐며 놀라더군요. 더 놀라운 일은 검사 결과 제 몸속에 있던 암세포들이 모두 사라지고 없다는 사실입니다."

자월 큰스님에게 분명 기적이 일어난 것이다. 이윽고 큰스님은 품 안에

서 무언가를 소중히 꺼내셨다.

"부처님 공부를 하고서도 보지 못했
던 부처님의 빛[viii]을 만났습니다. 평생
불도를 닦고도 막상 죽음 앞에 서니 얼
마나 두렵고 나약해지던지요. 이제 제
가 찾고자 하는 바로 그것을 얻었으니
아무런 회한과 미련이 남지 않습니다."

빛[viii]을 만난 것을 기념하여 자월 큰스님이
남기신 석가모니 진신 사리. 빛[viii]은 종교
의 한계를 초월하여 다가간다.

큰스님이 내미신 빨간 보자기 안에는 부처님 진신 사리가 소중히 담겨
있었다.

"스리랑카에서 모셔온 부처님 진신 사리입니다. 제가 드릴 것이라고는
이것밖에 없습니다."

훗날 스님이 거처할 암자를 마련하게 되면 소중히 모시려고 보관해온
지구 최상의 보물이라고 하셨다. 그렇게 귀한 물건이 나에게 필요할 리 만
무해 극구 사양하였지만 큰스님은 기어코 떠넘기다시피 진신 사리를 내게
안겨주셨다.

"색즉시공 공즉시색(色卽是空 空卽是色)이라 하였으니 보이지 않는 이 빛[viii]
이 곧 모든 것을 품는 불광(佛光)이 아니고 무엇이겠습니까?"

그것이 큰스님이 내게 남긴 마지막 말씀이었다.

**성전에 나타난
의문의 빛기둥**
1996년 7월 9일, 평소 친분이 있던 정성우 신부님
의 초청으로 칠곡 성당을 방문하였다. 사실 처음 정
신부님이 이 자리를 마련한 취지는 매우 소박했다.

성당 내 형편이 어려운 몇몇 교우들의 간곡한 청으로 빛[viii]을 전해주는 자리를 마련했다는 것이었다. 그런데 이날 칠곡 성당에 도착해 보니 그 분위기가 계획했던 것과는 사뭇 달랐다. 곳곳에 '치유의 밤'이라는 포스터가 나붙고 성전 가득 사람들이 발 디딜 틈 없이 모여 있었다.

자세한 사정을 물으니 앞서 빛[viii]을 받은 적이 있는 '안나'라는 한 성당의 교우 이야기가 퍼진 까닭이었다. 이분은 말기 암으로 죽음을 눈앞에 두고 있는 상태에서 빛[viii]을 통해 기적적으로 건강을 되찾는 체험을 하였다.

이 놀라운 이야기가 칠곡 성당의 교우들 사이로 일파만파 퍼져나갔고, 사람들의 호기심이 증폭된 상태에서 마침 내가 성당을 방문하게 된 것이다. 그렇게 많은 분이 애타게 기다리고 계신다니 외면할 수도 없는 일이었다. 기왕 이렇게 된 일, 직접 성전에 나가 모든 사람들에게 빛[viii]을 주기로 했다.

성당에 들어가려는데 학창 시절 이후 거의 만나지 못했던 오랜 친구 한 명이 나에게 반갑게 다가왔다.

"너 광호 아이가? 니도 여기 빛[viii] 받으러 왔나? 참 억수로 오랜만이데이!"

반가운 마음에 손부터 잡고 언제부터 성당에 다녔느냐고 물었다. 그러자 친구가 이렇게 반문했다.

"아이다. 오늘 빛인지 뭔지 받으면 병이든 소원이든 다 이루어준다는 '빛도사'가 온단다! 니도 그래서 온 거 아이가?"

친구의 말에 대체 '내가 언제부터 빛도사가 되어버렸을까' 싶어 피식 웃음이 났다.

"그래, 그럼 나도 한번 받아보지, 뭐."

이렇게 대답하고 성전으로 들어갔다.

발 디딜 틈 없이 통로까지 빼곡 들어선 사람들의 얼굴에는 의구심과 호기심이 뒤섞여 있었다. 아마 이분들도 조금 전 내 친구의 말처럼 나름대로 간절한 소원 몇 가지씩을 갖고 이곳에 오셨을 것이다. 유명하다는 빛도사가 나란 사실을 알고 그 친구는 얼마나 황당할까? 여러 생각이 교차하는 가운데 이곳에 모인 모든 분들을 향해 빛^{viii}을 펼쳤다. 어떤 생각으로 이곳에 오셨든 모두들 돌아갈 때는 빛^{viii}을 한 아름씩 안고 소원도 이루고 건강해지고 행복해지셨으면 좋겠다고 생각했다.

잠시 후 크고 강한 빛^{viii}이 왔다. 순간 말로 표현할 수 없는 감사, 행복한 마음에 무릎을 꿇고 이 힘을 주는 우주마음을 생각했다. 그러자 신도석 곳곳에서 강렬한 향기와 함께 빛분이 터져 나왔다. 정화의 눈물을 흘리는 분도 있었다. 번쩍이는 번갯불이 지나가는 것 같았다는 분, 불편했던 몸이 일순간에 풀렸다며 좋아하는 분도 있었다. 이렇게 이날 예상에도 없었던 빛^{viii} 공개강연회가 무사히 마무리되었다.

며칠 후. 정성우 신부님이 한 남자와 함께 나를 다시 찾아오셨다. 그리곤 몇 장의 사진을 펼쳐 보이시는데, 한눈에 보아도 사진에 무언가 독특한 점이 있다는 것을 알 수 있었다. 사진 속에 희고 굵은 기둥들이 여기저기 나타나 있었던 것이다. 마치 어두운 무대에 밝혀진 하이라이트 조명처럼 선명한 세 줄기의 빛기둥이었다.

빛기둥 중 하나는 성전의 제단 앞쪽으로, 또 한 줄기는 나에게 그리고 나머지 한 줄기는 교우석을 향해 있었다. 그리고 이 빛줄기들이 여러 장의 사진에 걸쳐 점차 자리를 이동하여 다가왔다가 멀리 사라지는 모습까지 나타나 있었다.

이윽고 신부님 옆의 남자가 입을 열었다.

"저는 칠곡 성당의 평신도 회장인 오의명입니다. 저는 대학에서 물리학을 전공한 후 학생들을 가르치고 있습니다. 지금까지 제가 배우고 연구해 온 학문적 지식이나 상식으로는 도저히 빛[viii]을 이해할 수 없었습니다. 그래서 저는 다른 분들이 빛[viii]을 받고 계실 때도 무언가를 밝혀내겠다는 생각에 사진을 찍었습니다."

그렇게 찍은 사진은 청년회원을 비롯한 여러 사람이 동행한 가운데 엄정하게 현상이 이루어졌다. 사진 자체에 결코 인위적인 조작이 존재하지 않음을 공증하겠다는 의도였다.

사진에 나타난 빛기둥. 일반적인 빛의 성질로는 설명할 수 없는 기이한 현상의 빛기둥이 포착되었다.

밤 9시가 넘은 시각, 태양도 지고 없는 어두운 밤에 과연 이 빛줄기는 어디서 나타났을까? 환한 실내조명 사이에 이렇게 빛기둥이 강하게 나타났다면 과연 얼마나 밝은 빛이라는 의미일까? 이 빛기둥이 마치 실제 기둥이라도 되는 양 나타난 검은 그림자는 어떻게 생겨난 것일까? 또한 일반적인 빛이라면 빛기둥의 위가 좁고 아래가 넓기 마련인데 사진에 찍힌 빛[viii]은 도리어 바닥에 떨어지는 부분이 좁고 위가 넓었다. 이것을 과연 어떻게 설명해야할까? 도무지 이해할 수 없는 의문이 가득한 사진이었다.

얼마 전 정성우 신부님으로부터 반가운 전화를 받았다. 그분은 십여 년이 훌쩍 지난 지금까지도 그날의 일을 생생하게 떠올리고 있으며, 지금도 그날 이후로 나타난 수많은 빛[viii]의 반향들을 잊을 수 없다고 하셨다. 정 신부님에게 빛[viii]은 종교를 뛰어넘어 존재하는 있는 그대로의 힘이자 확인할 길 없었던 절대자의 존재를 더욱 확실하게 해주는 힘이었다.

한계와 고정관념 그 너머

빛[viii]은 인간이 인지하는 시간과 공간의 개념을 초월한다. 또한 종교적 이론이나 규율에 갇혀 있지도 않다. 만약 한계가 있다면 그것은 인간의 것일 뿐 우주마음의 것은 아니다.

빛[viii]은 우리에게 무한(無限)의 차원으로 다가오기에 이 힘을 마주하는 우리의 마음이 한계를 초월하여 열려 있다면 빛[viii]과 함께 나타나는 변화 또한 무한의 영역으로 확장된다. 우리의 꿈, 간절히 이루고자 하는 소원이 한계와 고정관념 너머 시공간을 초월하고 종교를 초월해서 현실로 이루어질 것이다.

밤하늘을 찬란히 수놓는 수많은 별들, 끝을 알 수 없는 우주 속에서 우리는 어쩌면 이 빛[viii]을 온전히 이해하기에는 너무도 작은 생명인지 모른다. 하지만 우리 안에는 우주마음을 닮아 나온 빛마음이 심어져 있다. 이 빛마음으로 되돌아가 우리 생각부터 활짝 열어보자. 지금도 우주 근원의 빛[viii]은 모든 인간의 한계를 넘어 당신에게 다가가고 있다.

글로벌 리더를 위한 진정한 힘

이기수(고려대 총장)

처음 고려대학교에 입학하면서부터 훗날 총장이 되어 모교의 발전을 위해 노력하고
싶다는 꿈을 키워왔다. 이후 40년이 넘는 시간 동안 모교에서 젊음과 삶의 열정을 모두
바치면서 차츰 그 꿈을 현실화할 수 있는 기틀을 마련하였고, 그 연장선상에서 15대,
16대 총장 선거에도 출마하였다.

두 번의 경험을 바탕으로 다시금 17대 총장 선거에 출마하면서 지난날의 순수한
열정, 총장이 되어 모교와 국가의 발전에 기여하고자 했던 젊은 날의 꿈을 돌이켜보게
되었다. 그러나 선거활동 중 피부에 와 닿는 현실은 단지 순수한 열정만으로는 무언가
아쉬운 부분이 있었다. 극도의 인내와 노력으로 최선을 다하였지만 참으로 뛰어넘기
힘든 벽이 둘러쳐져 있다는 것을 받아들이지 않을 수 없었다.

그러던 중 정광호 빛선생님과 인연이 되었고, 그 인연이 내 마음속 깊이 자리하고
있는 간절한 염원이 현실로 이루어질 수 있다는 확신을 심어주었다. 빛^{viit}과 함께하는
과정에서 지난날 스트레스와 과도한 일정으로부터 경직되어 있던 부분이 풀려나갔고,
더불어 지난날 부득이하게 의도하지 않은 오해나 반목이 있었던 분들과도 보다
성숙하고 아름다운 모습으로 화합, 상생할 수 있는 분위기로 전환되는 경험을 하였다.
나는 고려대학교가 지난날 큰 변화와 발전을 거듭해오기도 하였지만, 진정한 글로벌
리더로서 거듭나기 위해서는 새로운 변화 또한 감행해야 한다고 주장해오고 있었다.
그리하여 민족혼과 개척정신을 담되 탁월한 글로벌 감각과 경쟁력 또한 겸비한
대학으로 발전시키기 위해 KU-LA Project와 같은 과감한 아웃바운드 국제화 시도도
계획하게 되었다. 이후 17대 고려대학교 총장으로 취임되는 영예를 안게 되었다.
개인적인 소감으로는 마치 길고 긴 터널을 빠져나와 새로운 시작을 맞이하는 듯한
기분이었는데, 한편으로는 새 정부의 출범과 더불어 고려대학교의 국제화 수준을 한
단계 높이는 출발점이라고 본다.

늦었지만 행복한 만남

김용주(변호사)

나는 불교 신자라기보다는 불교 환자라고 불릴 정도로 불교신행활동을 열심히 해 왔다. 내가 사는 울산에서 빛선생님께서 빛viii을 전하고 계셨으나 인연이 닿지 않았는데 이제야 빛viii을 알게 되었다.

지난 20여 년간 거의 매일 300배 절을 일과처럼 해왔고, 절을 할 때에는 "옴 아모가 바이로차나 마하무드라 마니 파드마 즈바라 프라바룽타야 훔"이라는 광명진언 (光明眞言)을 하곤 했다. 간절히 구하는 것이 있어 가지산 석남사 사리보탑전에서 300배를 하던 중, 절을 마친 뒤 주위를 둘러보게 되었는데 서가(書架)에 하얀색 책이 놓여 있었다.

그 책은 바로 『나도 기적이 필요해』라는 빛선생님의 저서였다. 가벼운 마음으로 책을 펼쳤는데 몇 페이지를 넘기지 않아 숨이 '턱' 멎을 것 같은 충격을 받았다. 단숨에 그 책을 다 읽으며 빛viii의 신비함과 위대함에 놀라지 않을 수 없었다.

예수님이나 부처님과 같은 성인이나 할 수 있는 일들을 평범한 빛선생님이 행하고 계셨다. 김수환 추기경님이나 김대중 대통령님, 자월 큰스님 등 믿을 수 있는 분들의 실명이 함께 하였기에 빛선생님께서 행하신 일들에 더욱 확신이 갔다.

불자로서 "대광명진언, 부처님께서 광명을 나투시었다. 빛에서 와서 빛으로 가신 분" 등 그동안 셀 수 없이 들어왔던 그 빛을 바로 빛선생님께서 지금, 이곳에서 행하고 계시다는 생각에 한시라도 빨리 빛선생님을 뵙고 싶었다.

빛선생님의 저서 『눈덩이처럼 불어나는 행복순환의 법칙』을 읽은 뒤 교육에 참석하여 마음을 준비하며 빛viii을 만나게 되었다. 집으로 돌아가는 몸과 마음이 오랜만에 참으로 가벼웠고 기분이 좋았다.

빛viii을 만난 후 빛명상을 생활화하고 있다. 사무실에 출근하면 인터넷 빛명상으로 하루를 시작하고, 하루 종일 빛명상 음악을 켜놓는다. 잠자기 전에는 빛선생님의 저서를 한 꼭지씩 읽고 빛명상을 한다.

그러던 어느 날, 머릿속이 명경지수와 같다고 할까. 머릿속이 너무나 맑아 그 상태에서 나오고 싶지 않은 순간을 경험했다. 빛명상에 들어가면 온 몸에 따뜻한 온기가 느껴지고, 마음이 편안하고 요람에 안긴 듯이 포근했다. 빛선생님과 빛^{viit}을 너무 늦게 만났지만 빛^{viit}과 함께 하는 요즘 내 삶은 무척이나 행복하다.

수많은 사람들에게 행복의 끈이 되어준 '빛명상 눈덩이처럼 불어나는 행복순환의 법칙' 40쇄를 출간한다. 앞으로도 이 책을 통해 보다 많은 사람들의 빛^{viit} 행복이 열리길 기원한다. 빛선생님의 오랜 염원처럼 나도, 우리 모두가 우주근원의 마음을 받아들여 행복한 삶, 풍요로운 삶을 살 수 있도록 주위에 빛^{viit}을 전하는데 노력하고자 한다.

이 책을 주위 이웃들과 함께 나누어 보세요.

행복 눈덩이를 크게 굴리면 굴릴수록
더 큰 기쁨과 행복이 당신에게 되돌아옵니다.

"빛명상터"

우주 근원의 생명 에너지와 함께
호흡하는 그곳, '빛명상터'

빛명상 본부가 자리하고 있는 팔공산 '빛명상터'는
순수한 근원의 빛viii과 함께하는 정화의 땅입니다.
인종과 국경을 초월한 모든 사람들이 본래의 순수한 모습으로 되돌아가
어린아이와 같은 천진한 마음으로 우주의 빛viii과 만나는 곳.
빛명상터는 진정한 행복과 순수를 되찾고자 하는 모든 사람들의 마음의 고향이며,
나날이 병들어가는 지구가 빛viii과 함께 호흡하는 마음의 고향입니다.

☎ 1588-3138

빛명상터의 사계四季

봄

여름

가을

겨울